Gustav Mensching

Buddha und Christus

HERDER spektrum

Band 5100

Das Buch

Ein religionsgeschichtliches Grundlagenwerk für breite Kreise und ein Klassiker des Vergleichs zwischen zwei großen Religionen: Die Gemeinsamkeiten und Unterschiede der beiden historischen Meistergestalten Buddha und Jesus werden ebenso miteinander verglichen wie ihre Vorstellungen von Heil (Reich Gottes / Nirvana) und Unheil (Sünde / Leiden), ihre ethisch-sozialen Orientierungen und ihre »Vergöttlichung« in der weiteren Entwicklung beider Religionstraditionen. Bis heute ist diese gründliche Studie auf dem deutschsprachigen Buchmarkt durch keine vergleichbare Publikation ersetzt worden. Da sich allerdings gegenüber dem Erscheinungsdatum der Untersuchung die politische, wirtschaftliche, soziale und insbesondere auch religiöse Weltlage erheblich geändert hat, legt der Herausgeber eine um die zeitgeschichtlichen Bezüge des Originalwerkes gekürzte Ausgabe vor.
Menschings Studie ist nicht nur ein Meisterwerk historisch-kritisch vergleichender Religionsforschung. Sie ist auch ein engagiertes Plädoyer, angesichts einer am Haben statt am Sein orientierten materialistischen westlichen Gesellschaft die zentralen buddhistischen und christlichenWerte in das persönliche Leben zu übernehmen. Weit mehr als ein distanzierter Religionsvergleich, bezieht das Werk eine klare Position innerhalb des immer intensiver gewordenen christlich-buddhistischen Dialogs.
In seinem Nachwort legt der Herausgeber eine kritische Würdigung der klassischen Untersuchung von 1978 vor, die zum 100. Geburtstag des Gelehrten erscheint. Tworuschka weist auf neuere Forschungsergebnisse hin, sofern sie für wesentliche Thesen Menschings belangvoll sind. Außerdem lotet er die Möglichkeiten und Chancen aus, die sich aus einer Orientierung an beiden Meistergestalten und den von ihnen geprägten Religionstraditionen ergeben.

Der Autor

Gustav Mensching (1901–1978) war Professor für Vergleichende Religionswissenschaft in Bonn. Zahlreiche bedeutende Arbeiten, u. a. auf den Gebieten der Religionsphänomenologie, Religionssoziologie und zur religiösen Toleranz.

Der Herausgeber

Prof. Dr. Udo Tworuschka, seit 1993 Inhaber des Lehrstuhls für Religionswissenschaft an der Theologischen Fakultät der Friedrich-Schiller-Universität Jena und Leiter des dort angesiedelten Gustav-Mensching-Archivs.

Gustav Mensching

Buddha und Christus

Mit einem Nachwort
neu herausgegeben
von Udo Tworuschka

Herder

Freiburg · Basel · Wien

Gedruckt auf umweltfreundlichem,
chlorfrei gebleichtem Papier

Überarbeitete Neuausgabe

Satz: Barbara Herrmann, Freiburg
Druck und Bindung: Freiburger Graphische Betriebe 2001
Umschlaggestaltung und Konzeption:
R·M·E München / Roland Eschlbeck, Liana Tuchel
Umschlagmotiv: Paul Ramsom, Christ and the Buddha (1890–92)

ISBN 3-451-05100-1

Inhalt

Einleitung: Vorfragen

Die Persönlichkeiten, die hier verglichen werden sollen, sind von nachhaltigster Wirkung gewesen; denn sie haben eine nach vielen Millionen zählende Anhängerschaft. Der Buddhismus hat Gemeinden mit etwa 400–500 Millionen Anhängern. An sich ist die Zahl der Buddhisten schwer zu ermitteln, da hier keine klare Abgrenzung der konfessionellen Zugehörigkeit möglich ist, und es daher vielfach geschieht, dass jemand mehreren Religionen gleichzeitig angehört. Der Osten kennt nicht das konfessionelle Entweder-Oder, sondern das Sowohl-als-auch ist dort üblich. Der Einfluss Buddhas geht daher erheblich weiter als die statistische Zahl seiner Bekenner zu sagen scheint.

Was das Christentum betrifft, so beträgt nach letzten statistischen Erhebungen die Zahl seiner Gläubigen etwa 700 Millionen. Buddhismus und Christentum sind also die beiden mächtigsten religiösen Gemeinschaften neben dem Islam mit etwa 440 Millionen Anhängern[1].

Die Weisen der Betrachtung

Zunächst muss klargestellt werden, in welcher Weise die beiden Persönlichkeiten erfasst werden sollen. Zwei Möglichkeiten bestehen, die für beide gleichmäßig gültig sind: einerseits eine glaubensmäßige Erfassung, d. h. die Befragung der Glaubenszeugnisse und der Glaubens-

---

1 Nach den Berechnungen der US-Religionsstatistiker David Barrett und Todd M. Johnson überschreitet die Weltchristenheit im Jahre 2000 die Zwei-Milliarden-Grenze. Der Islam hat 1,2 Mrd., gefolgt von 811 Mill. Hindus und 360 Mill. Buddhisten.

bekenntnisse und die naive d. h. unkritische Übernahme und Anerkennung dieser Aussagen als objektive Wahrheit. Nehmen wir dafür ein Beispiel: Buddha ist nach dem Selbstverständnis des Buddhismus einer von vielen früheren Buddhas, seine Lehre ist ewige Wahrheit aller Buddhas in Vergangenheit, Gegenwart und Zukunft. Im späteren Mahayana-Buddhismus heißt es, dass der historische Buddha ein himmlisches Urbild, den Buddha Amitabha, hat. Das wird dem christlichen Glaubensanspruch gegenübergestellt, wo bekenntnismäßig verkündet wird: »Gott war in Christus« (2. Kor. 5,19) und offenbarte sich in ihm, seinem »Sohne«. Das ist eine Glaubensaussage. Das Leben, Leiden und Sterben Jesu geschah nach Gottes Heilswillen, aber Gott ließ Jesus nicht im Tode, sondern erweckte ihn, auf dass er zurückkehrte, woher er gekommen war, in die Himmelswelt. Das ist wiederum eine Glaubensaussage.

Es gibt daneben noch eine zweite Betrachtungsweise, die wir hier befolgen werden, die historisch-kritische. Buddha und Christus sind Persönlichkeiten der Geschichte dieser Welt. Was von ihnen und mit ihnen geschah, waren historische Fakten und damit Objekt der Forschung. Der Glaube deutet die Geschichte. Das ist wiederum des Glaubens gutes Recht.

Wie verhalten sich nun beide Betrachtungsweisen zueinander? Sie brauchen kein Gegensatz zu sein. Die Forschung ist an sich nicht gegen den Glauben gerichtet, sofern Glaube nicht mit dogmatisch fixierten Glaubensbekenntnissen gleichgesetzt, sondern als lebendige religiöse Erfahrung verstanden wird. Die Forschung hat es nur mit Gegebenheiten der Geschichte zu tun, d. h. mit Erscheinungen dieser Welt. Sie hat sich gewissenhaft zu bemühen um die vorurteilsfreie Erfassung des geschichtlich Gegebenen, d. h. dessen, was Buddha und Christus in dieser geschichtlichen Welt waren, was sie wollten und was sie taten. Eine Begründung des Glaubens durch die Forschung gibt es nicht. Es kann keine objektiven Beweise dessen geben, was Objekt des Glaubens ist, der selber ein Wagnis ist, ohne Garantie, das darin besteht, sein Leben zu bauen auf eine Botschaft, die man glaubensmäßig als Offenbarung bzw. als Wahrheit versteht. Diese Botschaft buddhistischer oder christlicher Art wird durch den Glauben herausgehoben aus dem geschichtlichen Zusammenhang. Die geschichtliche Forschung kann das nie tun, ein Absolutheitsanspruch ist durch die Wissenschaft nicht beweisbar.

Beide Betrachtungsweisen sind im einzelnen Menschen durchaus vereinbar, allerdings unter gewissen Voraussetzungen. Religiöse Gewissheiten dürfen nicht als wissenschaftliche Erkenntnisse erscheinen. Die im Rahmen menschlicher Möglichkeiten objektive Forschung ist ohne Glaubensvoraussetzungen. Gänzlich voraussetzungslos ist freilich keine Forschung. Sie muss sich um Objektivität bemühen und nicht von vornherein subjektive Tendenzen mitbringen. Gelingt aber die tendenzfreie Darstellung des erforschten Bestandes, dann wird diese historische Wirklichkeit, da aus ihr so mächtige Gebilde wie die Weltreligionen entstanden sind, eindruckskräftig genug sein, dem Glauben Ausgangsbasis zu bleiben.

Andererseits dürfen gesicherte Forschungsergebnisse nicht als Heilswahrheiten ausgegeben werden; denn Heilswahrheiten stellt nur der religiöse Glaube fest. Wissenschaftliche Wahrheit ist von anderer Art als die religiöse. Aber andererseits darf Glaubenswahrheit nicht im Widerspruch zu wissenschaftlicher Wahrheit stehen, was häufig geschieht.

Das Problem der Vergleichbarkeit von Buddha und Christus

Es leuchtet ein, dass jede Orthodoxie die schlechthinnige Einmaligkeit der eigenen Stifterpersönlichkeit behauptet und darum jede Vergleichsmöglichkeit ausschließt; denn sinnvoll vergleichbar ist nur, was Gemeinsamkeiten hat. Einen Baum mit einem Haus zu vergleichen ist sinnlos.

Eine erste Voraussetzung für eine sinnvolle Vergleichung von Buddha und Christus ist natürlich die, dass beide Persönlichkeiten historisch sind, d. h. dass sie wirklich gelebt haben, was durchaus nicht selbstverständlich ist; denn die Historizität Buddhas wie die Christi ist zeitweilig bestritten worden: Der Franzose E. Senart (in seiner Schrift »Essai sur la légende du Bouddha«, Paris 1882) und J. H. Kern (in seinem Buch »Der Buddhismus und seine Geschichte in Indien, Leipzig 1884) sahen in Buddha und in den Berichten über ihn einen Sonnenmythos. Die Geschichtlichkeit Christi wurde unter anderem von Arthur Drews in seinem Buch »Die Christusmythe« (1909, 1911) gleichfalls bestritten und als Mythos erklärt. Diese Behauptungen sind längst widerlegt. An der Historizität beider Persönlichkeiten kann heute nicht mehr gezweifelt werden.

Aber nicht nur die Geschichtlichkeit Buddhas und Christi bildet eine Voraussetzung möglichen Vergleiches, sondern auch dieselbe Art geschichtlichen Seins ist für eine sinnvolle Vergleichung vorauszusetzen. Hier pflegt die orthodoxe christliche Theologie zu protestieren; denn sie behauptet die Einmaligkeit und daher Unvergleichlichkeit Christi. Buddha dagegen sei nur ein Mensch gewesen, der einen von Menschen ersonnenen Heilsweg verkündete. Dazu ist religionswissenschaftlich zu sagen: sowohl die Bezeichnung »Buddha« wie die Bezeichnung »Christus« sind Würdenamen, die beide von einem Glauben aus verliehen werden. Buddha bedeutet »der Erleuchtete«, der in einem Text folgenden Anspruch erhebt: »König fürwahr bin ich ohne gleichen, der Wahrheitsfürst«, und »Christos« bedeutet bekanntlich »der Gesalbte«, der von Gott Erwählte, von dem Matthäus 16,16 das Jüngerbekenntnis des Petrus lautet: »Du bist Christus, des lebendigen Gottes Sohn.« So stehen sich hier also zwei Ansprüche in diesen beiden Würdebezeichnungen gegenüber oder nebeneinander. Das ist das Letzte, auf das wir forschend stoßen: die geschichtlich vertretenen Ansprüche, für deren Glaubwürdigkeit historisch-wissenschaftlich kein Argument nachweisbar ist, weder für den Anspruch Buddhas, noch für den der Jünger Christi.

Diese Frage führt auf ein Grundproblem: Geschichte und Theologie. Die Theologie betont die Geschichtlichkeit der Heilsereignisse, aber sie verwehrt vielfach der Geschichtsforschung die historische Untersuchung und Kritik mit den Mitteln der profanen Wissenschaft. Hier muss eine klare Trennung vollzogen und die Abgrenzung der Kompetenzen durchgeführt werden. Die Geschichte als Ereignis ist Objekt profaner Geschichtsforschung auch im Bereiche der Religion. Deren Berichte sind weitgehend bereits gedeutete Geschichte durch die Gemeinde und ihre Vertreter.

Die Deutung der geschehenen Geschichte ist der Theologie unbenommen. Diese Deutungen sind Glaubensaussagen. Angewandt auf unser Problem heißt das: Buddha und Jesus sind Persönlichkeiten der Geschichte und damit Objekt der mit profanen Mitteln arbeitenden Forschung. Was sie dem Glauben über das geschichtlich und wissenschaftlich Erfassbare hinaus noch sind, vermag Religionswissenschaft zwar zur Kenntnis zu nehmen und muss das auch, aber es kann nicht auf seine Berechtigung geprüft werden, also auf seine Wahrheit. Religionswissenschaft stellt nicht die Wahrheitsfrage hinsichtlich der Richtigkeit der religiösen Aussagen, sondern nur die Wesensfrage.

Wechselseitige Beeinflussung?

Auch das Problem etwaiger wechselseitiger Beeinflussung der buddhistischen und christlichen Tradition gehört zu den Vorfragen, die wir kurz behandeln müssen. Zu Anfang unseres Jahrhunderts entstand bereits eine umfangreiche Literatur zu dem genannten Problem: z. B. schrieb van den Bergh van Eysinga 1909 über »Indische Einflüsse auf evangelische Erzählungen«. R. Seydel behandelte »Das Evangelium Jesu in seinem Verhältnis zu

Buddha-Sage und Buddha-Lehre« bereits 1882. In dem von Hans Haas 1922 veröffentlichten Buch »Das Scherflein der Witwe und seine Entsprechung im Tripitaka« findet sich eine Bibliographie zum Thema der Beeinflussung christlicher Tradition durch indisch-buddhistische Überlieferungen. Vor wenigen Jahrzehnten hat Ernst Benz das alte Thema wieder aufgegriffen in einer Mainzer Akademie-Schrift: »Indische Einflüsse auf die frühchristliche Theologie« (1951).

Wir beschränken uns auf die kurze Behandlung der wesentlichen Resultate der Forschung auf diesem Problemgebiet. Schwer ist Gültiges zu sagen. In Betracht kommt lediglich der Buddhismus, denn andere indische Religionen wie etwa der Krishna-Glaube und -Kult fanden außerhalb Indiens keine Verbreitung. Nur die Gestaltung des Lebensbildes Jesu könnte allenfalls buddhistisch beeinflusst sein; denn die Lehren selbst sind zu verschieden, um Einfluss vom Buddhismus erfahren zu können. Selbstverständlich kann nur vom Buddhismus die christliche Tradition beeinflusst worden sein, nicht umgekehrt.

Die ernst zu nehmenden Untersuchungen haben, wie gesagt, wenig Überzeugendes hinsichtlich buddhistischer Beeinflussung evangelischer Erzählungen erbracht. Da ist z. B. die übernatürliche Geburt Buddhas, von der wir hören werden, und die Christi auf Abhängigkeit der letzteren von der buddhistischen Erzählung zurückgeführt worden. Zwar ist die buddhistische Erzählung schon im 3. oder 4. vorchristlichen Jahrhundert vorhanden, aber auch sonst ist die Idee übernatürlicher Geburt im Orient zu beobachten und religiöse Motive für eine Spontanbildung gleicher Vorstellungen in verschiedenen Religionen sind, wie später zu zeigen sein wird, durchaus erkennbar. Lukas 11,27 wird von der Seligpreisung der Mutter Jesu durch eine Frau aus dem Volke berichtet: »Selig ist der Leib, der dich (Jesus) getragen hat, und die Brüste, an denen du gesogen hast.« Ganz analog preist eine edle Jungfrau die Familienmitglieder Buddhas: »Selig fürwahr die

Mutter, selig fürwahr der Vater, selig fürwahr die Frau, die einen so herrlichen Gatten hat.« Auch hier ist das Original nicht erkennbar, auch liegen hier ganz andere Motive vor; denn in der buddhistischen Erzählung nimmt Buddha sein Perlenhalsband ab und sendet es der Jungfrau, weshalb diese glaubt, der Buddha habe sich in sie verliebt.

Hans Haas hat in der oben genannten Schrift über das Scherflein der Witwe (Mark. 12,41 ff.; Luk. 21,1 ff.) nachzuweisen gesucht, dass hier eine wirkliche Abhängigkeit von einer buddhistischen Erzählung vorliege, in der ein armes Mädchen zwei Kupferstücke, die es gefunden hat, in die Opferschale wirft. Ein Oberpriester preist diese Gabe als wertvoller gegenüber der der Reichen.

Zweifelhaft ist das Abhängigkeitsverhältnis einer buddhistischen Erzählung zu der Geschichte (Joh. 4,6 ff.) der Begegnung Jesu am Jakobsbrunnen mit einer Samaritanerin. Es wird berichtet, dass der Lieblingsjünger Buddhas müde und durstig an einen Brunnen kommt und ein Mädchen aus einer verachteten Kaste um einen Trunk Wasser bittet. Das Mädchen weicht zurück und macht auf ihre durch ihre Kastenzugehörigkeit begründete Unnahbarkeit aufmerksam, worauf Ananda antwortet: »Meine Schwester, ich frage nicht nach der Kaste noch nach der Familie, ich bitte dich nur um Wasser.« Das Mädchen, das sich daraufhin hoffnungslos in Ananda verliebt, wird von Buddha bekehrt. Da die buddhistische Erzählung jünger ist als die biblische, könnte hier eine Abhängigkeit von der christlichen Überlieferung vorliegen.

Eine interessante Parallele zum Gleichnis vom verlorenen Sohn (Luk. 15) findet sich in der buddhistischen Literatur: Ein junger Mann wird verführt und verlässt das väterliche Haus. Der Vater wird reich und lässt den Sohn suchen. Dieser aber kommt zufällig in die Stadt seines Vaters, der den Sohn sogleich erkennt, ihm aber nicht sagt, wer er ist. Der Vater lässt den Sohn zwanzig Jahre bei sich arbeiten und gibt erst bei seinem Tode dem Sohn sein Vermögen. Offenbar haben die evangelische und diese buddhistische Erzählung eine völlig verschiedene Achse: Der Vater in der buddhistischen Erzählung wird durch pädagogische Weisheit bestimmt, seinen Sohn sich bewähren zu lassen. Der Vater in Jesu Gleichnis dagegen handelt aus verzeihender Liebe zu dem Sohn, der sich freiwillig umgewendet hat zu seinem Vater.

Richard Garbe hat in seinem Buche »Indien und das Christentum« (1914) etliche biblische Erzählungen für unzweifelhaft auf buddhistischem Einfluss beruhend erklärt; die Verherrlichung des Buddha-Kindes durch den Seher Asita enthält folgende Weissagung: »Der Knabe wird einst, höchster Erleuchtung teilhaft, / Der Wahrheit Reich, allkundig jeglicher Reinheit, / Begründen voll Erbarmen mit vielem Volke,/ Dass weit und breit man in Heiligkeit mag wandeln./ Doch ich muss hingehen, ehe sich das vollendet; / Nur kurzer Rest ist übrig von meinem Leben. / Des höchsten Meisters Lehre werd' ich nicht hören.«

Der fromme Simeon, der in Jerusalem auf den »Trost Israels« wartete, sah im Tempel das Kind Jesu, lobte Gott und sprach: »Herr, nun lässt du deinen Diener in Frieden fahren, wie du gesagt hast; / Denn meine Augen haben deinen Heiland gesehen, / Den du bereitet hast vor allen Völkern, Ein Licht, zu erleuchten die Heiden / Und zum Preis deines Volkes Israel.« (Luk. 2,29 ff.)

Während der Indologe R. Garbe hier eine Abhängigkeit der evangelischen Erzählung von der buddhistischen annahm, bestritt sie Hermann Oldenberg.

Abgesehen von der Versuchungsgeschichte Jesu (Matth. 4; Luk. 4), zu der es buddhistische Parallelen gibt, sah R. Garbe in der Geschichte vom Wandeln Jesu auf dem Meere (Matth. 14,22 ff.) eine Abhängigkeit von einer Erzählung der buddhistischen Jataka-Texte, in der Folgendes berichtet wird: Ein Jünger Buddhas kommt am Abend an einen Fluss und findet kein Fährboot. In gläubigem Vertrauen zu Buddha betritt er das Wasser und wandelt auf dem Wasser. Plötzlich aber erschrickt er vor den Wellen und beginnt zu sinken, da sein Vertrauen sinkt. Aber mit erneuter Versenkung erreicht er das Ufer. Während im israelitischen Bereich das Motiv des Wandelns auf dem Wasser nicht vorkommt, wird von Buddha Dighanikaya XI unter den magischen Wundern, die er dort aufzählt, auch das Gehen auf dem Wasser genannt. Eine Abhängigkeit ist hier also wahrscheinlich.

I
Die Quellen und ihre historische Glaubwürdigkeit[2]

Der Charakter der buddhistischen Literatur

Wir unterscheiden zwei Zweige des Buddhismus, den Hinayana- oder Theravada- und den Mahayana-Buddhismus. Der erstere steht der Lehre des historischen Buddha am nächsten. Die Bezeichnung Hinayana bedeutet »kleines Fahrzeug« und wird heute vermieden, weil man darin eine Herabsetzung sieht von dem »großen Fahrzeug«, dem Mahayana, aus. Man verwendet deshalb lieber die Bezeichnung Theravada, was »Lehre der Ältesten« bedeutet. Man braucht indessen in dem Wort »Hinayana« kein abwertendes Urteil zu sehen, weil dieser frühe Buddhismus tatsächlich ein kleines Fahrzeug zum Heil für den Einzelnen anbietet, während der später um den Beginn der christlichen Zeitrechnung entstandene Mahayana-Buddhismus lehrt, in einem großen Fahrzeug möglichst viele Mitmenschen aus dem Ozean der Existenz zu retten. Dieses Mahayana wurde die eigentliche Weltreligion, die sich vor allem in Ostasien ausbreitete.

Die ältere Buddha-Forschung kannte als Quelle ihrer Kenntnis nur eine legendarische Buddha-Biographie Lalitavistara (»Entfaltung des [göttlichen] Spiels«). Dieser Text enthält wenig historisch-biographische Elemente, ist phantastisch und mit vielen Wunderberichten ausgeschmückt hinsichtlich des Buddha-Lebens.

In neuerer Zeit entdeckte man in Ceylon, dem heutigen Sri Lanka, umfangreiche Texte, den Pali-Kanon, in dem

2 Der neueste Stand der Forschung ist dargestellt in Udo Tworuschka (Hg.); Heilige Schriften. Eine Einführung, Darmstadt 2000.

die Lehrreden Buddhas weitgehend wohl in historischer Treue niedergelegt sind. Der Sohn des indischen Königs Ashoka (268–239 v. Chr.), Mahinda, kam mit der Buddha-Botschaft nach Ceylon und fand Aufnahme. Noch heute ist diese Urform des Buddhismus in Ceylon und Hinterindien vertreten. Auf verschiedenen Konzilien wurden diese Texte festgelegt: Rajagaha war das erste, das bald nach Buddhas Tode stattgefunden haben soll, Vesali hundert Jahre später und Pataliputta 253 v. Chr. Diese Texte enthalten, wie gesagt, nicht eine Lebensbeschreibung Buddhas, sondern nur die Lehrverkündigung des Meisters. In den Klöstern Ceylons wurde der mündlich überlieferte Kanon der Schriften im ersten Jahrhundert vor Christus auf Befehl eines ceylonesischen Königs in der Pali-Sprache niedergeschrieben. Es ist dies der einzige vollständig erhaltene Text der zahlreichen zum Kanon, dem Tripitaka (= Dreikorb), gehörenden Schriften. Diese Texte enthalten weitgehend echte Buddha-Worte. Die Pali-Sprache ist ein indischer Dialekt, der jedoch nicht die Sprache Buddhas war, wie man vielfach angenommen hat. Buddha sprach den Maghadi-Dialekt. Die drei »Körbe« dieses Kanons enthalten im Vinaya-pitaka die Ordensdisziplin, im Sutta-pitaka die Lehrreden Buddhas in fünf Unterabteilungen und im Abhidhamma-pitaka die buddhistische Scholastik.

Die religiöse Einstellung, wie sie sich in den Pali-Texten ausspricht, wandelte sich in späteren Texten in charakteristischer Weise. Wie schon bemerkt, war der Buddhismus dieses Pali-Kanons eine rein geistige Mönchsreligion, und Buddha selbst verstand sich ausschließlich als »Wegweiser« zum Heil, der hohe Anforderungen an eine Jünger-Elite stellte, an den »vornehmen Jünger«, wie es oft in den Texten heißt. Die wenigen Einzelnen, die ihr Leben ganz auf die Heilssuche einstellen konnten und dieser hochreligiösen Haltung fähig waren, konnten nur als Mönche diesen Heilsweg beschreiten. So sind denn diese Texte von großer Einfachheit, ohne phantastische Ausschmückungen, wenngleich oft mit ermüdenden Wiederholungen, die wohl der leichteren gedächtnismäßigen Aneignung dienen sollten. Wunder kommen nur am Rande und ohne wesentliche Bedeutung in den Texten vor.

Demgegenüber entstand später eine Wandlung zum Mahayana vor allem dadurch, dass das religiöse Bedürfnis der Masse durch jene Asketen-Religion nicht befriedigt wurde. Nicht jeder wollte Mönch werden, aber jeder strebte das Heil an, das im Hinayana nur als Mönch gewonnen werden konnte. Auch wurde im Hinayana dem kultischen Bedürfnis nicht entsprochen; denn Buddha war keine verehrungswürdige Gottheit seinem eigenen Anspruch nach. Der allmählich entstehende Mahayana-Buddhismus erhob Buddha neben zahlreichen anderen Buddhas zu himmlischer Glorie, und in den nun entstehenden Mahayana-Texten wurde das Leben Buddhas wunderhaft verklärt. Hier entstanden jene Texte, in denen das Wunder im Leben Buddhas dominiert, von denen oben die Rede war. Dieser Buddhismus wurde eine Religion der Masse, und nur er konnte sich über die östliche Welt, vor allem in China und Japan, ausbreiten. Er wurde die Weltreligion des Fernen Ostens. Die Voraussetzung dafür war die Popularisierung des Buddhismus, der abstrakten hochgeistigen Lehre Buddhas. Jetzt entsteht ein Kultus der zahlreichen Buddhas und Bodhisattvas. Die Basis wird also verbreitert unter Voraussetzung einer notwendigen Vergröberung und Vermassung der religiösen Anschauungen und Praktiken. Es ist also nicht so, dass man geschichtlich vom phantastisch Wunderhaften zum abstrakt Geistigen vorgedrungen sei in der Geschichte der buddhistischen Literatur, sondern umgekehrt: Von schlichter Geistigkeit entwickelte sich der Buddhismus auf der Basis der Verbreiterung der Anhängerschaft zu bunter, farbiger und anschaulicher Vielgestaltigkeit der Lebensberichte des Buddha. Die ceylonesischen Pali-Texte, in denen man sich immer wieder auf Buddha beruft, sind das früheste Zeugnis für die Historizität Buddhas und für das Bewusstsein seiner Gemeinde, dass Buddha so gesprochen hat, so dass also eine persönliche Autorisierung der Lehre durch Buddha hier bezeugt ist. Die Texte verraten Kenntnis der Lebenssituation Buddhas, was ihre Glaubwürdigkeit erhöht.

Diese Texte aber sind, wie gesagt, keine Biographien, was darauf hinweist, dass die Urgemeinde an dem konkreten Leben des Buddha kein sonderliches Interesse hatte; denn Buddha war ja im ursprünglichen Buddhismus keine Heilandgottheit. Die Lebensmitte dieses Theravada- oder Hinayana-Buddhismus bildet nicht Buddha, sondern die Lehre (dhamma). Es gibt umfangreiche Reden und Spruchsammlungen ohne zeitliche Fixierung, was wieder für die angenommene Zeitlosigkeit der Lehre spricht, die ja ewige Wahrheit enthalten soll.

Erst später erwachte ein gewisses historisches Interesse. Dann füllte man mit legendarischen Elementen die Lücken im historischen Bilde des Meisters aus. Dabei sind dann auch zahlreiche wunderhafte Taten des künftigen Buddha in der Textsammlung der »Jatakas« (Geburtsgeschichten) berichtet. Es handelt sich in diesem auch zum Pali-Kanon gehörenden Text um Berichte über die angeblichen früheren Geburten des künftigen historischen Buddha und seine Lebensumstände. In diesen Texten waltet natürlich der Geist des Wunderglaubens.

Legendenbildung

Wie bei allen Meistern der Religionsgeschichte bildeten sich um ihre Gestalt und ihr Leben Legenden. Wir gehen hier auf die Inhalte dieser Legenden um Buddha nicht ein, sondern stellen nur fest, welche Themen sie behandeln. Da ist von der übernatürlichen Empfängnis Buddhas und von seiner wiederum wunderhaften Geburt die Rede. Der Buddha selbst wird verherrlicht durch Erzählungen wunderhafter Taten in seiner Jugend und in seinem späteren Leben. Die Versuchungen, denen der werdende und der gewordene Buddha ausgesetzt waren, werden berichtet, auch sie tragen Wundercharakter, wenn Mara, der buddhistische Teufel, und seine ihm zur Verfügung stehenden dämonischen Töchter Buddha von seinem Lebensziel abzubringen suchen. Auch die Todesstunde des im Alter von achtzig Jahren sterbenden Buddha wird durch wunderhafte Begebenheiten ausgeschmückt.

Die christliche Überlieferung

Wir fragen nach den Quellen unserer Kenntnis des ursprünglichen Christentums und des historischen Jesus, des Stifters des Christentums. Außer den natürlich in erster Linie in Betracht kommenden neutestamentlichen Quellen, von denen wir später sprechen werden, gibt es auch außerchristliche Zeugnisse für die Ursprünge des Christentums, die indessen nur wenig für unsere Kenntnis beitragen. Da sind zunächst die Annalen des Tacitus (15,44), die um 110 n. Chr. entstanden. In der angegebenen Stelle ist berichtet, dass Kaiser Nero Schuldige am Brande Roms suchte und sie in den Christen fand, bzw. lenkte er den Verdacht auf sie: »Es waren die beim gemeinen Volk ohnehin wegen allerlei Schändlichkeiten verhassten Leute, die beim gemeinen Volk Chrestianer hießen. Der Name hängt zusammen mit einem Christus, den der Prokurator Pontius Pilatus unter der Herrschaft des Tiberius hatte hinrichten lassen. Trotz solcher augenblicklichen Schwächung kam der verderbliche Aberglaube wieder auf, und nicht nur in Judäa, wo die Plage entstanden war, sondern auch in Rom, wo alles, was schimpflich und schändlich ist, aus der ganzen Welt zusammenströmt und gern gepflegt wird.« Interessant ist hier der Hinweis auf die Tatsache, dass Jesu Tod die Bewegung, die durch ihn entfacht war, nur vorübergehend schwächte. Die Ausbreitung fand also trotz der Katastrophe des Todes Jesu statt, ja, der verhängnisvolle Tod wurde durch den Auferstehungsglauben geradezu zu einem Siegesfaktor. Wir beachten dabei zugleich, welche geringe Bedeutung aus römischer Sicht diesem Todesereignis im fernen Palästina beigemessen wird.

Eine zweite Quelle finden wir bei Suetonius, der etwas nach Tacitus »Über das Leben der Kaiser« schrieb. In dieser Schrift (V, 24,4) sagt Suetonius, dass Claudius die Juden, die »auf Veranlassung des Chrestus beständig Unruhen erregten«, aus Rom auswies. Es ist nicht sicher, ob diese Unruhen mit Christus und dem Christentum in Verbindung standen. Christus wird hier als Eigenname und vielfach als Chrestus, ein verbreiteter Name in Rom, verstanden und nicht als Würdebezeichnung aufgefasst.

Außer diesen römischen Quellen gibt es auch jüdische, die jedoch auch nur wenig aussagen. Es handelt sich um den jüdischen Historiker Josephus (37/38 – nach 100 n. Chr.), der um 93 n. Chr. seine »Jüdischen Altertümer« (Antiquitates Judaicae) schrieb, in denen (20,200) die Steinigung des Bruders Jesu, »der Christus genannt wird, Jakobus war sein Name«, erwähnt wird. Wie aus der Bezeichnung »der Christus genannt wird« hervorgeht, nimmt Josephus eine vorsichtige Haltung ein; denn er verstand natürlich die Bezeichnung »Christus« als griechische Übersetzung des hebräischen Messias und verwendete sie nicht als Eigenname, wie die römischen Schriftsteller, sondern als Würdebezeichnung, die er indessen in Frage stellte. Eine andere Stelle bei Josephus (18,63 f.) in den »Altertümern« ist sicher unecht, d. h. wohl ein christlicher Einschub: »Er wurde Christus genannt ... Er erschien ihnen am dritten Tage wieder lebend, wie gottgesandte Propheten dies und tausend andere wunderbare Dinge von ihm vorher verkündigt hatten.« Diese Worte können nicht von Josephus stammen, der dem christlichen Verständnis der Person Jesu skeptisch gegenüberstand. Es handelt sich also entweder um einen christlichen Einschub oder um eine christliche Überarbeitung.

Der Talmud, in dem sich die ganze schriftgelehrte Tradition niedergeschlagen hat, enthält christenfeindliche Äußerungen, aber nur wenig über Leben und Person Jesu, der am Rüsttage des Passah gehängt sei. Das sind die einzigen außerbiblischen Zeugnisse, die wir haben, und die, wie man sieht, wenig aussagen. Nur die Historizität Jesu selbst lässt sich aus diesen Texten entnehmen.

Die christlichen Quellen des Neuen Testaments
Auch von den allein für unsere Kenntnis des ursprünglichen Christentums und der Persönlichkeit Jesu in Betracht kommenden Schriften des Neuen Testaments muss gesagt werden, dass sie von geringem Quellenwert für das Leben Jesu sind. Der Ablauf des Lebens Jesu ist aus den Texten der Evangelien, die ja allein in Betracht zu ziehen sind, nicht erkennbar, abgesehen von den letzten Tagen, also der Passionsgeschichte, die zusammenhängend überliefert wurde. Diese Evangelien sind keine Biographien, wie die kritische Forschung längst festgestellt hat. Die Evangelisten hatten kein historisches Interesse am Leben Jesu. Auch Paulus, dessen Briefe früher verfasst wurden als die Evangelien und also die ältesten Zeugnisse des Neuen Testaments sind, bekundet, an dem irdisch historischen Jesus kein Interesse zu haben: »Und auch wenn wir Christus gekannt haben nach dem Fleisch (also als irdischen Menschen), so kennen wir ihn doch jetzt so nicht mehr.« (2. Kor. 5,16) Die Evangelisten haben auch keine psychologischen Entwicklungen in der Persönlichkeit Jesu festzustellen gesucht. Das zentrale Interesse ist in der These ausgesprochen: Jesus ist der Christus, also der Messias, der von Gott gesandt ist. Das heißt also, dass diese Evangelien selbst Glaubenszeugnisse sind.

Die Art der Quellen
Zehn bis fünfzehn Jahre nach Jesu Tode erhielten Paulus und andere Apostel mündliche und schriftliche Traditionen, und vierzig Jahre nach Jesu Tode existierten bereits Bücher mit solchen Überlieferungen. Das späteste der im Neuen Testament zusammengeschlossenen kanonischen Evangelien ist das des Johannes, etwa um 90 n. Chr. verfasst. Um 100 n. Chr. sind alle unsere Evangelien vorhanden. Zitate christlicher Schriftsteller im 2. Jahrhundert

n. Chr. zeigen, dass es außer den vier Evangelien noch mehr solcher Bücher gegeben hat, zu denen die apokryphen Ägypter-, Hebräer-, Petrus- und Kindheitsevangelien gehören. In diesen nichtkanonischen Evangelien wird erkennbar, dass die Berichte über das Leben Jesu allmählich durch fremde Gedanken und Geschichten erweitert und zum Teil entstellt wurden. Wieder haben wir denselben Vorgang wie in der buddhistischen Tradition: Die mythischen und wunderhaften Darstellungen sind später, die schlichten unmythischen sind früher, weil erst das Interesse der sich in den Gemeinden sammelnden Masse sich auf ein wunderhaftes Meisterleben richtete.

Der Charakter der christlichen Überlieferung und ihre Schichten

Wir geben hier wieder, was die historisch-kritische Forschung vieler Jahrzehnte aus den Quellen erarbeitet hat. Vor der Abfassung der Evangelien gab es einen sowohl mündlich als auch schriftlich tradierten Überlieferungsstoff. Das waren Geschichten, Sprüche, Redestücke (Gleichnisse) und die Leidensgeschichte. Diese Überlieferungselemente waren, abgesehen von der Leidensgeschichte, ohne Zusammenhang. Die Evangelisten erst schufen den Rahmen und den Zusammenhang. Ursprünglich ist also immer die Einzelgeschichte und der einzelne Spruch, nicht aber der verbindende Text. Die kritische Forschung suchte daher die älteste Schicht aus der Überlieferungsmasse herauszulösen und damit die authentische Jesus-Verkündigung zu gewinnen, befreit von den Elementen, die aus dem Gemeindeglauben stammen. Martin Dibelius hat das getan in seiner Schrift »Die Botschaft von Jesus Christus« (1935).

Eine jüngere Schicht in den Evangelien ist die Umbildung der Geschichten durch weltlichen Stil und weltliche Motive sowie die Anpassung der Worte Jesu an die inzwischen gegebenen Verhältnisse.

Die älteste Schicht, 30–40 n. Chr. entstanden, ist relativ frei von außerchristlichen Einflüssen. Die Sprüche sind weder gnostisch noch gesetzlich. Die Gleichnisse lassen den ursprünglichen Sinn trotz späterer Umdeutungen erkennen. Sie zeichnen sich durch kurze Prägnanz aus, was ihre Beziehung zur Predigt verrät. Es redet der Glaube, nicht wissenschaftliche Forschung. Daher sind diese Berichte in ihrer Geschichtlichkeit eingeschränkt.

Was nun das Verhältnis der Evangelien des Neuen Testaments zueinander betrifft, so hat die Forschung beider christlicher Konfessionen mit ziemlicher Einmütigkeit folgende These erarbeitet: die sogenannte Zwei-Quellen-Hypothese. Danach werden die drei ersten Evangelien nach Matthäus, Markus und Lukas als Synoptiker bezeichnet. Sie enthalten Geschichten aus Jesu Leben, Gleichnisse, Sprüche und Spruchgruppen und am Ende die Passions- und Ostergeschichte. Die Texte sind nahe verwandt als Abwandlungen desselben Typus und deshalb eben als Synoptiker bezeichnet. Worauf beruht diese Verwandtschaft? Alle drei Evangelisten sammelten dieselben in den Gemeinden umlaufenden schriftlichen oder mündlichen Traditionen von Jesu Leben und Sterben. Die Synoptiker ordneten das Material und redigierten es. Darüber hinaus beruht die Ähnlichkeit dieser drei Evangelien auf noch näherer Verwandtschaft: Das Ergebnis der Evangelienforschung seit mehr als hundert Jahren ist, wie gesagt, die Zwei-Quellen-Hypothese. Die Kritik stellte durch Vergleichung fest, dass Markus die Quelle der beiden späteren Evangelien nach Matthäus und Lukas sei. Matthäus und Lukas aber hatten außer Markus noch eine gemeinsame Quelle, die Spruchquelle Q, deren Texte sie in vielen bei Markus nicht vorkommenden, wörtlich übereinstimmenden Stücken übernahmen. Diese Logienquelle hat die Forschung aus den Texten rekonstruiert und als ehemals vorhanden postuliert. Dass es solche Spruchquellen gegeben hat, wurde in unseren Tagen (1945) bestätigt durch den in der ägyptischen Wüste gemachten Fund eines Thomasevangeliums, das eine unter den Namen des Thomas gestellte Sammlung von Sprüchen Jesu enthält. Markus bot Geschichten, die Quelle Q Sprüche und Reden.

Von den drei Synoptikern verschieden ist das Johannesevangelium, das etwa um 90 n. Chr. verfasst wurde und von besonderer Art ist. Es ist noch weniger geschichtlich orientiert als die Synoptiker. Hier finden sich Erzählungen, die um große religiöse Ideen wie Licht, Leben und Wahrheit gruppiert sind. Als Geschichtsquelle ist daher das Johannesevangelium von noch geringerem Wert als die synoptischen Evangelien. Der eigentliche Schluss des Johannesevangeliums (das 21. Kapitel ist eine spätere Hinzufügung) 20,30 lautet: »Noch viele andere Zeichen tat Jesus vor seinen Jüngern, die nicht geschrieben sind in diesem Buch. Diese aber sind geschrieben, damit ihr glaubt, dass Jesus der Christus ist, der Sohn Gottes.« In diesen Worten ist die Tendenz ausgesprochen, die hinter dem Johannesevangelium und hinter allen Evangelien steht: Leben und Taten Jesu als Offenbarung seiner göttlichen Herrlichkeit (Joh. 2,11) darzutun.

Gemeinsamkeit und Verschiedenheit

Wir besinnen uns zunächst auf die Gemeinsamkeiten der beiderseitigen Quellen, von denen die Rede war. Allgemein ist zu sagen, dass diese Quellen insofern zuverlässig sind, als sie die Historizität beider Stifter und ihres zentralen Anliegens bezeugen. Es zeigte sich weiter ein Zurücktreten der mythischen Stoffe in den älteren Schichten der Überlieferung. Die mythischen Elemente, die ja weithin als Gemeindebildungen anzusehen sind, bezeugen den tiefen Eindruck, den die beiden Stifterpersönlichkeiten gemacht haben. Gemeinsam ist weiterhin der Schichtencharakter der Überlieferung. Die heiligen Schriften bilden keine Einheit; denn sie verraten den Einfluss menschlicher Gestaltung und der geistigen Umwelt. Auch finden sich nur geringe Kenntnisse des wirklichen historischen Ablaufs des Lebens der Meister, abgesehen natürlich von den religiös wichtigen Ereignissen wie Geburt, Berufung oder Erleuchtung und Tod. Obwohl Buddha ein langes Leben von achtzig Jahren beschieden war, wird uns aus diesem Leben nur ganz wenig an Ereignissen mitgeteilt. Demgegenüber hatte Jesus ein überaus kurzes Leben von etwa dreißig Jahren. Aber was uns daraus berichtet wird, kann sich den Evangelien zufolge nur in ein oder drei Jahren ereignet haben. Die übrigen Lebensjahre bleiben, was ihre Begebenheiten betrifft, dunkel. Später sind, wie gesagt, diese Berichte legendär aufgefüllt worden. Endlich gilt für beide Überlieferungen, dass in ihnen der religiöse Glaube spricht. Sie sind also keine historischen Dokumente.

Eine charakteristische äußere Verschiedenheit besteht darin, dass die buddhistischen heiligen Schriften gegenüber dem Neuen Testament unvergleichlich viel umfangreicher sind. Der Tripitaka, von den späteren Mahayana-Schriften abgesehen, umfasst zahlreiche Bände, von denen jeder von erheblichem Umfang ist. Natürlich wiederholt sich in diesen Schriften manches. Demgegenüber ist das Neue Testament und in ihm vor allem die hier in erster Linie in Betracht kommenden vier Evangelien von einem bescheidenen Umfang, wobei zu beachten ist, dass auch hier sich vieles wiederholt.

Verschieden ist auch das Verhältnis des Wunderhaften zum Historischen. Wir sahen, dass beide Meister auf das Wunder als Glaubensbasis keinen Wert legten. In den buddhistischen Texten finden sich wenige mythische Wundergeschichten, d. h. passive Wunder, die an Buddha geschahen, nur im Zusammenhang mit Geburt und Tod. Aktive Wunder, also solche, die der Meister selbst tat, gibt es kaum, denn der Buddha legte, wie er selbst (Dighanikaya XI) sagt, auf »magische Wunder« keinen Wert, da durch sie doch kein echter Glaube begründet werde. Auch in den Evangelien finden sich wenige passive Wunder, nur jene, die mit Geburt und Tod zusammenhängen. Aber es gibt in den Evangelien viele aktive »Wunder« Jesu,

d. h. »Krafttaten« (dynameis) und »Zeichen« (semeia), verstanden als Auswirkungen des in Jesus anbrechenden Reiches Gottes. Jesus zog umher im Lande, »predigte das Evangelium von dem Reich und heilte alle Krankheiten und alle Gebrechen im Volk« (Matth. 4,23). Diese Divergenz bezüglich der Einstellung zum Wunderhaften liegt begründet in dem tiefen Unterschied beider Meister, von dem zu sprechen sein wird. Zwar sind alle Überlieferungen Glaubenszeugnisse, aber in der buddhistischen Tradition handelt es sich weniger um den Glauben an Buddha als an die Lehre. Mittelpunkt ist ja nicht Buddha, sondern die Lehre. Während Buddha den Wunsch, ihn zu sehen, auf die Lehre ablenkte, indem er sagte: »Wer mich sieht, der sieht die Lehre«, sagte der johanneische Jesus auf den gleichen Wunsch von Besuchern, ihn zu sehen, das charakteristische Wort: »Wer mich sieht, der sieht den, der mich gesandt hat« – also Gott. (Joh. 12,45) In der christlichen Tradition steht eindeutig der Glaube an Jesus als den Christus im Mittelpunkt.

II
Die religiöse Umwelt beider Meister

Religionsstifter sind nur verständlich aus ihrer Umwelt und Tradition. Das soll keineswegs bedeuten, dass sie Produkt ihrer religiösen Umwelt sind. Dann wären sie keine echten Religionsstifter. Richtig aber ist, dass die Bedingung des Verstehens der Religionsstifter die Kenntnis der Tradition voraussetzt, aus der sie kamen, und die sie teilweise, wie zu untersuchen ist, auch fortsetzen. Gestiftete Religionen sind ja nie absolut neu in allen ihren Elementen. Von hier aus ist also die Frage nach den traditionellen Momenten in der Lehre der Religionsstifter verständlich und berechtigt. Dominierend aber ist fraglos das Neue, das keine bloße Konsequenz aus dem Vorhergegangenen ist, im Gegenteil: Es steht ja oft in schroffem Gegensatz zur Tradition. Aber das Neue zu würdigen, setzt die Kenntnis des Alten, also der Tradition, voraus. Damit ist unser Weg klar gezeichnet: Es gilt, die religiöse Tradition der Religionsstifter nach der Seite des spezifischen Charakters der Lebensmitte der überlieferten Religion zu betrachten. Religionen haben alle eine »Lebensmitte«; denn sie sind lebendige Ganzheiten, und wir versuchen, den Geist dieser Ganzheit, und das ist die Lebensmitte, zu erfassen. Dann aber müssen diese Traditionen und ihre Entwicklungen verglichen werden bis zum Auftreten des jeweiligen Meisters. Auch wird zu untersuchen sein, wie die Meister selbst sich bewusst zu ihrer eigenen Tradition gestellt haben.

1 *Die religiöse Tradition Indiens vor Buddha*

Die älteste Traditionsschicht in Indien bilden die vier Veden, von denen vor allem der älteste Text, der Rigveda, zu nennen ist. In ihm sind die verschiedenen Götterkreise in Hymnen bezeugt, die Kreise um Agni, Mithra, Varuna, Rudra, Indra und zahlreiche andere. Der Grundcharakter dieser altindischen vedischen Religion, ihre Lebensmitte also, ist der einer Opferreligion: »Durch Agni möge man Reichtum erlangen, Gedeihen fürwahr Tag für Tag, glänzendes, an Helden höchst reiches.« In einem Gebet an alle Götter spricht sich der Geist dieser frühen Volksreligion in eindeutiger Weise aus, wenn es da im Rigveda heißt: »Der Götter Wohlwollen bringt den Rechtwandelnden Glück, der Götter Gunst soll bei uns einkehren. Um der Götter Freundschaft haben wir geworben, die Götter sollen unsre Lebensfrist verlängern.« Typisch ist hier die welt- und lebensbejahende Haltung der naiven Volksreligion. Daseinsfreudig und polytheistisch ist diese Grundschicht, die indessen erhalten bleibt in der indischen Religionsgeschichte bis über den Buddhismus hinaus und in die Gegenwart hinein als Volksglaube.

Vedische Gottesanschauungen

Im jüngeren Rigveda aber dämmert die Idee numinoser Einheit in doppelter Gestalt auf. Wir beobachten nämlich, dass schon früh im Rigveda ein religiöser Einheitsblick bezeugt ist, nämlich die Ahnung, dass hinter den vielen Gottheiten eine Einheit steht, wenn es z. B. heißt: »Man sagt zwar Indra, Mithra, Varuna, Agni ... Was nur Eines ist, das belegen die Dichter mit vielfachen Namen.« Im numinosen Erlebnis liegt das Moment der Absolutheit und zwar in doppelter Form: als der Eine und als das Eine. Zwei Textzeugnisse mögen das belegen. Im 10. Buch des Rigveda heißt es: »Im Anfang (aller Dinge) wandelte er, der Eine, sich zu einem Goldkeim um. So (durch sich selbst) zustand gekommen, ward er dann der Herr des Gewordenen.« Hier ist also von dem personal Einen als dem absoluten Schöpfer der Welt die Rede. Im Atharvaveda (2,1,1) heißt es: »Vena erschaute das, was in geheimnisvoller Weise das Höchste ist, in welchem alles eingestaltig (ekarupam) wird.« Und Rigveda 10,129 lesen wir die bekannten Worte: »Nicht war Nichtseiendes, nicht Seiendes war damals ... nicht Tod, nicht Leben war da, nicht unterscheidendes Merkmal zwischen Nacht und Tag. Das atmete, jedoch in eigener Weise, ohne Hauch, das Eine. Von ihm verschieden war sonst nichts vorhanden.« Das ist der Weg der frühindischen Gotteserfahrung, der zur Einheitserkenntnis in doppelter Gestalt führte: es sind zwei Linien, die theistisch-personale und die theiomonistisch-impersonale, die durch die ganze weitere indische Religionsgeschichte bis in die Gegenwart hinein verlaufen. Abgesehen natürlich von der breiten Schicht des aus der Frühzeit bis heute erhaltenen Volksglaubens wird in der Schicht der indischen Hochfrömmigkeit die personaltheistische Frömmigkeitsform zunächst verdunkelt und zurückgedrängt durch die impersonale Mystik. Sie taucht dann etwa im 2. Jahrhundert v. Chr. wieder stärker auf in der Bhakti-Frömmigkeit des nachbuddhistischen Hinduismus. Die theiomonistisch-impersonale Frömmigkeit dominiert fraglos in Indien. Schon in den Brahmana-Texten, die Opferspekulationen enthalten, werden Grundthemen der späteren Upanishadentheologie behandelt. So taucht z. B. das Begriffspaar nama-rupa, Name und Gestalt, auf als Bezeichnung der Vielheit, die eine geahnte Einheit verdeckt. Es handelt sich dabei um das Verhältnis des numinos Einen zum profan Vielen in der Erscheinungswelt, also um das Problem der Individuation. Die profane Erfahrung zeigt vieles und Individuelles, die religiöse Intuition wittert das Eine hinter der individuellen Vielheit, die unter dem Begriff »Name und Gestalt« begriffen wird. So wird nama-rupa zur Bezeichnung der unheilvollen, weil von der Einheit abgespaltenen Vielheit weltlicher Existenz.

Das andere Begriffspaar, das sich hier in den Brahmana-Texten bereits bemerkbar macht, ist das von atman-brahman. Unter atman (mit dem deutschen Atem etymologisch verwandt) ist das Eine, Ewige in der Tiefe der menschlichen Persönlichkeit, brahman das Eine in der Weite der Welt, und beides ist identisch.

Die Upanishaden

In der etwa seit 800 v. Chr. entstehenden Upanishaden-Religion und -Literatur handelt es sich um folgende Grundmotive, in denen die zuvor angedeuteten Ansätze weiter entwickelt werden. Zunächst wird die vielheitliche Welt verstanden als die Entfaltung des einen Seienden, eben des brahman: »Diese Welt war damals nicht entfaltet, sie entfaltete sich in Namen und Gestalten.« So heißt es in der Brihadaranyaka-Upanishad. Die Vielheitswelt ist eine mehr oder weniger als real angesehene Wirklichkeit mit sich wandelnden Wesen, darin der Mensch, in dem die Individuation ihren Höhepunkt hat im Bewusstsein der Zweiheit: »Wo gleichsam eine Zweiheit ist, da sieht einer den anderen ... Wo aber einem alles zum eigenen Selbst (atman) geworden ist, womit sollte er da sehen ...?« Das Ziel aber, das hier angestrebt wird, ist die wiederzufindende Einheit von atman und brahman, von ewigem Selbst und dem göttlichen Selbst der Welt. Diese Heilsidee drückt sich in dem Worte aus: »Nach dem Tode gibt es kein Bewusstsein.« Der Mensch, der zu seinem Heil die unio mystica von atman und brahman gefunden hat, ist ohne individuelles Bewusstsein.

Auch die Karma-Lehre wird hier bereits entfaltet: die Tat (karma) bedingt die immer neuen Geburten und Wiedergeburten und der ganze Kreislauf der stets erneuten Individuationen (samsara) wird als das eigentliche Unheil angesehen, von dem man erlöst zu werden wünscht. So hat sich hier also das Lebensgefühl gegenüber der vedischen Frömmigkeit grundlegend gewandelt: von der Weltfreudigkeit zum Pessimismus der Upanishaden: »Was außerhalb des atman ist, ist leidvoll« lesen wir hier, und damit ist bereits die Leidensidee wenigstens vereinzelt aufgetaucht, die dann im Buddhismus eine so entscheidende Rolle spielt.

Hier geht es also bereits um Erlösung; denn die Situation, in der sich der Mensch vorfindet, ist die des Gebanntseins in den Kreislauf der Wiedergeburten und der Weg zur Erlösung, der hier in den Upanishaden gewiesen wird, ist z. B. in der Brihadaranyaka-Upanishad in folgender Weise ausgesprochen: »Woran des Menschen Sinnesart und Herz hängt, dem hängt er an und folgt mit seiner Tat ihm. Wenn er die Tat dann ausgekostet, die Summe dessen, was er hier getan, dann kommt aus jener Welt er wieder in diese Welt zu neuem Tun.« Was also als Weg aufgezeigt wird, ist das Freiwerden vom Begehren: »Soviel über den begehrenden Menschen, nun zu dem, der vom Begehren frei ist. Wer vom Begehren frei, des Begehrens ledig ist, wes Begehren gestillt ist, wer nur nach dem Atman begehrt, ist Brahman und geht in das Brahman ein.« Und an anderer Stelle heißt es: »Wenn er von allen Wünschen sich befreit, die sich im Herzen ihm zusammenfanden, dann wird dem Sterblichen Unsterblichkeit, indem er hier das Brahman schon erreicht.« Alle Affektivität, alle Begierde muss ertötet werden. Alle die Individuation bedingenden Kräfte müssen entwurzelt werden. Das geschieht durch Askese. Die Yoga-Praxis hat hier bereits ihre Wurzeln, die später systematisch weitergebildet wird.

2 Die religiöse Tradition Israels vor Jesu Auftreten

Die religiösen Anschauungen und Bewegungen zu Jesu Zeit

Über den Gottesglauben im Spätjudentum braucht nur gesagt zu werden, dass der prophetische Monotheismus endgültig siegte. Jahve war durch die prophetische Verkündigung zum universalen Weltgott geworden. Götter neben Jahve gibt es nicht. Das bedeutet die Überwindung des bis dahin üblichen Henotheismus. Dennoch sind Reste aus der Tradition erhalten geblieben im späteren Glauben Israels. Jahve war Volksgott aufgrund des Sinai-Bundes und bleibt das auch als Gott der ganzen Welt. Seine Offenbarungsform ist und bleibt das jüdische Gesetz, das eine typisch nationale Lebensform begründet. Es erhält sich hier also Volksreligion mit universaler Lebensmitte. Zwar ist die Gottesidee universalisiert, aber es bleibt dabei, dass die Bedingung der Teilhabe an Jahves Fürsorge die Aufnahme in die jüdische Volksgemeinschaft ist. Die nationalen Katastrophen wie Tempelzerstörung, Exil usw. haben den als jederzeit hilfsbereit angesehenen Volksgott in die Ferne gerückt. Jahves Wille und die Ziele seiner Führung sind unerforschlich. Diese Ferne des einen, unerforschlichen Gottes wurde überbrückt durch den Glauben an Engel, d. h. an typische Zwischenwesen, die die Nähe der Gottheit zum Menschen wiederherstellen sollten. Die Engel erfüllen den Raum zwischen Himmel und Erde. Damit wird gewissermaßen der alte Polytheismus wieder belebt; denn alles Naturgeschehen wird jetzt als durch Engel geregelt angesehen. Auch die Gestirne sind Engelwesen oder werden von Engeln geführt. An der Spitze der Engel aber stehen sieben Erzengel. Der Ursprung dieses Engelglaubens ist wahrscheinlich in Persien zu suchen.

Gegenspieler Jahves: Satan und die Dämonen

Tief im Volksglauben zu Jesu Zeit lebte die Vorstellung von einem Dämonenstaat, an dessen Spitze der Satan steht. Alles in der Welt geschehende Böse und Negative wird als vom Satan und seinen Dämonen bewirkt angesehen. So ist z. B. das Imperium Romanum satanischen Ursprungs, auch der Kult der Heiden. Naturkatastrophen und seelische Erkrankungen werden auf dämonische Wirksamkeit zurückgeführt. Besessenheit galt als von Dämonen in Besitz-genommen-sein eines Menschen.

Das ist die vorstellungsmäßige Voraussetzung vieler neutestamentlicher Berichte über die heilende Tätigkeit Jesu.

Wir begegnen hier dem Dualismus von Satansreich und Gottesreich, der wohl aus dem Parsismus stammt, wo sich ebenfalls das Reich Ahura Mazdas, des »Weisen Herren«, den Zarathustra verkündete, und das Ahrimans, des bösen Geistes, einander gegenüberstehen.

Das Gesetz

Jahve ist nach israelitischem Glauben im Offenbarungsbuche nahe. Wie schon bemerkt, nimmt das Gesetz im Spätjudentum eine dominierende Stellung ein. Pharisäer und Schriftgelehrte bemühten sich darum, Israel zum Volke des Gesetzes zu machen. Das Gesetz wird als ein Besitz angesehen, der Israel vor allen anderen Völkern eine besondere Stellung verschafft: »Wo gäbe es ein großes Volk, das so gerechte Satzungen und Rechte besäße wie dies ganze Gesetz? Und wo ist so ein großes Volk, das so gerechte Ordnungen und Gebote hat wie dies ganze Gesetz, das ich euch heute vorlege?« (5. Mose 4,8) Im Psalm 1 ist die Rede von dem Manne, der »hat Lust am Gesetz des Herrn und sinnt über seinem Gesetz Tag und Nacht«. Hier spricht sich der rechtliche Charakter der israelitischen Religiosität eindeutig aus. In der Interpretation des Gesetzes durch Paulus bestand im Judentum des Alten Testaments der Gedanke, dass Jahves Wohltaten durch einzelne gesetzgemäße Taten wie Almosen, Beten und Fasten erreicht werden können. Das ist Werkgerechtigkeit. Was der Fromme von Jahve erwarte, sei seine Rechtfertigung. Paulus deutete also den Begriff der Gerechtigkeit als Gerechterklärung durch Jahve und durch Werke begründet.

Volkserwartung und Apokalyptik

Die nationale Hoffnung des nachexilischen Judentums richtete sich einerseits natürlich auf den Sturz Roms und die Beseitigung der Fremdherrschaft im Lande und andererseits auf das Kommen eines Messias als eines nationalen Erlösers. Dass Jerusalem die Stelle des weltbeherrschenden Rom einnehme als heilige Stadt, in der der Friedenskönig regieren würde, war die Erwartung Israels, die sich also auf einen populären irdischen Messias und ein irdisches Reich richtete. Ähnlich der Volkserwartung, aber auf höherer Ebene, entwickelten sich die Vorstellungen der jüdischen Apokalyptik. Es handelt sich hier um eine Offenbarungsliteratur, die den Weltlauf deuten und das Weltende enthüllen wollte. Diese jüdische Apokalyptik entstand, nachdem die israelitische Prophetie beendet war und nach der Berührung mit dem vorderorientalischen Weltbild, insbesondere mit dem Parsismus. Diese Apokalyptik vertrat die Anschauung, dass rückblickend Jahve in der Vergangenheit sich offenbart habe in bestimmten Perioden der israelitischen Geschichte: in der Wüstenwanderung, in der Königszeit, in der Zeit der Patriarchen und der Propheten. Am Ende der Tage aber sei eine neue Offenbarung zu erwarten, die von den Apokalyptikern enthüllt werde. So knüpft sich Anfang an Ende.

Höchstes Ansehen genossen zu Jesu Zeit nicht mehr der Priesteradel, sondern die Pharisäer (»die Abgesonderten«). Sie waren die Vertreter einer typischen Frömmigkeitstechnik, die bei jedem Schritt ein Gebot zu erfüllen oder nicht zu verletzen bemüht waren. Sie wandten das alttestamentliche Gesetz auf die kleinsten Angelegenheiten des Alltags an, wodurch immer neue Gesetze entstanden, die später, vom 2. Jahrhundert an, im Talmud gesammelt wurden. Es war die kasuistische Aufteilung des Lebens. Die Schriftgelehrten studierten dieses Gesetz, und die Pharisäer, zu denen sich viele Schriftgelehrte rechneten, bemühten sich um die Anwendung dieses Gesetzes im engsten Lebenskreise. Zur Charakterisierung dieser kasuistischen Mentalität mögen zwei Beispiele dienen: Man muss z. B. wissen, ob man beim Gebet aufhören darf, wenn man von einer Schlange gebissen ist, oder ob das Gebet noch gültig ist, wenn eine bestimmte Tageszeit vergangen ist.

Die Sadduzäer dagegen, eine andere religiöse Gruppe zu Jesu Zeiten, waren die berufsmäßigen Wahrer des Alten, Überlieferten. Sie stammten aus priesterlichen Familien und lehnten alles ab, was zum mosaischen Gesetz hinzugekommen war, wie z. B. den Glauben an die Auferstehung der Toten. (Mark. 12,18) Sie beharrten auf dem geschriebenen Bibeltext.

Im Unterschied und Gegensatz zu beiden Gruppen gab es die Majorität des »Volkes des Landes« (am haarez), das das Gesetz weder halten konnte noch wollte.

Josephus erwähnte außerdem noch die Gruppe der Römerfeinde, der Zeloten (vgl. S. 61 f.). Das waren jüdische Aktivisten, die gegen die Fremdherrschaft kämpften. Sie hatten es nicht nur auf politische Macht abgesehen, sondern auch auf die Erfüllung messianischer Hoffnungen.

Die Essener

Wichtig in der Vorgeschichte des Christentums und in der religiösen Umwelt Jesu war neben Pharisäern und Sadduzäern eine dritte Gruppe, die Essener. Sie werden zwar im Neuen Testament nicht erwähnt, standen jedoch mindestens in Beziehung zu Johannes und seiner Taufbewegung. Die Essener bildeten eine im 1. und 2. Jahrhundert v. Chr. entstandene organisierte Mönchsgemeinde. Sie waren eine Protestbewegung gegen das offizielle Priestertum jener Zeit, gegen die laxe Durchschnittsmoral und die nach ihrer Meinung unzureichende Gesetzeserfüllung. Die Essener traten daher für ein strenges Gesetzesstudium ein und eine radikalere Erfüllung aller Gesetze. Die Gemeinde strebte an, eine Heiligkeitsgemeinschaft derer zu sein, die mit der Gesetzeserfüllung Ernst machen. Das Gemeindeleben war organisiert und war exklusiv; denn es setzte ein zweijähriges Noviziat voraus und den unbedingten Gehorsam gegenüber den Ordensoberen und den jeweils höher eingestuften Brüdern, was alljährlich je nach Verdienst erfolgte. Auch eine Arkandisziplin kannte der Orden; denn die besonderen Geheimnisse, die der »Lehrer der Gerechtigkeit«, der Stifter des Ordens, angeblich von Jahve empfangen hatte und an die Ordensmitglieder weitergab, durften an Außenstehende nicht verraten werden. Die Grundverhaltensregel der Gemeinschaft aber war der Gehorsam.

Die Lehren der Sekte sind durch einen Dualismus gekennzeichnet: Gott ist die Ursache des Guten, Ursache des Bösen ist Belial, der Satan, ein Engel der Finsternis. Der typisch iranische Dualismus der beiden Geister des Anfangs, der bei Zarathustra zu finden ist, tritt hier wohl auch in Abhängigkeit von jener iranischen Religion auf.

Die Situation des Menschen wird nun so vorgestellt, dass diese Geister des Guten und Bösen auch im Herzen des Menschen miteinander kämpfen. Durch Eintritt in den Orden zählt der Mensch zu den Erwählten; denn dieser Ordenseintritt wird auf Gottes Einwirkung zurückgeführt.

Ein weiteres wichtiges Moment in dieser essenischen Religion war die eschatologische Erwartung. Man erwartete das nahe Ende der Welt und zwei Messiasse, einen für Israel, d. h. für die Laien, und einen für Aaron, d. h. für die Priester. Die Endzeit hat nach der Anschauung der Essener bereits begonnen, und die Verfolgungen, die die Gemeinde zu jener Zeit erlitt, wurden als Probezeit für die Jünger angesehen.

In den Texten ist die Rede von dem »Lehrer der Gerechtigkeit«. Der Name dieses sicher historischen Stifters des Ordens ist unbekannt. Es muss ein Hohepriester gewesen sein aus dem 2. Jahrhundert v. Chr., aber die Identifikation mit einer geschichtlich bekannten Persönlichkeit dieser Zeit ist bisher nicht gelungen. Dieser »Lehrer der Gerechtigkeit« war ein reformatorischer Gegner des offiziellen Priestertums, dessen Gottlosigkeit und mangelnde Legitimität er tadelte. Deshalb brach er mit der jüdischen Sakralgemeinschaft und ihrem Tempeldienst zu

Jerusalem und ging in die Wüste. Dieser »Lehrer der Gerechtigkeit« war offenbar ein echter Prophet, von dem in den Texten gesagt wird, dass Gott ihm alle Geheimnisse der Worte der Propheten offenbart habe. Er wurde wegen seines häretischen Protestes gegen die Hierarchie und den Tempeldienst verfolgt von dem »Priester der Lüge«, wie sein Gegner in den Texten genannt wird, und ist möglicherweise eines gewaltsamen Todes gestorben.

Von den Riten und der Ethik der Essener sei nur bemerkt, dass im Mittelpunkt des Ritus die Taufe und ein heiliges Gemeinschaftsmahl standen. Die Taufe war ein Reinigungsbad, das wiederholt werden konnte. Das heilige Mahl war die Vorwegnahme des am Ende der Tage erwarteten messianischen Mahls, von dem auch Jesus (Matth. 26,29) spricht. Für die Ethik ist charakteristisch, dass, abgesehen von allen ethischen Normen des Alten Testaments, ausdrücklich Liebe zu den Sektengenossen und Hass gegenüber den Nichtsektierern geboten war.

Seit 1947 und in den folgenden Jahren in den Höhlen am Toten Meer die bis dahin kaum bekannten Texte und Handschriften über die Glaubenswelt der Essener entdeckt und gewisse Ähnlichkeiten mit dem Christentum offenbar wurden, diskutiert man viel die Frage nach dem Verhältnis der Essener zu Jesus, den man vielfach für einen Essener hielt. Zunächst scheinen die Ähnlichkeiten auf positive Beziehungen hinzudeuten. Schon die äußere Situation ist ähnlich; denn es handelte sich bei dem »Lehrer der Gerechtigkeit« und den Essenern um eine Konfrontation gegenüber der offiziellen Hierarchie aus Legitimitätsgründen. Der »Lehrer der Gerechtigkeit« erlitt Verfolgungen wie ein echter Prophet, wie Jesus ebenfalls. Auch die eschatologische Erwartung war den Essenern und der christlichen Urgemeinde gemeinsam. Aber bei genauerer Betrachtung zeigen sich tiefgreifende Unterschiede. Der Gegensatz, der in Jesu Leben bestimmend war und die jüdische Hierarchie betraf, hatte eine andere Motivation; denn nicht Legitimitätsgründe brachten Jesus in Gegensatz zu den Vertretern der jüdischen »Kirche«, sondern die neue Gerechtigkeit, die anders war als die der Schriftgelehrten und Pharisäer. (Matth. 5,20) Auch war Jesu Jüngergemeinde nicht wie die essenische esoterisch und exklusiv, und zum Eintritt in die offene Jüngergemeinschaft war kein vorbereitendes Noviziat erforderlich. Vor allem aber trennte beide die Stellung zum Gesetz; während die Essener einen strengen Gesetzesgehorsam verlangten, der den der Pharisäer noch weit übertraf, hat Jesus nie zur Befolgung aller Bestimmungen des Gesetzes aufgefordert, sondern hat selbst an sehr zentralen Punkten, wie wir noch sehen werden, das mosaische Gesetz übertreten. Es ist aber nicht auszuschließen, sogar wahrscheinlich, dass nach Jesu Tod, zumal in den johanneischen Schriften des Neuen Testaments, sich ein Einfluss der Essener in der Terminologie bemerkbar macht.

Die Taufbewegung Johannes' des Täufers
Eine weitere religiöse Bewegung, die nun nahe heranreicht an die Zeit und Bewegung Jesu selber, war die Taufbewegung Johannes' des Täufers; wenn man das Auftreten Jesu in die Jahre zwischen 27 und 33 legt und Jesus wahrscheinlich 30 oder 33 gestorben ist, dann ist das Auftreten Johannes' des Täufers etwa für die Jahre 27 bis 29 anzusetzen. Dass Johannes, der spätere Täufer, schon als Kind mit der Essener-Siedlung in der Wüste in Beziehung kam, lässt sich wahrscheinlich aus dem Text Luk. 1,80 schließen, wo es heißt: »Das Kindlein (Johannes) wuchs und wurde stark im Geist. Und er war in der Wüste bis zu dem Tag, an dem er vor das Volk Israel treten sollte.« Was aber hat ein Kind in der Wüste zu tun, wenn es nicht etwa in der Qumran-Siedlung der Essener aufgenommen war in die Erziehungsgruppe der Kinder, von der in den Texten berichtet wird? Auch die äußere Erscheinung und Lebensweise Johannes' des Täufers erinnert an die Essener bis hin zu der Ernährungsweise durch Heuschrecken

und wilden Honig, von der in den essenischen Texten gleichfalls berichtet wird. Auch war Johannes ein lebendiger Protest gegen das zivilisierte Leben in Stadt und Land. Er war ein Einsiedler, »aß nicht und trank nicht«, wie Jesus später von ihm sagte und ihn damit im Unterschiede zu sich selbst für einen Asketen erklärte. (Matth. 11,16) Johannes lebte mit Schülern zusammen, die die gleiche Lebensweise befolgten wie er selbst. Neu war, dass er eine Taufpraxis hatte. Seine Verkündigung lautete: »Tut Buße, denn das Himmelreich ist nahe herbeigekommen.« (Matth. 3,2) Im griechischen Text steht hier das Wort »metanoeite«, was wörtlich bedeutet: »wendet euren Sinn um«. Was hier verlangt wird, ist also nicht äußeres bußfertiges Tun, sondern die Hinwendung zu Gott, deren sichtbares Zeichen die Taufe sein sollte. Diese Taufzeremonie im Jordan war indessen nicht das kultische Bad, das den Heiden auferlegt wurde, die sich zum Judentum bekehrten, sondern die Sicherung gegen den künftigen Gotteszorn. Aber es war die Taufe auch keine Zauberhandlung. Rettung sollte nur der innerlich wirklich Beteiligte erhalten. Zugrunde lag hier die Vorstellung, die mit dem antiken Symbolbegriff verbunden war, der eine geheime Verbindung des jetzt vollzogenen Symbols und des künftigen Ereignisses verbürgen sollte. Es gab im Ostjordanland mehrere Tauchbruderschaften wie z. B. die noch heute am Euphrat existierende Sekte der Mandäer. Die Taufe des Johannes hatte weniger eine Beziehung zur kultischen Reinigung als vielmehr zum Sterben und Wiedergeborenwerden. Deshalb konnte Johannes seiner Taufpraxis den Sinn geben, der sie in Verbindung brachte mit seiner Verkündigung des kommenden Gerichts als eine Vorwegnahme der Katastrophe, die Gott herbeiführen werde. Johannes war ein Prophet, der die drohenden Zeichen der Zeit deutete, und der seinen Volksgenossen vor allem klarmachen wollte, dass die bloße Stammeszugehörigkeit nichts gilt vor Gott, sondern nur die existentielle Umkehr und das heißt die Abkehr von der bisherigen Lebensweise und Kultpraxis. Diejenigen, die zu solcher Umkehr bereit waren, ließen sich von Johannes taufen. Sie wurden dadurch Glieder des neuen Gottesvolkes, das die kommende Katastrophe überleben würde. So hat auch diese Johannestaufe den Charakter der Apokalyptik.

III
Leben und Persönlichkeit Buddhas und Christi

1 Der Lebenslauf Buddhas und seine legendarische Verklärung

Wie in den Lebensberichten aller großen Meister der Religionsgeschichte, die von den jeweiligen Traditionen überliefert werden, muss sowohl in der Buddha-Überlieferung als auch in der Jesu Christi zwischen historischen Fakten und legendarischer Ausschmückung unterschieden werden. Wir beginnen mit der Buddha-Überlieferung und fragen nach dem, was mit einiger Sicherheit über den historischen Buddha ausgesagt werden kann.

Die Geschichtlichkeit Buddhas

Der Skeptizismus der Geschichtlichkeit Buddhas gegenüber ist heute überwunden. Niemand zweifelt heute noch daran, dass die ungeheure Geistesbewegung des Buddhismus von einer genialen historischen Stifterpersönlichkeit ins Leben gerufen wurde. Das schließt natürlich nicht aus, dass das Bild, das die buddhistische Gemeinde sich von ihrem Meister machte, in vielen Beziehungen ungeschichtlich bzw. problematisch ist.

Bezeichnenderweise war das Interesse der buddhistischen Urgemeinde weit weniger auf die geschichtliche Gestalt Buddhas gerichtet als auf seine Lehre; denn auch Buddha selbst verstand sich nicht als Heilbringer, sondern nach einem eigenen Wort nur als »Wegweiser« zum Heil durch seine Lehre.

Geburt und Jugend Buddhas

Um 560 v. Chr[3]. wurde der spätere Buddha als Sohn Shuddhodanas aus dem Adelsgeschlecht der Shakya mit Vornamen Siddharta und dem Familiennamen Gotama geboren. In poetischen Texten begegnet auch die Bezeichnung »Shakyamuni«, »der Weise aus dem Shakya-Geschlecht«. Der Vater war ein adliger Grundbesitzer, und die Mutter Maya starb wenige Tage nach der Geburt Siddhartas. Die Erziehung des jungen Prinzen übernahm die Schwester der Mutter, Mahapajapati Gautami, die den späteren Buddha gegen dessen ursprünglichen Willen bewog, den Frauen die Aufnahme in seinen Orden zu gewähren.

Erste Unheilsahnung

Die Tradition berichtet, dass der Prinz Siddharta, in den Gewohnheiten des Kriegeradels erzogen und – wie Buddha später selbst erzählte – mit allem Glanz eines orientalischen Adelshauses verwöhnt wurde: »Ich war verwöhnt, sehr verwöhnt. Ich salbte mich nur mit Benares-Sandel und kleidete mich nur in Benares-Tuch. Bei Tag und Nacht wurde ein weißer Sonnenschirm über mich gehalten. Ich hatte einen Palast für den Winter, einen für den Sommer und einen für die Regenzeit.« Lebensgenuss aller Art war so dem Prinzen Siddharta beschert, und der Vater war offenbar bemüht, seinem Sohn die Freude am Leben zu erhalten, indem er glanzvolle Feste veranstaltete. Obwohl der Prinz, verheiratet mit der Tochter eines Shakya-Fürsten und Vater eines Sohnes, Rahula, in äußerem Glanz und scheinbarem Glück lebte, entstand in ihm doch schon früh das Unbehagen mit dem Leben im Hause: »Eng begrenzt ist das Leben im Hause, eine Stätte des Dunkels, Freiheit ist im Verlassen des Hauses. Dieweil er also dachte, verließ er das Haus.« Was der Prinz Siddharta

---

3 Auch wenn sich diese Angabe in fast allen Handbüchern findet, geht heutige Forschung von ca. 450 bis 370 v. u. Z. als Lebenszeit des Buddha aus.

als Asket zu gewinnen trachtet, ist »der höchste Frieden, das Nirvana«. Im Text heißt es dann weiter: »Und ein Jüngling mit schwarzen Haaren schor ich mir Haar und Bart, obwohl meine Eltern darüber weinten, legte die gelben Gewänder des Asketen an und zog aus der Heimat in die Heimatlosigkeit.«

Das glanzvolle Fürstenhaus erscheint hier also als »Stätte des Dunkels«, was darauf hindeutet, dass ein anderer Maßstab an das Leben in Reichtum und Genuss von dem Prinzen Siddharta gelegt wird, als es der nach weltlichem Glück verlangende Durchschnittsmensch tut. Wenn es sich auch nur um eine Legende handelt, so lässt die Erzählung von den vier Ausfahrten des Prinzen einen Blick tun in das seelische Geschehen in seinem Innern: Es wird berichtet, dass der Prinz auf je einer Ausfahrt einem Kranken, einem Alten und einer Leiche begegnete. Auf die Frage des mit diesen Erscheinungen nicht vertrauten Prinzen, ob es sich bei Alter, Krankheit und Tod um allgemeines Menschenschicksal handele, erfuhr er dann, dass niemand diesen Erscheinungsformen der Vergänglichkeit entgehe. Der Prinz kehrte daraufhin, wie es heißt, »beunruhigten Herzens« in seinen Palast zurück. Als er dann aber bei einer vierten Ausfahrt einem Asketen begegnete, der heiteren Gemütes mit seiner Bettelschale seines Weges ging, erfuhr er von seinem Wagenlenker, dass dieser Mann die Sinnenlüste aufgegeben habe und ein selbstbeherrschtes Leben führe: »in der Heimatlosigkeit sucht er die Ruhe des Inneren und geht ausgeglichen, frei von Leidenschaft und Hass, seinem Bettelgang nach«.

Daraufhin fasste der Prinz Siddharta den oben bereits erwähnten Entschluss: Er nahm in der Nacht Abschied von Weib und Kind und ging in die Heimatlosigkeit, um als Asket das Heil, die Rettung aus dem als Unheil erkannten Leben in der Welt zu gewinnen.

»Der große Auszug«
Die buddhistische Terminologie spricht von den »drei großen Ereignissen« und von den »drei großen Wundern«. Unter den großen Ereignissen versteht man: Empfängnis, Geburt und »großen Auszug«. Der Aufbruch des Prinzen aus der Heimat in die Heimatlosigkeit war also das in seinem Leben dritte große Ereignis, das für das Heil der Welt von entscheidender Bedeutung sein sollte. Die drei großen Wunder sind keine objektiven und äußeren Geschehnisse, sondern geistige Vorgänge: Erleuchtung (bodhi), erste Predigt und das Eingehen in das jenseitige Nirvana im Tode.

Der Asket Gotama
Die erste Epoche im Leben des Asketen Gotama in der Heimatlosigkeit war der indischen Tradition gemäß sein Bemühen, durch gewaltsame Askese das Heil zu gewinnen. Sieben Jahre währte diese vergebliche Anstrengung. Da erwachte in dem Asketen Gotama die Einsicht, dass ohne wesenhaften inneren Wandel äußere asketische Manipulationen nicht zum Heil führen können. Bei fortbestehender Lebensgier kann durch Askese allenfalls Abmagerung zum Skelett erreicht werden, wie denn der Asket Gotama in der buddhistischen Kunst in erbarmungswürdigem Zustand dargestellt worden ist. Ein Text schildert diese neue Erkenntnis des Asketen Gotama folgendermaßen: »Was Asketen oder Priester auch je in der Vergangenheit an schmerzlichen, bitteren, brennenden Gefühlen erfahren haben, das ist das Höchste, weiter geht es nicht ... Und doch erreiche ich durch diese bittere Schmerzensaskese kein überirdisches, reiches Heil der Wissensklarheit. Es gibt wohl einen anderen Weg zum Erwachen.«

Also nur schmerzhafte subjektive Empfindungen sind auf dem Weg der gewaltsamen Askese zu gewinnen, nicht aber das Heil. So entschließt sich Gotama, den Weg der Askese zu verlassen und den meditativer, innerer Lösung von der Welt zu beschreiten; denn darin sah er nun die notwendige Voraussetzung für die Gewinnung des Heils, das im Freiwerden vom Zwang ständiger Wiedergeburt und, positiv ausgedrückt, im Eingehen in das absolute Ruhesein des Nirvana bestehen soll.

Der neue Weg zum Heil

Bezeichnend ist die Stellungnahme von fünf Mönchen, die bisher mit dem Asketen Gotama gemeinsam den Weg der Askese beschritten hatten. Wie alle konservativen Hüter sakraler Traditionen sahen auch diese Asketen in dem neuen Weg ihres bisherigen Gefährten Abfall und Hinwendung zu einem Leben im Genuss: »Der Asket Gotama lebt im Überfluss, ist geistlichem Streben untreu geworden und hat sich dem Überfluss zugewandt«, sagten sie. Neue religiöse Wege, die von schöpferischen Stifterpersönlichkeiten beschritten werden, wurden stets am Maßstab der Tradition, also des Gewohnten gemessen und von den Hütern der Tradition verurteilt. Jesus erlebte dieselbe Beurteilung seines Lebensstiles (Matth. 11,19) und sagte seinen Jüngern dasselbe Schicksal voraus (Luk. 21,12; Joh. 15,21).

Auf dem »mittleren Weg« der Meditation zwischen asketischer Selbstquälerei und lustvollem Weltgenuss erlangte der Asket Gotama die Erleuchtung (bodhi) und wurde ein Buddha.

Die Erleuchtung – Das erste »große Wunder«

Die entscheidende Wende im Leben des bisherigen Asketen Gotama war das grundlegende und existenzverändernde Erlebnis der Erleuchtung, deren Inhalt ein »dreifaches Wissen« (te-vijja) bildete: Erinnerung an die eigenen früheren Geburten, die Erkenntnis des im Geburtenkreislauf waltenden Karma-Gesetzes und das Aufleuchten der Erkenntnis der vier heiligen Wahrheiten vom Leiden, von der Ursache des Leidens, von der Aufhebung der Leidensursache und vom Wege, der zur Aufhebung der Leidensursache führt, dem sogenannten »achtfachen Pfad«. Wir werden von diesen die zentrale Lehre Buddhas bildenden Wahrheiten in späterem Zusammenhang sprechen.

Ein kurzes Wort noch zu dem Ereignis der Erleuchtung. Man darf, was unter dem Bodhi-Baum am Flüßchen Neranjara in der Nacht der Erleuchtung geschah, nicht als bloße theoretische Einsicht, als rationale Lösung des allgemeinen Problems des Leidens ansehen. Was sich hier – ähnlich wie in anderen Bereichen der Mystik – ereignete, war eine aus verborgenen Untergründen des Seelenlebens, aus dem Un- oder Unterbewussten hervorbrechende Wirklichkeit, die im Bewusstsein die Gewissheit weckt, dass die Existenz des erlebenden Menschen auf eine neue Basis gestellt worden ist. Dieses Grunderlebnis drücken die Texte mit folgenden Worten aus: »In dem Erlösten entstand die Erkenntnis: Ich bin erlöst. Und ich erkannte: Vernichtet ist die Wiedergeburt, vollendet ist der heilige Wandel, meine Aufgabe ist vollbracht, nicht wieder kehre ich in diese Welt zurück.«

Das zweite »große Wunder«: die erste Predigt

Die Versuchung, die neu erkannte Heilsbotschaft nicht zu verkündigen, überwindet der Buddha in der Hoffnung, dass zwar keineswegs die Masse, aber doch wenige seine Verkündigung verstehen würden. Eine später zur Massenreligion werdende Weltreligion begann also unter Beschränkung auf wenige, denen der »Wahrheitsblick« aufging. So begann Buddha im Gazellenhain bei Benares seine Predigttätigkeit. Die Erleuchtung war das erste »große Wunder«, diese Predigt war das zweite. Damit setzte Buddha, wie es in den Texten heißt, »das Rad der Lehre in Bewegung«. Die fünf Asketen, die sich von dem Asketen Gotama wegen dessen angeblicher Hinwendung zum Genussleben abgewandt hatten, waren die ersten Hörer und wurden die ersten Jünger des Erleuchteten. So entsteht hier ein Mönchsorden, der zwar keine Kastenunterschiede mehr kennt, in dem es aber Grade der Heiligkeit gibt: Buddha ist der Vollendete, der nur aus sich selbst die Lehre erkannt hat und durch keinen anderen belehrt wurde, und der die Lehre selbst verkündet. Der Jünger, der die Lehre von seinem Meister empfängt und dadurch die Erleuchtung gewinnt, ist der Heilige. Der Jünger dieses Jüngers ist der auf dem Heilspfad fortschreitende Kämpfer, der wiederum verschiedene Stufen der Heiligkeit zu überschreiten hat: die erste Stufe hat der Jünger erreicht, der »in den Strom eingetreten ist«. Von ihm nimmt man an, dass er höchstens noch siebenmal wiedergeboren wird, ehe er die vollkommene Erlösung gewinnt. Die zweite Stufe ist die des »Einmal-Wiederkehrenden«. Der Jünger auf der dritten Stufe heißt zwar »Nicht-Wiederkehrender«, was sich indessen nur auf die irdische Welt bezieht; denn es gibt nach buddhistischer Auffassung außer der Geburt in der irdischen Welt noch Geburtsmöglichkeiten in höheren Welten der Geister und der – erlösungsbedürftigen – Götter. Buddha selbst kam nach buddhistischer Lehre aus dem Himmel der »zufriedenen Götter«, aus dem Tushita-Himmel.

Leben für den Orden

Von nun an verlief das Leben Buddhas bis in sein hohes Alter in dem Gleichmaß von Lehrverkündigung und Ruhepausen während der Regenzeit. Es bildeten sich voneinander unabhängige Mönchsorden, zu denen später auch Nonnenorden kamen. Der Urbuddhismus ist eine Universalreligion mit einem Minimum an Masse und daher auch an Organisation. Das einzige, was organisiert war, war der Eintritt in den Orden und die damit verbundene niedere Weihe (pabajja = »das Hinausgehen«), die höhere Weihe (upasampada = »das Hingelangen«) und die Feier des Fasttages. Die unausbleibliche Folge dieses Mangels an Organisation war die Spaltung in zahlreiche Sekten. In den Gemeinden wurden die Lehrreden Buddhas gesammelt und überliefert. Hundert Jahre nach Buddhas Tode wurden auf dem Konzil zu Vesali die Texte der Lehrreden für den Kanon festgelegt. Die niedere Weihe, von der oben die Rede war, bestand darin, dass der Anwärter das gelbe Gewand des Asketen anlegte, sich Haar und Bart scheren ließ und in ehrfurchtsvoller Haltung dreimal die Worte der Zufluchtnahme sprach: »Ich nehme meine Zuflucht beim Buddha. Ich nehme meine Zuflucht bei der Lehre. Ich nehme meine Zuflucht bei der Gemeinde.« Die drei Objekte der Zufluchtnahme bilden eine Art buddhistischer Trinität. Man nennt sie das »dreifache Kleinod« (tri-ratna). Die höhere Weihe bestand in einem vor der Gemeinde vollzogenen Rechtsakt. Nach einem Verhör des Anwärters, durch das etwaige Hindernisse für die Ordination festgestellt werden sollten, wurden dem nunmehr als vollberechtigter Mönch Aufgenommenen die vier großen Verbote mitgeteilt: Verbot geschlechtlichen Verkehrs, des Diebstahls, des Tötens »selbst einer Ameise« und das Verbot, sich höchster menschlicher Fähigkeiten zu rühmen, die er nicht besitzt.

Was hier entstand, ist der Theravada-Buddhismus, der Buddhismus der Ältesten, auch Hinayana genannt, »kleines Fahrzeug«, im Unterschied zu dem um den Beginn der christlichen Zeitrechnung entstehenden Mahayana-Buddhismus, dem »großen Fahrzeug«, von dem später die Rede sein wird.

Die Einstellung zum Wunder

Wir kehren zurück zu den Begebenheiten des Buddha-Lebens. Konkrete Ereignisse sind in den Jahrzehnten seit der Erleuchtung und ersten Predigt nicht zu berichten. In eintönigem Gleichmaß verläuft Buddhas Leben und das seiner Jüngergemeinden. Nur selten wird von Wundertaten Buddhas berichtet. Das entspricht der im kanonischen Text Dighanikaya (XI) erzählten Antwort Buddhas auf die ihm gegenüber geäußerte Bitte, doch ein Wunder zu tun, um die Glaubensbereitschaft der Hörer zu erhöhen: Buddha lehnt die Erfüllung dieser Bitte ab mit der Begründung, dass magische Wunder wie z. B. das Gehen auf dem Wasser oder das Fliegen durch die Luft von Ungläubigen auf ein geheimes Zauberwissen, das sogenannte Gandhara-Wissen, zurückgeführt und damit erklärt werden würden, so dass sie keine Grundlage des Glaubens bilden könnten. Buddha kennt nur das »Wunder der Lehre«. Diese prinzipielle Ablehnung äußerer Wundertaten hat natürlich nicht verhindert, dass in der Tradition das Buddha-Leben doch mit allerlei Wunderlegenden ausgestattet wurde, von denen gleich zu sprechen sein wird.

Der Tod Buddhas – Das dritte »große Wunder«

Die letzte Begebenheit in Buddhas Leben ist sein Tod, das dritte »große Wunder« des Eingehens des Vollendeten in das jenseitige Nirvana. Im Alter von achtzig Jahren starb Buddha friedvoll, wie er gelebt hatte, im Kreise seiner Jünger, von denen die, die sich noch nicht völlig von menschlichen Gemütsbewegungen befreit hatten, den Tod des Meisters mit Schmerzensausrufen beklagten, während die auf dem Heilswege Fortgeschritteneren das Faktum des Dahinscheidens des Meisters als ein der Lehre gemäßes Geschehen der Vergänglichkeit ansahen, ohne zu klagen.

Buddha-Legenden

Wir haben den äußeren Lebenslauf Buddhas in seinen schlichten Tatsachen berichtet. Die fromme Phantasie hat dieses Asketen- und Religionsstifter-Leben mit allerlei Legenden geschmückt. Während die in den Texten sich findenden Legenden überaus weitschweifig und phantasiereich gestaltet sind, wollen wir hier nur in Kürze die Lebensgebiete nennen, die von der Legendenbildung betroffen und so mit dem Goldgrund des Numinosen verklärt sind. Das erste Gebiet religiöser Legendenbildung ist der Eintritt des künftigen Buddha in die letzte menschliche Daseinsform als Prinz Siddharta durch seine

Geburt. Die religiöse Ahnung sieht in dieser Geburt keinen normalen Vorgang, sondern führt die Herkunft Buddhas über das gegenwärtige Geburtsgeschehen aus dem Leibe der irdischen Mutter Maya zurück in eine Himmelswelt der »zufriedenen Götter«, aus der der Bodhisattva, d. h. der Anwärter auf die Buddhaschaft, nach langer Wanderung durch zahlreiche Geburten kam. Der Bodhisattva war also in seiner vorletzten Geburt einer der nach buddhistischer Auffassung sterblichen und erlösungsbedürftigen Götter und kam in übernatürlicher Empfängnis in Gestalt eines weißen Elefanten in den Leib seiner Mutter. Die Legende erzählt weiter, dass auch die Geburt selbst in ungewöhnlicher Form und unter allerlei begleitenden Naturerscheinungen vor sich ging. Einen breiten Raum nehmen sodann die Erzählungen ein, die von den erstaunlichen Krafttaten und Weisheitsbeweisen des heranwachsenden Prinzen Siddharta handeln.

Versuchungen
Nachdem der Prinz Siddharta den »großen Auszug«, der gleichfalls legendarisch gestaltet ist, vollzogen und einen neuen Weg zum Heil beschritten hatte, suchte der Teufel Mara in die Meditationen des Asketen Gotama einzugreifen, indem er zunächst eine Unzahl schrecklicher Teufel auf ihn loslässt, um ihn von dem eingeschlagenen Wege abzulenken. Doch der Asket Gotama fürchtet sich nicht und bleibt bei seinem Heilsbemühen. Danach schickt Mara seine verführerischen Töchter. Doch auch dieser Angriff bleibt ohne Erfolg, und die Erleuchtung tritt allen Versuchungen zum Trotz unter Gewinnung der Buddhaschaft ein.

Noch einmal sucht nach der Legende der Teufel das Heilswerk Buddhas zu verhindern, indem er den des Heils nunmehr teilhaftig Gewordenen zu veranlassen sucht, selbst in das Nirvana einzugehen, ohne noch anderen die gewonnene Heilserkenntnis mitzuteilen. Die Absicht

Maras zielt darauf ab, eine Ausbreitung der Heilsbotschaft zu verhindern. Diese Versuchung lag den Texten zufolge durchaus in Buddhas eigenen Erwägungen, die wiederum in legendarischer Gestaltung berichtet werden; denn es heißt, dass Buddha in Erwägung zieht, die Lehre nicht zu verkündigen, weil sie für die in weltlichen Begierden befangene Masse doch unverständlich sein würde. Der Teufelsversuchung, ins Nirvana gleich einzugehen, widersteht der Buddha mit dem Hinweis darauf, dass er nicht eher in das jenseitige Nirvana eingehen werde, ehe er nicht Jünger in seine Nachfolge gerufen habe. Die andere gleichgerichtete innere Versuchung, die Lehre für sich zu behalten wie die meisten Mystiker, wird legendarisch durch das Eingreifen des Gottes Brahma Sahampati überwunden, der darauf hinweist, dass zwar wenige, aber doch heilswillige und verständnisfähige Hörer vom Heil ausgeschlossen würden, wenn er die Lehre nicht verkündete. So entschließt sich Buddha, die Lehre zu verkündigen: »Der Ewigkeit Tor, es sei jedem aufgetan, / Der Ohren hat. Mag sich denn Glaube regen! / Vergebliche Mühe zu meiden, hab ich / Das edle Wort noch nicht der Welt verkündet.«

Legende um den Tod Buddhas

Der letzte Bereich, in den die Legende gestaltend eingreift, ist der Tod des Meisters. In hohem Alter von achtzig Jahren legte sich Buddha unter Sala-Bäumen nieder, die, obgleich ihre Blütezeit nicht war, ihn mit Blüten überschütteten. Der Buddha stieg dann meditierend die verschiedenen Stufen der Versenkung hinauf, hinab und wieder hinauf, um dann in das jenseitige Nirvana einzugehen. Dieses Ereignis wird von allerlei Naturerscheinungen begleitet: »Als der Erhabene verschied, im selben Augenblick erbebte die Erde mit so schrecklicher Gewalt, dass ein Schauder die Menschen überlief, und vom Himmel krachte der Donner.«

2 *Der Lebenslauf Jesu und seine Problematik*

Der Charakter der Quellen

Der Charakter der Quellen für die hier zu erörternden Lebensdaten Jesu, von denen oben bereits die Rede war, erlaubt nicht, ein »Leben Jesu« zu schreiben; denn diese Quellen, d. h. die Evangelien des Neuen Testaments, sind Glaubensurkunden. Sie setzen den Glauben an Jesus als »Sohn Gottes« und Christus = Messias voraus. Außerdem verfolgen sie die Tendenz, eine Stärkung des Glaubens an den Christus zu bewirken. (Joh. 20,31) Eine Biographie Jesu im modernen Sinne ist also unmöglich, zumal die Quellen nur von beschränkten Zeitabschnitten aus Jesu Leben Zeugnis ablegen. Es ist nach den Evangelien unklar, ob die öffentliche Wirksamkeit Jesu ein oder drei Jahre dauerte. Aus diesen zweifelhaften Lebensabschnitten werden auch nur wenige Stunden und Leidenstage berichtet. Die Jugendzeit Jesu, abgesehen von den Legenden um Jesu Geburt und von der Erzählung vom zwölfjährigen Jesus im Tempel, bleibt in den kanonischen Evangelien völlig unberücksichtigt. Ein späteres außerkanonisches Kindheitsevangelium suchte diese Lücke mit phantastischen Legenden auszufüllen. Auch das Geburtsjahr Jesu ist nicht sicher festzustellen. Man nimmt im Allgemeinen an, dass Jesus um das Jahr 7 vor Beginn unserer Zeitrechnung zur Regierungszeit des römischen Kaisers Augustus geboren wurde. Überliefert sind nur Geschichten von Jesus, die die Evangelisten sammelten, sichteten und in einen Rahmen stellten. Quellort dieser Geschichten waren die christlichen Gemeinden. Zu Beginn der Fixierung der Evangelien herrschte eine bunte Vielfalt von Überlieferungen in den christlichen Gemeinden. Aber ein Thema beherrschte alle Traditionen: Gott ist in Christus Mensch geworden. Wir versuchen, die einigermaßen gesicherten Lebensdaten Jesu – unter Vermeidung der legendarischen Erzählungen – an Hand der kritisch untersuchten Quellen darzustellen.

Problematik des Geburtsortes
Problematisch ist bereits der Geburtsort Jesu. Nach Matthäus (2,1) wohnen die Eltern Jesu in Bethlehem, wo Jesus geboren wird. Wegen des von Herodes geplanten – legendarischen – Kindermordes flieht Joseph mit Mutter Maria und dem Jesuskinde nach Ägypten und kommt nach des Herodes Tode nach Nazareth (Matth. 2,23).

Bei Lukas findet sich die bekannte Weihnachtsgeschichte, die von dem um diese Zeit ungeschichtlichen Zensus als Anlass der Wanderung Josephs und Marias nach Bethlehem, zur Stadt Davids, erzählt. Da die christliche Religion im Unterschied zum Buddhismus geschichtsbezogen ist, wird die Erscheinung Jesu unter Heranziehung der messianischen Weissagung (Micha 5,1) als künftiger »Herrscher über Israel«, der aus Bethlehem kommen soll, gedeutet, was er indessen nie geworden ist. Hier ist also eine Geschichtstatsache nach der prophetischen Weissagung als Schriftbeweis für die Messianität Jesu gestaltet. Gleichwohl wird Nazareth als Geburtsort Jesu angesehen und er als »Prophet aus Nazareth« bezeichnet (Matth. 21,11; Mark. 6,1).

Jesu Herkunft
Wir sprechen später von der Legendenbildung um Jesu Geburt und Leben. Hier ist nur zu verzeichnen, dass Jesus als Sohn des Zimmermanns Joseph geboren wurde. Zwei Textstellen sprechen von einer Jungfrauengeburt: Matthäus 1,18 und Lukas 1,35. Das ist sicher kein historisches Faktum, sondern eine in der hellenistischen Umwelt des entstehenden Christentums vielfach verbreitete Ausdrucksform für das Erlebnis des Außergewöhnlichen in der Erscheinung bedeutender religiöser Persönlichkeiten. Die Ungeschichtlichkeit dieser übernatürlichen Empfängnis und Geburt lässt sich auch aus den Texten selbst erkennen. Zwei Stammbäume, die nicht identisch sind, finden sich bei Matthäus (1,1–16) und bei Lukas (3,23–38), und beide führen auf Joseph als Vater Jesu und auf den

Stammvater David. In der Handschrift Syrus Sinaiticus heißt es sogar: »Joseph zeugte Jesus«. Diese von der messianischen Erwartung, die in Jesus erfüllt sein soll, postulierte davidische Abstammung Jesu ist nicht ohne die physische Vaterschaft Josephs denkbar.

Gegen jede Art von übernatürlicher Geburt Jesu spricht auch das verständnislose Verhalten der Angehörigen Jesu gegenüber seinem öffentlichen Auftreten: »Als es die Seinen hörten, machten sie sich auf und wollten ihn festhalten; denn sie sprachen: Er ist von Sinnen.« (Mark. 3,21) Maria und die Geschwister Jesu wussten also offenbar nichts von einer übernatürlichen Geburt Jesu. Auch beweist Jesu Wort: »Ein Prophet gilt nirgends weniger als in seiner Vaterstadt und in seinem Hause« (Matth. 13,57; Mark. 6,4; Luk. 4,24) die kritisch-ablehnende Haltung seiner Angehörigen.

Der »Sohn Gottes«

Unter die historischen Tatsachen der Lebensgeschichte Jesu ist also weder eine übernatürliche, jungfräuliche Empfängnis noch jede Art physischer Gottessohnschaft Jesu einzureihen. Diese Vorstellung der Zeugung eines Sohnes Gottes durch das Pneuma, den heiligen Geist, war um jene Zeit in der hellenistischen Welt ein verbreitetes Motiv. Auch kannte man Gottessöhne, die von einer Gottheit mit einer irdischen Frau gezeugt waren, sowohl in Griechenland wie in Ägypten. In Israel, d. h. im Alten Testament, war die Idee der Gottessohnschaft nur in der Form bekannt, dass, wie in Psalm 2,7 und 2. Samuelis 7,14, von der Nachkommenschaft Davids als »Sohn« Jahves die Rede ist. »Sohn« Gottes ist im Alten Testament keine physische Beziehung, sondern der Ausdruck eines besonders nahen Verhältnisses zu Jahve. In der hellenistischen Welt dagegen war der Glaube an Göttersöhne im physischen Sinne weit verbreitet. Dementsprechend ist dann die Idee des Gottessohnes Jesus dogmatisch interpretiert worden. Bei Matthäus (3,17), Markus (1,9 ff.) und

Lukas (3,21 ff.) wird die Gottessohnschaft Jesu durch eine Adoption Gottes vorgestellt. Zu den historischen Tatsachen gehört die physische Gottessohnschaft Jesu also nicht.

Jesu Familie

Jesus war nach dem Zeugnis der Evangelien eines Zimmermanns Sohn (Matth. 13,55; Mark. 6,3). An beiden genannten Stellen werden auch vier Brüder und zwei Schwestern Jesu erwähnt. Jesus selbst wird (Luk. 2,7) als Erstgeborener bezeichnet. Demnach hatte Maria nach Jesus noch weitere Kinder. Die katholische Exegese seit Chrysostomus hat, um das Dogma von der immerwährenden Jungfräulichkeit Marias nicht durch diese Textaussage widerlegt zu sehen, diese Brüder in Vettern uminterpretiert, was in keiner Weise berechtigt ist; denn, wenn im Text das Verwandtschaftsverhältnis der Vetternschaft gemeint wäre, dann hätten die griechisch schreibenden Evangelisten dafür das entsprechende Wort »anepsios« verwenden können und nicht das Wort »adelphos«, das nie Vetter, sondern stets Bruder bedeutet.

Von der Kindheit Jesu erfahren wir nur jene Episode des Zwölfjährigen im Tempel. Diese Erzählung, ob sie nun historisch ist oder nicht, soll zeigen, dass schon das Kind Jesus mit Gelehrten sich unterhalten konnte und religiöse Tendenzen in seinem Herzen bewegte.

Die Taufe Jesu

Historisch scheint die Taufe Jesu durch Johannes den Täufer zu sein, die alle drei Synoptiker berichten (Matth. 3; Mark. 1; Luk. 3). Man hat daraus eine Beziehung Jesu zu den Essenern ableiten und Jesus selbst als Essener ansehen wollen; denn Johannes scheint aus dem Kreise jener dritten israelitischen Sekte neben Pharisäern und Sadduzäern hervorgegangen zu sein. Es ist indessen aus den Texten ersichtlich, dass Jesus in entscheidenden Punkten, insbesondere was seine Stellung zum Gesetz betrifft, von der Einstellung der Essener abgewichen ist. Auch gründete Jesus nicht einen exklusiven Orden mit hierarchischem Aufbau, wie es der essenische Mönchsorden war, sondern sammelte einen offenen Kreis von Jüngern und Anhängern. Auch war Jesus nach eigenem Zeugnis kein Asket (Matth. 11,18) im Unterschied zu Johannes dem Täufer und seinen Jüngern, von denen berichtet wird, dass sie viel fasteten. (Mark. 2,18) Der Taufbericht bei den Synoptikern ist insofern bedeutungsvoll, als hier von einer Art Berufung Jesu die Rede ist, indem Jesus hier nach damaligem Brauch zum »Sohne Gottes« adoptiert wird.

Die Versuchung in historischer Sicht
Unter die historischen Elemente der Jesus-Tradition ist insofern die von allen drei Synoptikern erzählte Versuchungsgeschichte durch den Teufel (Mark. 1,13; Matth. 4,1 ff.; Luk. 4,1 ff.) zu zählen, als Jesus, wie auch Buddha, sich vor die Frage gestellt sah, in welcher Weise und mit welchen Mitteln er seine Verkündigung den Menschen nahebringen solle, durch Brot, Besitz oder Herrschaft. Die Einkleidung freilich ist mythisch-legendarisch; denn der Teufel tritt als Versucher auf. In dieser Erzählung scheinen allerdings hellenistische Motive eingewirkt zu haben; denn Prodikos von Keos, ein Zeitgenosse des Sokrates und Sophist, hat den Mythos von Herakles am Scheidewege verfasst. Danach war es ein beliebtes Thema der kynisch-stoischen Predigt, dass, wer nicht am Scheidewege der Versuchung gestanden hat, noch nicht bewährt ist.

Beginn der öffentlichen Tätigkeit
Nach der Verhaftung Johannes' des Täufers (Mark. 1,14) begann Jesus mit seiner öffentlichen Wirksamkeit, die in den wenigen Jahren (ein bis drei Jahre), aus denen die Evangelien berichten, in der Verkündigung des nahe bevorstehenden Anbruches des Reiches Gottes und in heilenden Taten bestand. Matthäus 4,23 wird dieser Lebensinhalt Jesu in folgender Weise umschrieben: »Und Jesus

zog umher in ganz Galiläa, lehrte in ihren Synagogen und predigte das Evangelium von dem Reich und heilte alle Krankheiten und alle Gebrechen im Volk.«

»Wunder«

Die hier erwähnten heilenden Taten Jesu, die man herkömmlicherweise »Wunder« nennt und damit eine falsche Vorstellung von Jesu Wirken hervorruft, sind in den Berichten von unterschiedlicher Art, daher zum Teil unter die historischen Begebenheiten zu rechnen, zum Teil unter die Legenden. Offenbar besaß Jesus ein Charisma, mit dessen Hilfe er Heilungen vollbrachte, die im Neuen Testament mit folgenden Begriffen bezeichnet werden: als semeia oder terata = »Zeichen« und als dynameis = »Krafttaten«. Das griechische Wort für »Wunder« thauma wird nicht verwendet. Jene Worte aber sind die religiöse Interpretation von ungewöhnlichen, also außerhalb des Gewohnten liegenden Ereignissen, in denen man deshalb »Zeichen« numinoser Kraft witterte, wie auch das andere Wort »Krafttaten« andeutet. Von einer im »Wunder« geschehenden Durchbrechung von Naturgesetzen, wie ein Wunder heute vielfach definiert wird, ist nirgends die Rede, da man Naturgesetze nicht kannte. »Wunder« waren jene Taten Jesu, weil man sich über sie wunderte, da sie außerhalb des Gewohnten lagen.

Eine kritische Untersuchung der sogenannten Wundererzählungen in den Evangelien ergibt verschiedene Typen: zunächst schlichte Heilungsberichte, in denen der Glaube als wichtige, die Heilung entscheidend fördernde Größe in Betracht gezogen wird. »Dein Glaube hat dir geholfen« sagt Jesus wiederholt (Matth.9,22; Mark.10,52; Luk.7,50) zu geheilten Personen. Andererseits heißt es (Mark. 6,5), er konnte in seiner Vaterstadt Nazareth keine einzige »Krafttat« (dynamis) tun wegen ihres Unglaubens. Das sind also die heilenden Taten des Charismatikers, die wir zu den historischen Tatsachen rechnen.

Von dieser Gruppe glaubwürdiger Begebenheiten sind

die großen novellistisch gestalteten Wundergeschichten zu unterscheiden, wie z. B. die Vertreibung des Dämons Legion, der in eine Schweineherde fuhr (Matth. 8,28 ff.; Mark. 5,1 ff.; Luk. 8,27 ff.), die Heilung des Taubstummen (Mark. 7,31 ff.), des Fallsüchtigen (Mark. 9,17 ff.), des Blinden von Bethsaida (Mark. 8,22 ff.). Auch die Totenerweckung des Jünglings von Nain (Luk. 7,11 ff.) sowie das Weinwunder auf der Hochzeit zu Kana (Joh. 2) sind Erzählungen, die sich einer einheitlichen Beurteilung entziehen: zum Teil sind es christliche Darstellungen des erhöhten Herren, also von der Perspektive der gläubigen Gemeinde aus als Glaubensdokument dessen gestaltet, was man dem später erhöhten Herrn schon auf Erden zutraute. Oft handelt es sich um fremde, auf Jesus übertragene Stoffe, wobei die geschichtliche Wirklichkeit unerkennbar ist. Andere Wundergeschichten lassen die Tendenz erkennen, Jesus als antiken Wundertäter darzustellen, der mit magischen Manipulationen Heilungen bewirkt, z. B. durch Verwendung eines Zauberwortes »Hephata« (Mark. 7,34) oder durch Bestreichen der blinden Augen des Blindgeborenen mit einem Gemisch von Sand und Speichel (Joh. 9,6). Fremde Einflüsse sind vielfach zu vermuten, z. B. nimmt M. Dibelius bei drei Geschichten solchen fremden Einfluss an: bei der schon erwähnten Austreibung des Dämons Legion (Mark. 5), bei dem Weinwunder (Joh. 2), wo ja bereits eine ungeheure Menge Wein konsumiert war und die Gäste schon betrunken waren, was auf weltlichen Ursprung dieser Geschichte schließen lässt. Die dritte der aus fremden Quellen stammenden Geschichten ist (Matth. 17,27) die verheißene Auffindung einer Münze im Maul eines zu fangenden Fisches.

Jesus selbst hat »Wunder« als Grundlage des Glaubens abgelehnt: »Wenn ihr nicht Zeichen und Wunder seht, so glaubt ihr nicht« (Joh. 4,48), und »selig sind die nicht sehen und doch glauben« (Joh. 20,29). Dass so genannte Wunder kein zwingender Beweis göttlicher Kraftwirkung sind, zeigt sich darin, dass die Gegner Jesu zwar Wunderheilungen Jesu voraussetzen, sie aber auf teuflische Mithilfe zurückführen: »Er treibt die bösen Geister nicht anders aus als durch Beelzebul, ihren Obersten.« (Matth. 12,24; Luk. 11,15) Lukas 11,19 sagt Jesus selbst, dass auch Pharisäer-Jünger Dämonen austreiben können. Wir haben es hier mit einem typischen Milieu zu tun in jener Zeit und Welt, in dem Wunderglaube üblich war.

Die Jünger

Wir setzen die Darstellung der gesicherten Lebensdaten Jesu fort. Jesus zog verkündend und heilend durch das Land und entfachte eine Bewegung, deren Ziel den Inhalt der Verkündigung Jesu bildete, von der später zu sprechen ist. Diese Bewegung eschatologischen Charakters stellt sich dar in Jüngerkreisen, die sich um Jesus bilden, und die in der »Nachfolge« (akoluthia) des Meisters standen. »Nachfolge« aber ist nicht bloße imitatio der Lebensweise Jesu, sondern eine innere Lebensgemeinschaft mit dem Meister. Es bildeten sich konzentrische Kreise; ein engerer Kreis: Petrus, Johannes und Jakobus; ein weiterer Kreis der Zwölf. Außerdem ist Lukas 10,1 von siebzig Jüngern die Rede. Nach Jesu Tode schlossen sich der »Herrenbruder« Jakobus und andere Verwandte der Urgemeinde an. Maria spielt in der Apostelgeschichte und bei Paulus keine Rolle mehr. Nur Apostelgeschichte 1,14 wird nebenher erwähnt, dass unter den versammelten Jüngern sich auch Maria befand: »Diese alle waren stets beieinander einmütig im Gebet samt den Frauen und Maria, der Mutter Jesu, und seinen Brüdern.«

Die Gegner Jesu

Die freiheitliche Art seiner Verkündigung und sein vielfach der strengen Gesetzlichkeit der israelitischen Religionsgemeinschaft und insbesondere der Pharisäer widersprechendes Verhalten weckte die Gegnerschaft der Vertreter dieser kirchenartigen Institution, an deren Spitze Hohepriester und Kurie, das Synhedrium, standen. Die Pharisäer (von peruschim = »die Abgesonderten«) bildeten eine Gruppe besonders Frommer, die es mit Beobachtung und Verwirklichung der Gebote überaus ernst nahmen. Sie anerkannten auch manche nicht in der alttestamentlichen Tradition enthaltene Anschauungen, z. B. bejahten sie im Unterschied zu den Sadduzäern (Mark. 12,18) die Auferstehung der Toten und den Engel- und Dämonenglauben.

Demgegenüber waren die Sadduzäer konservative Vertreter eines ausschließlich auf das mosaische Gesetz sich gründenden religiösen Denkens und Verhaltens. Diese Führungsgruppen hatten im Hohen Rat, dem Synhedrium, ihre Vertreter. Ihnen stand das gewöhnliche Volk gegenüber, das als unmündig, unrein und geistig arm galt und dessen Umgang man mied. Allen unter sich verschiedenen Gruppen gemeinsam war die Orientierung am Gesetz des Moses als an dem darin offenbarten Gotteswillen. Frömmigkeit ist wesentlich Gehorsam gegenüber den Forderungen des Gesetzes.

Die Zeloten

Außer den zuvor genannten Gruppen war Jesu Zeit erfüllt von zahlreichen Aufständen politischer Aktivisten, der Zeloten, die sich gegen die römische Fremdherrschaft wandten, getrieben von messianischer Erwartung. Die Römer unterdrückten diese Aufstände und richteten ihre Anführer hin. Jesus hatte mit dieser Bewegung sicher nichts zu tun, obwohl er später als Thronprätendent, aus vorgegebenen politischen Gründen also, gekreuzigt wurde. Die Evangelien stellen es so dar, dass nur dadurch, dass Jesus dem Landpfleger Pontius Pilatus als einer der die römische Herrschaft bedrohenden Aufrührer, der Zeloten, vorgestellt wurde, die an Jesu Tod aus religiösen Gründen interessierten jüdischen Ankläger hoffen konnten, dass das erwartete Todesurteil, das die jüdischen Behörden selbst nicht vollstrecken konnten, von Pilatus gefällt würde.

Die innere Spannung, die das Leben Jesu erfüllte und die zur Katastrophe seiner Hinrichtung führte, werden wir verständlich machen, wenn wir Jesu Verkündigung als die eines reformwilligen jüdischen Propheten darstellen.

Das Abschiedsmahl

Der letzte Tatsachenkomplex des Lebenslaufes Jesu ist seine Leidensgeschichte, die auch der einzige Text ist, der im Zusammenhang überliefert ist. Ehe aber die Gegner Jesu ihn ergriffen und ihm den Prozess machten, hielt Jesus mit seinen Jüngern ein Abendmahl, das im Zeichen des Abschieds stand. Ein ungeheurer theologischer Scharfsinn ist im Laufe der Jahrhunderte aufgewandt worden, um den Sinn dieser vor dem Passah von Jesus veranstalteten Feier zu ergründen. Obwohl nur die Berichte in den Evangelien und im 11. Kapitel des 1. Korintherbriefes die Grundlage bilden, unterscheiden sich in der Deutung die christlichen Konfessionen und Denominationen gerade im Verständnis des Abendmahles und verweigern bei divergierender Auffassung einander die »Abendmahlsgemeinschaft«, so dass gerade diese Gemeinschaftsfeier der Jünger Jesu die Spaltung der Gemeinschaft bewirkte.

Ohne dogmatische Voreingenommenheit kann es sich bei der ersten Abendmahlsfeier nur um ein Abschiedsmahl gehandelt haben, das Paulus jedoch zu einer Mysterienkultfeier umgestaltet hat. Wenn Jesus über dem Brot, das er bricht und verteilt, die Worte spricht: »Das ist mein Leib«, so war damit die Stiftung einer Gemeinschaft gemeint. Handlung und Wort besagen also, dass die Jünger vereint bleiben sollen, auch wenn Jesus nicht mehr unter ihnen weilt. Das Wort über dem Wein ist nicht einheitlich überliefert. Es handelt sich also, wie gesagt, sicher um ein Abschiedsmahl mit sinnbildlichem Hinweis auf Jesu bevorstehenden Tod. Dass es sich bei dem »das ist«, um dessen Deutung Luther und Zwingli 1529 in Marburg stritten, nicht um eine reale Identifikation des lebend vor seinen Jüngern stehenden Jesus und seines Leibes und Blutes mit

Brot und Wein gehandelt haben kann, folgt schon daraus, dass ein Trinken realen Blutes in der jüdischen Ritualistik streng verboten war. Dazu konnte Jesus seine Jünger unmöglich auffordern. Es gehört somit zu den erstaunlichsten Fakten der Religionsgeschichte, dass über den Elementen dieser mit Sicherheit missverstandenen schlichten Abschiedsfeier Jesu ein ungeheures Gebäude sowohl theologischer Spekulationen als auch ganz realer prachtvoller Dome und gold- und edelsteingeschmückter Tabernakel und Monstranzen geschaffen wurde.

Jesus war, wie noch zu begründen sein wird, ein auf Reformen seiner israelitischen »Kirche« gerichteter Prophet. Er wird wiederholt so bezeichnet, zuletzt noch von den Emmausjüngern. (Luk. 24,19) Auch das Volk hielt Jesus für einen Propheten. (Matth. 21,46) So blieb Jesus das Schicksal nicht erspart, das auch die ihm vorhergehenden Propheten erlitten haben, verfolgt zu werden. Jesus stellt sich selbst und seine Jünger in diesen Schicksalszusammenhang. (Matth. 5,11 f.; Joh. 15,20)

Jesu Prozess

Die Folge der oben angedeuteten Konflikte Jesu mit den Repräsentanten der jüdischen »Kirche«, die die Übertretung grundlegender Gebote durch Jesus, z. B. das der Sabbath-Heiligung (Joh. 5,16) und die durch Jesus verursachte Unruhe im Volke als für die Einheit der Religionsgemeinschaft bedrohlich ansahen, war Jesu Verhaftung und sein Religionsprozess vor dem Hohen Rat, dem Synhedrium. Wir wollen die in mancher Hinsicht problematischen Einzelheiten dieses Prozesses hier nicht erörtern. E. Stauffer hat darüber in seinem Buche »Jesus« (1957, S. 92 ff.) ausführlich gehandelt, worauf hier verwiesen sei. Der Prozess endet mit Jesu Kreuzigung, der Hinrichtungsart, die die Römer zu vollziehen pflegten. Jesus stirbt allein und verlassen von seinen Jüngern, die geflohen waren. Das Bild des Gekreuzigten wurde in den Evangelien nach den Leidenszeugnissen Psalm 22,69 und Jesaia 53 gestaltet.

Jesu Tod

Mit dem Tode Jesu endet die Reihe der historisch feststellbaren Tatsachen; denn die Auferstehung gehört nicht zu ihnen. Religionswissenschaftlich gesehen, beginnt hier der hellenistische Mythos vom sterbenden und auferstehenden Gottessohn sich in Anwendung auf Jesus auszuwirken. Die auf hellenistischem Boden verbreitete Vorstellung vom übernatürlich geborenen Gottmenschen, dessen Leben von übernatürlichen Kräften erfüllt war, die ihn zu allerlei »Krafttaten« befähigten, schloss hinsichtlich des Todes die Idee ein, dass Gottmenschen sterben müssen, um ewig leben zu können. In den Mysterienreligionen kannte man den Mythos, dass der Gottmensch stirbt, weil er nur so wirklich Mensch ist, und aufgrund seiner göttlichen Kräfte wieder zu neuem Leben erwacht, also aufersteht. Dieser Mysterienmythos wurde auf Jesus übertragen; denn der historische Jesus der Evangelien hat solche Gedanken nie geäußert. Carl Schneider hat in seinem Buche »Geistesgeschichte des antiken Christentums« (1954) begründet, warum es möglich war und nahelag, diesen Mythos auf Jesus zu übertragen: Zunächst muss Jesus in seiner Zeit durch seine Liebesgemeinschaft mit Gott, die er in einer wenig liebevollen Welt wirklich lebte, einen großen Eindruck gemacht haben. Das war neu, und man empfand es als überirdisch. Die hellenistischen Griechen hielten auch kleinere Wohltäter für göttlich. Jesu Tapferkeit, mit der er in den Tod ging, war ein weiterer Grund seiner Vergöttlichung. Man wird hinzufügen dürfen, dass nur dadurch, dass Jesus in die Reihe der in jener Zeit und Welt bekannten und verehrten sterbenden und auferstehenden Gottmenschen eingereiht wurde, das Christentum in der hellenistischen Welt aus einer kleinen jüdischen Sekte im abgelegenen Palästina zu einer Weltreligion werden konnte.

Legendenbildung
Auch Jesu Leben, dessen historisch feststellbare Tatsachen wir darstellten, wurde, wie das Buddhas, mit zahlreichen Legenden ausgeschmückt, die wir – da sie bekannt sind – nur kurz nennen wollen. Legenden sind jene Erzählungen, in denen überirdische Mächte, wie Engel und Dämonen, auf Erden erscheinen und in das Leben eingreifen. Das geschah in den Geschichten um die Geburt Jesu, also bei der Verkündigung der künftigen Geburt Jesu an Maria durch einen Engel. Die ganze Weihnachtsgeschichte ist eine Legende, über deren Lokalisierung in Bethlehem wir oben bereits sprachen. Die Verkündigung der Geburt des Weltheilandes auf den Fluren von Bethlehem durch die »Menge der himmlischen Heerscharen« ist Legende.

Legendarisch ist sodann die Erzählung von den Magiern aus dem Orient, die später zu den »Heiligen Drei Königen« wurden. Der Stern, der die Magier leitete bis zur Krippe im Stall von Bethlehem, ist schon deshalb ein Legendenmotiv, weil kein himmelferner Stern über einer Hütte auf Erden stehen kann, um auf sie hinzuweisen. Schon Albrecht Dieterich hat Anfang des Jahrhunderts nachgewiesen, dass die Erzählung eine Übernahme aus der römischen Kaisersphäre sei, weil in ihr die Erinnerung an den Besuch des Tiridates nachklinge, der als Magier zu Nero kam und Magier mit sich führte. Dieses Ereignis fiel in das Jahr 66 n. Chr. Auch die Erzählung vom Kindermord in Bethlehem ist Legende mit dem Motiv der Gefährdung des Göttlichen in dieser Welt analog der Gefährdung des Moses-Knaben durch die angebliche pharaonische Verfolgung neugeborener israelitischer Kinder.

Legendarischen Charakter tragen auch folgende Geschichten: das Wandeln Jesu auf dem Meer, die Speisungswunder, die Totenerweckungen. Legenden ranken sich auch um die Todesstunde Jesu: Matthäus berichtet (Matth. 27,51 ff.): »Und siehe, der Vorhang im Tempel zerriss in zwei Stücke von oben an bis unten aus.

Und die Erde erbebte, und die Felsen zerrissen, und die Gräber taten sich auf, und viele Leiber der entschlafenen Heiligen standen auf.«

Die Ostererzählungen mit dem leeren Grab und den Engelerscheinungen sowie die leibliche Himmelfahrtsgeschichte sind gleichfalls Legenden.

3 Lebenslauf und Persönlichkeiten Buddhas und Christi im Vergleich

Gemeinsamkeiten der Situation

Wir vergleichen nun Lebenslauf und Persönlichkeiten beider Meister miteinander und stellen zunächst die Gemeinsamkeiten der Situation fest. Beide Religionsstifter waren Wanderprediger ohne feste Heimat: Buddha ging aus der Heimat in die Heimatlosigkeit, und von Jesus sagt Matthäus 8,20: »Die Füchse haben Gruben, und die Vögel unter dem Himmel haben Nester; aber der Menschensohn hat nichts, wo er sein Haupt hinlege.« Beide Meister lösen sich von ihrer Familie. Die Familien beider haben kein Verständnis für das Anliegen ihrer Söhne. Vom Vater des Prinzen Siddharta wird berichtet, dass er die schwermütigen Neigungen seines Sohnes zu verhindern suchte durch Freudenfeste, die indessen gerade den Prinzen zu dem Ausruf veranlassten: »Wehe, mich umringt Verderben, jetzt ist die Zeit gekommen, den großen Gang zu tun.« Von den Eltern heißt es, dass sie über den Auszug des Sohnes weinten. Sein Anliegen, die Erlösung vom Unheil zu gewinnen, war ihnen unverständlich. Bei allen drei Synoptikern findet sich das bittere Wort Jesu über die negative Haltung der Familie einem Propheten gegenüber, das wir schon erwähnt haben (Matth. 13,57). Bei Markus (6,4) werden außer dem Vaterlande die Verwandten und das eigene Haus beschuldigt, einen Propheten nicht zu verstehen. Lukas (4,24) berichtet das entsprechende Wort in folgender Form: »Kein Prophet gilt etwas in seinem Vaterland.« Wie schon oben erwähnt, hielt sich die Familie Jesu ihm gegenüber zurück. Erst nach seinem Tode, scheint es, kamen der Bruder Jakobus und die Mutter Maria zur Gemeinde. Aber auch Jesus selbst scheint nach seinem Worte (Mark. 3,31ff.), in dem er, als Mutter und Brüder draußen standen und ihn rufen ließen, erklärte: »Wer Gottes Willen tut, der ist mein Bruder und meine Schwester und meine Mutter«, kein persönliches Verhältnis zu seiner Familie gehabt zu haben.

Der Gegensatz zur Tradition

Doch nicht nur Haus und Familie leisten bei beiden Meistern Widerstand gegenüber den Tendenzen ihrer Söhne, auch die Hüter der religiösen Traditionen standen im Gegensatz zu ihnen, wobei zu beachten ist, dass die Konfrontation beiderseits ist: Buddha steht im Gegensatz zu den Brahmanen, der Priester- und Gelehrtenkaste, und ihren Reinheitspraktiken und die Brahmanen zu ihm. Buddha sagt von den Asketen und Brahmanen: »Blind und augenlos erkennen die Wanderasketen nicht, worauf es ankommt ... sie erkennen die Wahrheit nicht und das, was nicht die Wahrheit ist, schlagen und verletzen sich diese zänkischen, in Streitrede geratenen Leute gegenseitig mit scharfen Worten.« Und an anderer Stelle heißt es: »Da kommen einige ... Brahmanen, die nur ihre eigene Lehre glänzen lassen, aber die Lehren anderer bekämpfen, verspotten und verachten.« Die Blindheit ihrer religiösen Gegner haben beide Meister in ganz ähnlicher Weise kritisiert. Buddha sagt von den Brahmanen: »Es ist ... wie eine Reihe von Blinden, wo einer den anderen festhält: wer vorn ist, sieht nichts; und wer in der Mitte ist, sieht nichts, und wer hinten ist, sieht nichts: einer solchen Reihe von Blinden gleicht das Gerede der dreivedenkundigen Brahmanen.« Von Jesus wird bei Matthäus (15,14) das Wort überliefert: »Sie (die Pharisäer) sind blinde Blindenführer!« Vor der Befolgung bloßer Tradition warnt der Buddha seine Jünger, wenn er sagt: »Richtet euch nicht nach einer Überlieferung, nicht nach einer bloßen Behauptung, nicht nach der Mitteilung heiliger Schriften.« Nur was die Jünger selbst erkannt und erfahren haben, dem sollen sie folgen.

Die Gegner fragen nach der Legitimation der Meister; denn beide Religionsstifter haben keine durch Amt oder Herkunft legitimierte Vollmacht, was die Gegner zum Widerspruch reizt. Ein Brahmane fragt den Buddha nach seiner kastenmäßigen Herkunft, offenbar um Buddhas Legitimation zur Verkündigung in Frage zu stellen und Buddha antwortet: »Bin nicht Brahmane, nicht vom Fürstenstamme, / Nicht vom Geschlecht der Bürger oder Bauern. / Wohl kenne ich der Alltagsmenschen Sippe. / Fremd jedem Etwas wandle ich als Weiser. / Im Mönchsgewande, ohne Haus und Heimstatt, / Geschorenen Hauptes, weltentnommenen Geistes / Schreit ich, den Menschenkindern unberührbar. / Wie magst nach meiner Abkunft mich, Brahmane, fragen?«

Hier wird die Legitimation Buddhas aus irgendeiner kastenmäßig gegebenen Zuständigkeit abgelehnt mit dem Hinweis auf das über alle Kastengliederung erhabene Wesen des Buddha. Grund der Autorität ist die Legitimation durch das Wesen des ans Ziel gekommenen Buddha.

Ehe wir von der Gegnerschaft Jesu reden, sei an dieser Stelle gleich die genaue Parallele zu dieser Infragestellung der Legitimation Buddhas in Jesu Leben erwähnt; denn auch ihn fragen Hohepriester und Älteste nach seiner Legitimation. Matthäus 21,23 heißt es: »Und als er in den Tempel kam und lehrte, traten die Hohenpriester und die Ältesten des Volkes zu ihm und fragten: Aus welcher Vollmacht (exousia) tust du das, und wer hat dir diese Vollmacht gegeben?«

Gemeinsam mit Buddha ist die Konfrontation mit Traditionshütern auch in Jesu Leben. Hier sind es Pharisäer und Schriftgelehrte, die die Gegnerschaft Jesu bilden, die sogar zu Jesu Prozess und Hinrichtung führte. Matthäus

23 findet sich eine große Auseinandersetzungsrede Jesu mit seinen Gegnern, in der ganz konkrete Vorwürfe erhoben werden: Worte und Taten der Pharisäer und Schriftgelehrten stimmten nicht überein; sie bürdeten schwere Kult- und Moralpflichten den Menschen auf, ohne selbst sich daran zu halten; sie betrieben äußere Reinheit, aber inwendig blieben Becher und sie selbst unrein; sie trieben Gräberkult der einst von den Vorfahren verfolgten und getöteten Propheten und würden selbst – so sagten sie – dergleichen nicht tun, während sie doch bald ihm selbst das gleiche Schicksal bereiten werden. Abweichung von der Tradition der Väter wird Jesus und seinen Jüngern vorgeworfen. (Matth. 15,2)

Analoge Kreisbildung

Auch die Struktur der Kreise, die sich um Buddha und Jesus bilden, ist insofern ähnlich, als es sich beiderseits um konzentrische Kreise handelt, also um Kreise verschiedenen Umfangs, aber mit dem gleichen Mittelpunkt. Buddha hat einen Lieblingsjünger, dem er in der Todesstunde für seine hingebungsvolle Treue dankt. »Ananda, lange bist du dem Buddha sorgend nahe und in immer gleichbleibender Treue, mit grenzenloser Liebe in Werken, Worten und Gedanken nur auf sein Wohl und Behagen bedacht. Du hast Verdienstliches getan.« Der Lieblingsjünger Jesu war Johannes. Im Johannesevangelium wird zu wiederholten Malen Johannes als der Jünger bezeichnet, »den Jesus lieb hatte«. (13,23; 19,26; 20,2; 21,7.20) Beide Lieblingsjünger gehören zu einem engeren Kreis, zu dem bei Buddha Ananda, Sariputta und Moggallana, bei Jesus Johannes, Jakobus und Petrus gehören. Über diesen engeren Kreis hinaus ist von einer festen Zahl sechzehn oder achtzehn Jüngern bei Buddha und bekanntlich von den zwölf Jüngern bei Jesus die Rede. Einen noch weiteren Kreis bilden bei Buddha die fünfhundert Mönche, bei Jesus (nach Luk. 10,1) die siebzig Jünger. Dass der Geist der Jüngerkreise beider Meister durchaus verschieden geartet war, werden wir später erörtern. Beide Meister waren Verkünder eines Heils, wenngleich die Inhalte dieser Heilsbotschaften erheblich voneinander abweichen.

Ähnlich ist schließlich die bei beiden Religionsstiftern zu beobachtende Legendenbildung um Geburt und Tod. Diese Legenden entsprangen dem Wunsch, das Außergewöhnliche in der Erscheinung beider Meister, ihre numinose Größe, die man an ihnen erschaute, zum Ausdruck zu bringen. In einem buddhistischen Text (Lalitavistara) wird die numinose Größe Buddhas mit folgenden Worten gepriesen: »Nahet ihm alle mit Verehrung (bhakti), dem Buddha von unermesslicher Einsicht (buddhi), der zum Licht geworden, dessen Lehre unvergleichbar ist, der das Dunkel verscheucht ...« Von Jesus bezeugt das Johannesevangelium: »Wir sahen seine Herrlichkeit, eine Herrlichkeit als des eingeborenen Sohnes vom Vater, voller Gnade und Wahrheit.« (1,14) Darin liegt die Wahrheit der unhistorischen Legenden.

Die Verschiedenheiten der Lebensumstände und der Persönlichkeiten – Das Milieu

Grundlegend verschieden ist bei Buddha und Jesus das Milieu, aus dem sie kamen. Buddha kam aus einem adligen Großgrundbesitzerhaus, Jesus aus einer Handwerkerfamilie. Während wir bei Buddha bzw. bei dem Prinzen Siddharta Ekel vor der Welt des Genusses und des Reichtums und ihrem Unheilscharakter beobachten, der ihn aus der Heimat in die Heimatlosigkeit treibt, haben wir eine derartige Einstellung bei Jesus nicht, obwohl auch er aus dem häuslichen Lebenskreise der Familie heraustritt und öffentlich zum Entsetzen seiner Familie auftritt. Hier sind es rein religiöse Motive, die Jesus zu einem reformatorischen Propheten werden lassen. Während bei Buddha ein radikaler Bruch mit seiner Familie vollzogen wird, liegt bei Jesus kein ähnlicher, äußerlich erkennbarer Schritt vor, sondern eine neue Wertung des religiös-traditionellen Lebens in seinem Volk und in seiner Familie.

Die Verschiedenheit in den Versuchungen
Wir berichteten von den beiderseitigen Versuchungen, die insofern ähnlich waren, als sie verwandte Ansatzpunkte zeigen: Macht, Besitz, Brot und Wunder. Die buddhistischen Versuchungsgeschichten richten sich darauf, den werdenden Buddha, also den Bodhisattva, und den gewordenen Buddha von der Erfüllung seiner Heilsabsicht für sich und andere abzulenken. In der neutestamentlichen Versuchungsgeschichte geht es nicht um Heilsgewinn und Heilsverkündigung, sondern um die Frage, wie Gefolgschaft zu begründen ist, durch Wundertaten oder weltlichen Besitz und entsprechende Macht.

Verschiedene Ausgangsbasis
Charakteristisch verschieden sind die beiderseitigen Voraussetzungen für das öffentliche Auftreten. Bei Buddha sehen wir ein langjähriges bewusstes Suchen nach der eigenen Erlösung vom Unheil individueller Existenz. Der Asket Gotama geht zunächst einen später, nach sieben Jahren, als falsch erkannten Weg asketischer Kasteiung. Er folgte damit der indischen Tradition. Erst nachdem er die Nutzlosigkeit des Asketenweges erkannt und einen anderen, den Meditationsweg, beschritten hat, gewinnt er die Erlösung durch die Erleuchtung. Bei Buddha sehen wir keinerlei reformatorische Absichten. Er bietet der im Unheil befindlichen Menschheit seine eigenen Heilserkenntnisse an als »Wegweiser«.

Bei Jesus sehen wir keinerlei erschütternde Erfahrungen, dass er etwa auf falschem Wege sei. Er wird vielmehr gezeichnet als ein aus der Gottesgemeinschaft tatsächlich bereits lebender Prophet, den seine religiöse Erfahrung zur Verkündigung zwingt. Die Frage, ob Jesus eine innere Entwicklung durchgemacht habe, ist oft erörtert worden. Die Evangelien zeigen, dass Jesus bestimmte Ansichten hegte, die er später aufgab, z. B. über die Frage der eigenen Leidensnotwendigkeit, deren Unabwendbarkeit er erst später erkennt. Aber das ist alles nicht zentral. Was bei

Buddha nicht vorhanden ist, das Leben in Gottverbundenheit, die Gewissheit des Habens Gottes als »Sohn Gottes«, die sich im Gebet ausspricht, ist bei Jesus Mittelpunkt seines Lebens und Wirkens. Darin zeigt sich eine verschiedene Gottesbeziehung: Bei Buddha ist die Versenkung die zentrale Beziehung zum Numinosen, also nicht zu einer persönlichen Gottheit. Bei Jesus vollzieht sich die Beziehung zu dem Vater im Himmel im Gebet.

Grundlegend verschiedene Heilserkenntnisse

Fragen wir nach der grundlegend neuen Heilserkenntnis, so ist bei Buddha der Termin angebbar, in dem sie sich ereignet: die Nacht der Erleuchtung unter dem Bodhibaum am Flüsschen Neranjara brachte die entscheidende Wende im Leben des Asketen Gotama, er wurde ein Buddha, ein »Vollendeter«. Das ist für die Mystik charakteristisch. Ihre Vertreter kennen umwandelnde, starke Erlebnisse in ihrem Leben und vermögen deren Zeitpunkt anzugeben.

Bei Jesus dagegen ist ein solcher Termin kaum angebbar, es sei denn, dass man die Taufe durch Johannes den Täufer und die bei Matthäus angedeutete Adoption für den entscheidenden Wendepunkt in Jesu Leben ansieht.

Bei Buddha erwacht eine Erkenntnis, die selbst einen Wandel der Existenz und damit die Erlösung bedeutet. Das Erlösungsbewusstsein Buddhas drückt ein Text folgendermaßen aus: »In dem Erlösten entstand die Erkenntnis: Ich bin erlöst. Und ich erkannte: Vernichtet ist die Wiedergeburt, vollendet der heilige Wandel, meine Aufgabe ist vollbracht, nicht wieder kehre ich in diese Welt zurück.«

Bei Jesus dagegen handelt es sich um die wesenhafte, nicht erst nach irgendwelchen Bemühungen gewonnene Gotteskindschaft dem Vatergott gegenüber. Besonders bei Johannes wird diese Wesensbeziehung immer wieder ausgesprochen: »Glaubt mir, dass ich im Vater bin und der Vater in mir« (Joh. 14,1), und an anderer Stelle sagt der johanneische Jesus: »Ich und der Vater sind eins.« (Joh. 10,30) Aufgrund dieser Gottesbeziehung ist bei Jesus ein starkes, typisch prophetisches Sendungsbewusstsein vorhanden: »Ich habe nicht aus mir selbst geredet, sondern der Vater, der mich gesandt hat, der hat mir ein Gebot gegeben, was ich tun und reden soll«. (Joh. 12,49) Jesus hat also das Bewusstsein, vom Vatergott, wie echte Propheten, berufen und beauftragt zu sein.

Auch Buddha hat das Bewusstsein, nicht einer Sendung, denn wer sollte ihn senden?, sondern einer verpflichtenden Aufgabe der erlösungsbedürftigen Welt gegenüber, was aus der legendenhaften Erzählung hervorgeht, in der Buddha von seiner Absicht, seine Lehre nicht zu verkünden, um der wenigen Verständnisfähigen willen abgebracht wird durch das Wort des Brahma Sahampati: »Es möge, Herr, der Erhabene, die Lehre predigen. Es möge der Wohlwandelnde die Lehre predigen. Es sind Wesen, denen nur wenig Unreinheit anhaftet, aber wenn sie die Lehre nicht hören, gehen sie verloren: die werden Erkenner der Lehre sein.«

Verschiedene Kreise um die Meister

Bei aller Ähnlichkeit der Kreisbildung, von der die Rede war, sind die Kreise derer, an die sich die beiden Meister wenden, verschieden. Buddhas Botschaft richtet sich primär an Reiche und Vornehme, bei denen er großen Erfolg hatte. Armut erscheint hier als begehrenswerte Freiheit von der Fessel des Besitzes und von der gerade in diesen Kreisen herrschenden Übersättigung durch Reichtum und Luxus. Ekel an der Welt und ihren Freuden ist hier, wie auch sonst zumeist in der Mystik, das Ausgangserlebnis. Ein Kreis nach dem Heil ringender Mönche ist der Jüngerkreis Buddhas, keine Liebesgemeinschaft.

Jesus dagegen wendet sich nicht an die »Gesunden«, die des Arztes nicht bedürfen (Luk. 5,31), also nicht an die moralisch und wirtschaftlich sich für gesund und gerecht Haltenden, sondern an die »Mühseligen und Beladenen« (Matth. 11,28), an die Gottentfremdeten, an die Sünder (Matth. 9,13; Mark. 2,17; Luk. 5,32), die unter der Gottesferne leiden wie der Zöllner im Gleichnis. (Luk. 18,13) Jesus pries zwar die Armen selig, nicht aber weil er Armut für eine wünschenswerte Tugend hielt, sondern weil die Armen am ehesten für Gott geöffnet sind. Auch hier wird also Besitz für eine Fessel gehalten, aber in anderem Sinne als bei Buddha: Während Buddha im Besitz eine heilhindernde Bindung an die vergängliche und unheilvolle Welt sah, erblickte Jesus in dem Reichtum die Gefahr der Abwendung von Gott: »Ihr könnt nicht Gott dienen und dem Mammon.« (Matth. 6,24) Jesu Jüngerkreis war kein Orden von Asketen, sondern eine Liebesgemeinschaft und kein Herrschaftsverband. (Matth. 20,25 ff.)

Divergente Einstellung zum Wunder

Verschieden ist auch die beiderseitige Stellung zu dem, was man herkömmlicherweise »Wunder« nennt. Buddha lehnte magische Wunder ausdrücklich ab und anerkannte nur das »Wunder der Lehre«, also eine geistige Größe. Jesus aber war, im Unterschied zu Buddha, ein Charismatiker. Diese Eigenschaft bildete, wie Rudolf Otto meinte, »den Rahmen der Erscheinung Jesu«. Die Botschaft vom Reich, von der wir später sprechen werden, war mit dem Charisma der Heilgabe verbunden; denn der Hereinbruch des Reiches ist nach Jesu Auffassung mit »dynamis«, d. h. mit der numinosen Wundermacht des Transzendenten verbunden. Das Reich aber wirkt bereits in der exorzistischen Heilkraft seiner Boten, die selber integrierende Bestandteile des hereinbrechenden Wunders des Eschaton sind. Körperverletzungen hat Jesus nicht geheilt. Matthäus 4,24 heißt es: er heilte »mancherlei Krankheit« und »allerlei schmerzhafte Übel«. Das waren Krankheiten mit nervösen und seelischen Ursachen wie Lähmungen, hysterische Krankheiten: Blindheit, Stummheit, Aussatz, Besessenheit, worunter heute Schizophrenie verstanden wird.

Verschiedene Bedeutung des Todes der Meister

Hinsichtlich des Todes beider Meister sind nur schärfste Gegensätze festzustellen. Schon die äußere Situation ist gegensätzlich: Buddha starb in hohem Alter, im Kreise seiner Jünger. Es war ein natürliches Sterben ohne Kampf und Qual. Hochgeehrt, gerade auch von den Großen dieser Welt, starb Buddha, so friedvoll, wie sein Leben gewesen war. Er hinterließ eine Jüngergemeinde, die seine Botschaft weitertrug.

Bei Jesus ist fast von allem das Gegenteil zu konstatieren: Jesus starb in der Mitte seines Lebens, verlassen von seinen Jüngern, die geflohen waren (Matth. 26,56), und deren einer, Petrus, ihn verleugnet hatte. (Matth. 26,72) Es war kein natürlicher, sondern ein gewaltsamer Tod voller Qual und Schmerzen, nicht hochgeehrt, sondern ein verachteter Verbrechertod am Kreuz mit Verbrechern. Fragt man nach dem Sinn des Todes beider Meister, so kann man nur bei Jesus nach einer Antwort suchen; denn Buddhas Tod war das natürliche Ende eines alten Menschen, dessen Lebenswille längst erloschen war im »diesseitigen Nirvana«. Der Tod lässt den gewissermaßen mit »kinetischer Energie« noch auslaufenden Lebensprozess zu Ende gehen. Wenn hier von einem Sinn die Rede sein soll, dann ist es eben der, dass die individuelle Gestalt des Meisters in das neutrale und impersonale Nirvana einging, wie die Ströme in den Ozean einmünden unter Verlust ihrer Individualität, aber doch nicht ihrer Realität. So kann es von Buddha heißen: »Von ihm zu sprechen gibt es keine Worte, / Zunichte ward, was Denken könnt erfassen, / So ward zunicht auch jeder Pfad der Rede.«

Bei Buddha handelt es sich also um den endgültigen Abschluss des eigenen Erlösungsvorgangs, der nach dem Gewinn des »diesseitigen Nirvana« nun im »jenseitigen Nirvana«, im Parinirvana, endet.

Während der Tod des historischen Buddha für die Jünger keine religiöse Bedeutung hatte, wie denn nach Buddhas eigenem Worte nach seinem Tode seine Lehre der Meister sein solle, ist mit Jesu Tod ein vielfältiger Sinn verbunden worden, ohne dass diese Sinngebung immer dem entsprochen hätte, was Jesus selbst von seinem Tode dachte.

Der Tod Buddhas ist mit nichts anderem zu motivieren als mit dem Erlöschen der Lebenskraft eines alten achtzigjährigen Mannes. Jesu gewaltsamer Tod dagegen erklärt sich aus der Lebenssituation, aus seinem Konflikt mit der jüdischen »Kirche« und ihren Vertretern; denn sie sind es ja, die schon lange vor seiner Verhaftung in Gethsemane ihn zu fangen suchten, wie immer wieder im Neuen Testament betont wird. (z. B. Matth. 22,15; Mark. 12,13; Luk. 20,20) So ist die Katastrophe zu erklären: Jesus wurde, wie vielen vor ihm und nach ihm, ein Religionsprozess gemacht, der mit dem Todesurteil endete, das indessen nicht die Juden, sondern nur die römische Besatzungsmacht vollziehen konnte. Das ist der historische Vorgang. Religiös gedeutet ist der Tod Jesu in erster Linie durch Paulus. Nach Römer 5,8 ist Jesu Tod Mittel der Erlösung für alle Menschen. Die Mysterienmythologie, die Paulus auf Jesu Tod anwendet, besagt, dass durch Christi Tod und die danach angenommene Auferstehung eine objektiv neue Situation in der Welt entstanden sei. Noch eine zweite Deutung des Todes Christi findet sich neben dieser mysterienmythologischen Interpretation bei Paulus. Er entnimmt sie der eigenen religiösen Tradition: die Idee des Sühnopfers. 1. Korintherbrief 6,20 und 7,23 lesen wir: »Ihr seid teuer erkauft.« Derselbe Gedanke findet sich in dem nicht von Paulus stammenden 1. Petrusbrief (1,19), wo vom Loskauf von dem von den Vätern überlieferten eitlen Wandel durch das Blut Christi als eines »unbefleckten Lammes« die Rede ist. Auch in den Zusammenhang der Schlachtung des Passah-Lammes ist von Paulus der Tod Christi gestellt worden: »Denn auch wir haben ein Passahlamm, das ist Christus, der geopfert ist ...« (1. Kor. 5,7)

Die Persönlichkeiten in ihrer Verschiedenheit

Gegensätzlich sind auch die Persönlichkeiten beider Meister und ihre Charaktere. Buddha war eine harmonische, in sich ruhende Persönlichkeit, deren wesentlichste Eigenschaften Milde und Freundlichkeit waren, jedoch ohne persönliche Anteilnahme. Metta ist impersonales Wohlwollen gegenüber allen Kreaturen. Buddhas Wohlwollen war Mitleid mit der leiderfüllten, d. h. im Unheil befindlichen Welt. Freude und Schmerz berührten ihn nicht. Jeder einzelne Fall leidvollen Schicksals, der dem Buddha berichtet wurde, war für ihn nur ein weiterer Fall universellen Weltleidens, auf das er ihn sogleich bezieht.

Jesus dagegen war eine wesentlich kompliziertere Persönlichkeit, die am Reichtum individuellen geistig-seelischen Lebens interessiert war und selbst ein reiches Innenleben entfaltete, nicht wie Buddha die mannigfaltigen Gemüts- und Seelenkräfte auf bloße Apathie reduzierte. Grundton des Lebens und der Persönlichkeit Jesu war die Liebe, die die Jünger aus Jesu Gottverbundenheit ableiten und als Liebe Gottes verstehen. Im 1. Johannesbrief (4,11ff.) wird insbesondere die Liebe Gottes in Christus als Motiv der Liebe der Jünger untereinander verstanden. »Ihr Lieben, hat uns Gott so geliebt, so sollen wir uns auch untereinander lieben.« Einmütig ist das Zeugnis über Jesu liebevolles Verhalten zu den von der israelitischen Gesellschaft verachteten Zöllnern und Sündern sowie zu allen Leidenden und Mühseligen. So war Jesus, der von allen menschlichen Gemütsregungen bewegt wurde, in den Augen seiner Gemeinde eine Heilandgestalt, während Buddha sich selbst als bloßen »Wegweiser« bezeichnete.

Das Problem, wie Jesus sich selbst verstand, ist ein viel erörterter Streitpunkt. Die Entscheidung darüber ist deshalb schwierig, weil die Selbstaussagen Jesu in den Evangelien bereits Zeugnisse der nachösterlichen Gemeinde sind, wie die historisch-kritische Forschung längst festgestellt hat. Wir wissen daher nicht sicher, was Jesus von sich selbst dachte, da ja auch die Worte, die in den Evangelien Jesus in den Mund gelegt wurden, keineswegs alle echte Worte Jesu sind. Von der Verkündigung Jesu sprechen wir später. Hier kann nur ganz allgemein gesagt werden, dass Jesu Sendungsbewusstsein eine besonders nahe Beziehung zu dem von ihm verkündeten Vatergott einschloss und den Ruf zur Umkehr an Israel beinhaltete. Jesus war ein echter Prophet im Unterschied zu Buddha, der indessen auch insofern prophetische Züge trug, als er verkündigend durch die Lande zog, jedoch ohne auf Bekehrung zu dringen.

Wir beenden diesen Vergleich der Lebensläufe und der Persönlichkeiten Buddhas und Christi mit der auf den einigermaßen historisch gesicherten Tatsachen beruhenden Feststellung, dass Buddha als geschichtliche Persönlichkeit ein echter Mystiker war, ein Meister der Versenkung, und Jesus in seiner geschichtlichen Erscheinung ein prophetischer Reformator, der Israel zur Umkehr von mancherlei später zu erörternden Abwegen rufen wollte (Matth. 15,24) angesichts der von ihm verkündeten Nähe des Anbruchs des Gottesreiches auf Erden. Ob Jesus sich selbst als den Erfüller der messianischen Erwartung seines Volkes ansah, also als Messias oder als den »Menschensohn«, der in den Wolken des Himmels kommen wird (Matth. 24,30), wie es die Verfasser der Evangelien und der Briefe des Neuen Testaments fraglos taten, ist eine historisch offene Frage, die manche Theologen wie z. B. Rudolf Bultmann verneint haben.

IV
Das Wort der Verkündigung bei beiden Meistern

Die Macht des Meisterwortes

Ehe wir uns den Inhalten der beiderseitigen Lehre Buddhas und Christi zuwenden, sei eine Analyse der Struktur des Meisterwortes selbst vorausgeschickt. Wir stellen zunächst fest, dass das Wort der religiösen Meister eine eigentümliche Dynamis, eine innere Kraft hat, die auf der einzigartigen Verbundenheit des Meisters mit dem Numinosen beruht. Wir entnehmen den buddhistischen Texten, dass Buddha selbst seiner Lehre solche geheimnisvolle Kraft zutraute, wenn es da heißt: »Kevaddha, dreierlei Wunder tue ich kund ...: das mit der magischen Kraft der Heiligkeit vollführte Wunder, das Wunder der Offenbarung (des Inneren anderer) und das Wunder der Lehre ... Und worin, Kevaddha, besteht das Wunder der Lehre? Darin, dass ein Bhikkhu (Mönch) andere so unterweist: denkt so und nicht so, richtet euren Geist auf dies und nicht auf das, dies gebt auf, nach jenem ringet und haltet es fest. Das, Kevaddha, heißt das Wunder der Lehre.« Entsprechend ist im Buddhismus von den »großen Wundern« die Rede, nämlich vom »Wunder der vollkommenen Erleuchtung«, vom »Wunder der ersten Predigt« und dem »Wunder des Parinirvana«. Es ist für die geistige Art des Buddhismus charakteristisch, dass er rein geistige Ereignisse als zentrale Wunder bezeichnet, unter denen sich auch die Predigt Buddhas, mit der er »das Rad der Lehre« in Bewegung setzte, befindet. Mit dem Ausdruck »Wunder der Lehre« ist das Moment geheimnisvoller Hintergrundbezogenheit der Predigt Buddhas deutlich ausgesprochen; denn Buddha steht mit dem Numinosen in

Gestalt des Nirvana in unmittelbarster Verbindung. Das Wunder der Erleuchtung stellte jene Verbindung her; denn in ihr handelte es sich ja nicht um rationale Einsicht in gewisse metaphysische Sachverhalte, sondern eine numinose, impersonale Wirklichkeit wurde im Akt der Erleuchtung in Buddha real; denn er lebte hinfort im so genannten »Nirvana der diesseitigen Ordnung« (dittha dhamma nibbana). Man muss daher vom Buddhismus sagen, dass die Lehre selbst den eigentlichen numinosen Mittelpunkt bildet. Buddha ist der Verkünder einer geheimnisvoll ewigen Lehre, die nicht er erfand, sondern die nach buddhistischem Verständnis selbst eine präexistente numinose Größe ist. Deshalb konnte der Buddha selbst sich mit ihr identifizieren, wenn er sagte: »Wer die Lehre schaut, der schaut mich«, und im Abschiedswort an seine Jünger nennt er die Lehre, auch wenn er selbst nicht mehr unter den Jüngern weilt, den künftigen Lehrer: »Die Lehre und die Ordnung, Ananda, die euch von mir gepredigt und verkündigt worden ist, die soll nach meinem Hingang euer Lehrer sein.« Es ist daher verständlich, wenn auf die Lehre wegen ihrer numinosen Eigenschaft sich das religiöse Vertrauen richtet: »Die immer Glauben nebst Ehrfurcht vor der Lehre haben, die sind unersättlich im Hören der Überwinderlehre, die haben Vertrauen in die unergründliche Lehre.« Die am Ende dieses Mahayana-Textes betonte Unergründlichkeit der Lehre lässt noch einmal dieses erste Moment der metaphysischen Hintergründigkeit der Lehre deutlich werden.

Bei Jesus ist dieses erste Moment der Dynamis des Meisterwortes besonders deutlich; denn das Neue Testament spricht von der Exousia, worunter es die persönliche Vollmacht versteht, zu deren Verwirklichung Jesus die substantiell gedachte Dynamis besitzt. Es ist daher nicht verwunderlich, dass bei Jesus Wort und Tat zwei Exponenten dieser Vollmacht sind, in denen sich praktisch die verliehene Dynamis betätigt. Das Neue Testament nennt daher Jesu Wundertaten seine Dynameis, seine Krafttaten, in denen stets auch das Wort mitwirkt.

Die Grundlage dieser Wesensart des von Jesus gesprochenen Wortes besteht in dem besonderen Verhältnis Jesu zu seinem Gott, das so eng ist, dass Jesus sagen kann: »Wer mich sieht, der sieht den Vater« (Joh. 14,9) und »Ich und der Vater sind eins.« (Joh. 10,30) Das Wort ohne begleitende Tat ist das Wort in der Vollmacht Gottes: »Denn der, den Gott gesandt hat, der redet Gottes Worte« (Joh. 3,34), und an anderer Stelle heißt es: »Ich habe nicht aus mir selbst geredet, sondern der Vater, der mich gesandt hat, der hat mir ein Gebot gegeben, was ich tun und reden soll.« (Joh. 12,49) Das Wort des Meisters ist gewissermaßen die kontinuierliche Funktion der Wesensverbundenheit mit – neutral gesprochen – dem Göttlichen, die daher für den Jünger Offenbarung göttlicher Lebenswirklichkeit ist. Der Jünger ist mit dem Meister nicht verbunden in der Sphäre konkreter Lehrworte, sondern in der Wesenssubstanz, und das Wort ist der von da aus in seiner Lebendigkeit erlebte Ausdruck. Das sagt Jesus ganz deutlich: »Wenn ihr bleiben werdet in meinem Wort, so seid ihr wahrhaftig meine Jünger.« (Joh. 8,31) Worauf es hier also ankommt, ist nicht ein Lernen und Zustimmen gegenüber dem rational belehrenden Wort, sondern ein Bleiben in der göttlichen Wirklichkeit des Wortes, in dessen metaphysischem Hintergrund. Das zeigt sich auch in dem Worte der Verheißung Jesu an seine Jünger; sie werden aus ihrer Wesensverbundenheit mit dem Meister dessen Pneuma, d. h. seiner numinosen Lebenswirklichkeit, teilhaftig werden: »der (Pneuma) wird euch alles lehren und euch an alles erinnern, was ich euch gesagt habe.« (Joh. 14,26) Vom Pneuma Gottes her, das in der Jüngerbeziehung wirklich und wirksam ist, erwächst auch beim Jünger wieder das Wort, das einst der Meister sprach: das göttliche Wirklichkeit offenbarende Wort. So empfindet der Jünger auch gegenüber dem primären Wort des Meisters: »Du hast Worte des ewigen Lebens.« (Joh. 6,68) Die Worte sind also Funktion eines eigentümlichen Lebens. Das Meisterwort ist ein Teil seines Lebens, nicht ersonnene Gedanken, sondern irdische Größen, die mit ewigem Leben erfüllen: »Himmel und Erde werden vergehen, aber meine Worte werden nicht vergehen« (Matth. 24,34), so darf der Meister von seinem Worte sagen.

Die Wirkung des Meisterwortes

Wir kommen zu einem zweiten, die Struktur des Meisterwortes kennzeichnenden und aus dem ersten notwendig erwachsenden Moment: das Meisterwort hat aufgrund seiner Struktur geheimnisvolle Wirkungen. Von der in den Texten beschriebenen Wirkung des Wortes des Meisters lässt sich rückschließend das Wesen der Rede erkennen. Was berichten die Texte beider Religionen über diese Wirkung? In den buddhistischen Texten wird in mythischen Worten die Wirkung der Predigt Buddhas folgendermaßen beschrieben: »Wenn ein Tathagata (Buddha) das unvergleichliche Rad der Wahrheitslehre rollen lässt, dann wankt, zittert und bebt die Erde.« An anderer Stelle wird die Gewalt der Buddha-Rede folgendermaßen beschrieben: »Wenn nun die Götter, die langlebigen, schönheitsreichen, in Freuden schwimmenden, die droben in den Götterwohnungen langen Daseins sich freuenden, des Vollendeten (Buddhas) Verkündigung hören, so werden sie in großer Zahl von Furcht und Zittern befallen. So hochmächtig, ihr Mönche, ist der Vollendete über der Welt samt den Göttern, von so hoher Gewalt und Majestät.« Deutlicher kann das Moment des mysterium tremendum nicht ausgesprochen werden als durch das Bild des Erdbebens und durch die Ergriffenheit der Götterwelt, die ja im Theravada-Buddhismus auch der Erlösung bedarf. Die innere Wirkung aber wird im Buddhismus in folgender Weise beschrieben: »So sprach der Erhabene. Mit Freude begrüßten die fünf Mönche (die Zuhörer der ersten Predigt Buddhas im Gazellenhain bei Benares) des Erhabenen Rede. Und als diese Lehrrede vorgetragen wurde, ging dem ehrwürdigen Kondanna der Wahrheitsblick frei von Dunst und Unreinheit auf.« In den himmlischen Welten erklingen die Beifallsrufe der Götter, Erdbeben und Lichtglanz geht durch die Welten. An einer anderen Stelle wird über die Wirkung der Predigt Buddhas mit folgenden Worten berichtet: »Noch während er (der Zuhörer) so dasaß, tat sich ihm das reine, ungetrübte Auge der Wahrheit auf ... Als der Brahmane so die Wahrheit geschaut, gewonnen, erkannt und mit seinem Geiste durchdrungen, die Zweifel überwunden, die Skrupel abgetan, festes Vertrauen gewonnen hatte ... sprach er zum Erhabenen: »Vortrefflich, verehrter Gotama, ganz vortrefflich, verehrter Gotama! Wie wenn jemand etwas Umgestürztes aufrichtet, etwas Verschleiertes enthüllt, einem Verirrten den Weg weist, oder eine Öllampe bringt, wenn es dunkel ist, damit die, welche überhaupt Augen haben, die Dinge sehen können, gerade so hat der verehrte Gotama auf allerlei Weise die Lehre verkündet.« Diese Bildworte von dem Aufgehen des himmlischen Wahrheitsauges, wie es anderenorts genannt wird, erinnern unmittelbar an ein Wort des Paulus (Eph. 1,18), in dem von den »erleuchteten Augen des Herzens, damit ihr erkennt« gesprochen wird. Der Sache nach ist freilich, wie wir noch hören, etwas anderes gemeint. Formal aber erschließt hier wie dort die Meisterrede übernatürliche Wirklichkeit, die dem Blick des profanen Menschen verborgen ist. Einige ganz schlichte Worte des Neuen Testaments sprechen mit naiver Unmittelbarkeit vom Eindruck der Rede Jesu: am Ende der sogenannten Bergpredigt heißt es: »Er lehrte sie mit Vollmacht« (Matth. 7,29) und bei Lukas finden sich die Worte: »Sie verwunderten sich über seine Lehre; denn er predigte mit Vollmacht. (Exousia).« (Luk. 4,32) Wir haben also auch hier wieder das »Wunder der Lehre«, verstanden als das numinose Sich-Wundern der Zuhörer. Durch die Worte der Meisterrede hindurch wittert der Hörer die göttliche Vollmacht, kraft deren die Rede erfolgt. Eine äußere Wirkung der Rede berichtet uns Johannes (7,46): die Knechte der Pharisäer konnten Jesus nicht gefangen nehmen, wie sie sollten, und sie begründeten das mit folgenden Worten: »Noch nie hat ein Mensch so geredet wie dieser«.

Da es sich in der Rede des Meisters nicht entscheidend um Belehrung über rational fassbare Dinge handelt, sondern um übernatürliche Realitäten, so ist es nicht anders zu erwarten, als dass die Lehre keineswegs überall und von jedermann verstanden wird. Das Wort rationaler Lehre vermittelt Erkenntnisse, die gewissermaßen vom Prozess ihrer Entstehung, dem Denkvorgang oder dem Experiment ablösbar sind und daher bedingungslos weitergegeben werden können. Das aber ist bei der religiösen Meisterrede nicht der Fall. Bedenkt man die oben erörterten Zusammenhänge des Wortes der Meister mit seinem Leben, so wird es verständlich, dass das Meisterwort das Wachrufen desselben Lebens im Jünger zum Ziel hat. Das Meisterwort ist somit nicht ablösbar vom tragenden und das Wort erzeugenden Leben des Meisters. Der Jünger muss den die religiöse Erkenntnis erzeugenden inneren Akt der Erfahrung nachvollziehen, ehe er das Wort von innen her wirklich hört.

Das Problem des Hörens

Von diesen Erwägungen aus ist nun ein drittes Moment zur Kennzeichnung der Struktur des Meisterwortes zu erwarten: in beiden Religionen und nicht nur in ihnen, gibt es ein Problem des Hörens und Vernehmens des Meisterwortes. Das wäre kein Problem, wenn nicht das Wort jene eigentümliche Wesensart hätte, die wir dargestellt haben. So möchte Buddha um der schweren Erschaubarkeit des von seinem Worte Gemeinten willen seine Lehre, nachdem er sie erschaut hatte, nicht verkündigen: »Was fein, tief, schwer zu schauen, zart ist, / Was dem Irdischen zuwiderläuft, / Nicht werden's die Begierdeblinden, / Die Finsternisumhüllten sehen.«

Buddha wird aber von einem Gott auf die Verpflichtung hingewiesen, die er mit der eigenen Heilserkenntnis auf sich nahm gegenüber den Wesen, die »nur wenig Unreinheit« an sich tragen und also zur religiösen Heilserkenntnis grundsätzlich befähigt sein werden, wenn es auch nur wenige sind. Aufgrund dieser Ermahnung spricht Buddha dann das Wort: »Der Ewigkeit Tor sei jedem aufgetan, / Der Ohren hat, mag sich denn Glaube regen! / Vergebliche Mühe zu meiden, hab ich das edle Wort / Noch nicht der Welt verkündet.«

Im Neuen Testament heißt es ganz kurz und klar: »Wer von Gott ist, der hört Gottes Worte; ihr hört darum nicht, weil ihr nicht von Gott seid.« (Joh. 8,47) Immer wieder fügt Jesus seinen Reden das merkwürdige Wort hinzu, in dem sich das Wissen um die Problematik des Hörens ausspricht: »Wer Ohren hat zu hören, der höre.« Ein Wort, das, wie wir eben sahen, seine Parallele im Buddhismus hat. Es ist aber in beiden Worten deutlich, dass das Ohren-Haben sich nicht auf die körperlichen Organe bezieht, sondern auf die innere Vernehmensfähigkeit.

Unterweisung und Verkündigung

Das Wort der religiösen Meister hat grundsätzlich zwei verschiedene Seiten hinsichtlich ihrer Funktion: Unterweisung und Verkündigung. Bei beiden Religionsstiftern, Buddha und Christus, ist dieser Unterschied in ihren Reden deutlich erkennbar. Buddha unterwies als Vorbereitung auf den zentralen Inhalt seiner Verkündigung. Ein Text aus dem Dighanikaya mag das bezeugen: »Da begann der Erhabene die schrittweise Belehrung des Brahmanen Kutadanta, d. h. er predigte erst Freigebigkeit, sittliche Zucht und das Trachten nach dem Himmel, wies dann das Leidvolle, Verächtlich-Eitle und Befleckende der irdischen Lust nach und zeigte, dass Heil nur in der Entsagung zu finden sei. Als der Erhabene erkannte, dass der Brahmane im Geist vorbereitet, empfänglich, der

Hemmnisse ledig, freudig und dem Glauben zugeneigt sei, da predigte er ihm die Lehre, die der Buddhas besonderes Eigentum ist: vom Leiden, von der Entstehung des Leidens, von seiner Beendigung und vom Wege, der zur Beendigung führt ...«

Der Unterschied zwischen Unterweisung und Verkündigung ist in den Evangelien deutlich durch zwei griechische Begriffe ausgesprochen: didaskein und keryssein, die beide auf Jesu Predigt angewandt werden, jedoch keineswegs synonym sind, sondern Bezeichnungen zweier Formen der öffentlichen Rede Jesu sind, die nicht nur inhaltlich, sondern auch ihrer Struktur nach verschieden sind. Didaskein bedeutet »lehren« im Sinne der Unterweisung in den Forderungen Gottes an die Menschen aufgrund der Gesetze des Alten Testaments. Das Wort didaskein findet sich denn auch immer dann, wenn von solcher Lehrtätigkeit Jesu, z. B. in den Synagogen, die Rede ist. (z. B. Matth. 9,35; 11,1) Die Art aber solchen Lehrens zeigt uns Lukas 4,16: Jesus verliest einen Schriftabschnitt, woran sich dann nach der Sitte des Spätjudentums eine Textbetrachtung anschloss. Der Inhalt ist also gesetzlich-moralischer Art. Jesus lehrte den Gotteswillen durch vertiefte Betrachtung des Gesetzes, das er nicht auflösen, sondern erfüllen wollte. (Matth. 5,17)

Dem steht nun zur Seite das keryssein. Es bedeutet »verkünden«, einen Heroldsruf ausstoßen. Matthäus 11,5 z. B. heißt es: » Und Armen wird das Evangelium gepredigt.« Matthäus 4,23 lesen wir beide Begriffe in charakteristischer Abgrenzung ihrer Gebiete: »Und Jesus zog umher in ganz Galiläa, lehrte in ihren Synagogen und predigte das Evangelium von dem Reich.« Kerygma ist, wie gesagt, der Heroldsruf, die Proklamation, die einen neuen Zustand der Welt nicht nur ankündigt, sondern selbst herstellt. Der Inhalt dieser Verkündigung, der durch sie sich vollzieht, ist die Gottesherrschaft auf Erden. Inhalt der Verkündigung ist somit eine Botschaft vom nahenden Reich.

Auch bei den Jüngern wiederholt sich dieselbe Unterscheidung hinsichtlich ihrer Funktionen: auch sie lehren im Sinne von didaskein. (Matth. 7,28; 22,33; Mark. 1,22 usw.) Diese Lehre ist wesentlich Bußruf. Daneben aber verkündigen sie auch im Sinne von keryssein. Der Apostel ist Träger einer Verkündigung, die auf Jesus zurückgeht: Markus 3,13 sendet Jesus Jünger aus zum Predigen, und Lukas 9,2 stehen noch deutlicher aus demselben Anlass die Worte: »Und sandte sie aus, zu predigen das Reich Gottes.« Auch diese Verkündigung ist mehr als bloßes Lehren. Sie geschieht ebenfalls in Vollmacht, und Zeichen und Wunder begleiten diese Verkündigung: »Sie aber (die Jünger) zogen aus und predigten an allen Orten. Und der Herr wirkte mit ihnen und bekräftigte das Wort durch die mitfolgenden Zeichen.« (Mark. 16,20)

Die Unterweisung hat beiderseits einen gesetzlichen Charakter. Sowohl Jesus unterweist in den gesetzlichen Bestimmungen des Alten Testaments seine Zuhörer als auch Buddha, wenn er die sila-Gebote, d. h. die Gebote der sittlichen Zucht, den Menschen vorlegt. So lässt sich feststellen: das Gesetz fordert, und die Verkündigung bietet an. Das Gesetz nimmt die Kräfte des Menschen in Anspruch, und die Verkündigung stellt aus der ihr immanenten Kraft heraus einen Heilszustand ohne entscheidende Mitwirkung des Menschen her. Wir können hier nur kurz auf den dennoch bei beiden Meistern, Buddha und Christus, vorhandenen Unterschied aufmerksam machen; denn im Hinayana-Buddhismus wird durchaus weithin die Kraft des Menschen in Anspruch genommen, wie denn auch das angeblich letzte Wort Buddhas »Seid euch selber Zuflucht, seid euch selber Leuchte!« darauf hinweist. Das gilt nur für die Heilsvorbereitung; denn die heilbringende Erleuchtung geschieht ohne menschliche Mitwirkung. Wir haben also erkannt, dass der eigentümliche Charakter des Meisterwortes in der Verkündigung eines Heils liegt. Damit taucht ein neuer Begriff auf, den wir im nächsten Abschnitt erörtern werden. Das Entscheidende ist dies: In allen Universalreligionen, die einem Meister ihr Entstehen verdanken, wird ein generelles und existentielles Unheil gewittert und verkündet, in dem jeder Mensch steht. Das Meisterwort deckt diese verborgenen Hintergründe der menschlichen Existenz auf und zeigt bzw. verwirklicht die Überwindung dieses existentiellen Unheils, nicht durch Korrekturen an der Peripherie, sondern durch eine existentielle Wandlung. Davon handelt entscheidend das Meisterwort. Die Verkündigung bietet dem Unheil Einhalt: »Die Rede, die der Buddha spricht, die heilsame, die zur Erlangung des Nirvana (= des Heils) und zum Ende des Leidens (des Unheils) führt, – dies fürwahr ist die beste der Reden.« Nicht Gebote und Forderungen sind der entscheidende Inhalt der Buddha-Verkündigung, sondern nur das Heil: »Sie hat nur einen Wesensgehalt und Kern, nämlich Befreiung und selige Ruhe.« Jesus verkündete das kommende Reich und führte durch seine Verkündigung eine neue Geburt herbei, er stiftete eine neue Verbundenheit mit dem Vatergott durch seine Verkündigung; denn Glaube ist die gottgeschenkte Antwort des Menschen auf das Wort des Meisters.

Die Verkündigungsweise der Meister

Aus dem Gesamtcharakter der buddhistischen religiösen Haltung ist der rationale und reflektierende Ton verständlich, der in der Predigt Buddhas zu beobachten ist. Dieser rationale Charakter der buddhistischen Predigt darf nicht darüber täuschen, dass ihr dennoch ein irrationaler Gehalt zugrunde liegt. Typisch für die Predigt Buddhas sind die eintönige Rede und die ständigen Wiederholungen. Sie sind sozusagen ein Abbild der Welt, wie sie sich den Mönchen zeigt: Es ist die graue Welt des Entstehens und Vergehens, des ewig neuen Werdens im immer gleichen Kreislauf. Der Predigt Buddhas fehlt jedes Pathos des Bekehrenwollens. Buddha hatte nach der Wahrheit, d. h. nach der Erleuchtung (bodhi), in jahrelangem Ringen gesucht. Nach der Erleuchtung aber hört der Kampf in Buddhas Leben auf. Der Buddha ist, wie ihn spätere Darstellungen zeigen, von ruhiger Klarheit erfüllt. Die Heilslehre erscheint als unpersönliche Darstellung objektiver Sachverhalte. Die Lehre hat nach Buddhas und dem Gemeindeglauben werbende Kraft, da sie ja selbst eine numinose, von Ewigkeit her bestehende Größe ist, wie wir oben in der Analyse des Meisterwortes dargestellt haben. Buddha hat keinen Anspruch auf absolute Einzigartigkeit für sich und seine Lehre erhoben. Zwar ist die Lehre selbst eine absolute und zeitlose, von Ewigkeit her bestehende Größe, aber die jeweils historische Verkündigung dieser Lehre durch historische Buddhas hat zwar denselben Inhalt, aber jeder dieser Verkünder, wie der historische Buddha selbst, ist nur relativ absolut, eben für die jeweilige Welt. Ein weiteres Wesensmoment der Predigt Buddhas ist die Gleichnisrede.

Eine persönliche Seelsorge findet sich bei Buddha nicht. Wenn ihm ein konkreter Fall empirischen Leidens vorgetragen wurde, dann wandte er sogleich den Blick auf das allgemeine Weltleiden, auf das allgemeine Unheil, von dem der vorliegende individuelle Fall nur ein Beispiel ist. Da nach buddhistischer Lehre, wie wir noch hören werden, die gesamte Vielheitswelt im Unheil sich befindet, sind die individuellen Existenzen gerade die Hemmnisse, die überwunden werden müssen.

Die Weise der Predigt Jesu ist von der Buddhas fast in allen Momenten das genaue Gegenteil zu denen, die als Charakteristika buddhistischer Verkündigung genannt wurden. Jesu Rede ist nicht reflektiert und rationalistisch, sondern naiv und unmittelbar, in völliger Schlichtheit des Ausdrucks. Während Buddhas Predigt gewollt eintönig war, ist Jesu Predigt bewegt, leidenschaftlich, und starke Affekte treten in ihr zutage: Liebe, Zorn und sittliche Empörung. Das Pathos der Bekehrungsabsicht ist bei Jesus vorhanden. Die Sünder zur Sinneswandlung zu rufen, ist Jesu ausdrückliche Absicht. (Matth. 9,13) Er weint über Jerusalem, weil es seinem Ruf nicht folgt. Der

Kampf mit den Repräsentanten der israelitischen Kirche steht bei Jesus im Mittelpunkt; denn das Leben Jesu, soweit es für uns überschaubar ist, war erfüllt von der steten Auseinandersetzung mit den Repräsentanten der pharisäischen Frömmigkeitsform. Man könnte daran denken, dass analog zu Jesu Kampf mit Pharisäern und Schriftgelehrten bei Buddha die kritische Stellungnahme zu den Brahmanen zu nennen sei. Aber bei Buddha spielt diese Auseinandersetzung nicht annähernd die gleiche Rolle in seinem Leben wie die Feindschaft von Pharisäern und Schriftgelehrten Jesus gegenüber; denn sie führte zu Jesu Hinrichtung, Buddha aber hat nur den Autoritätsanspruch der Brahmanen und ihren äußerlichen Ritualismus abgelehnt.

Jesus verharrte nicht in kühler Ruhe der Weltenthobenheit, wie Buddha, sondern leistete leidenschaftliche Arbeit an der Welt und am Verflochtensein der Menschen in der Welt.

In deutlichem Unterschied zu Buddha pflegte Jesus die individuelle Seelsorge. Er nahm sich der Einzelnen und ihrer ganz persönlichen Sorgen und Nöte an. In seiner Sicht liegt das Unheil nicht in genereller Aufspaltung des numinos Einen und in personaler Individuation, sondern im existentiellen Missverhältnis des Einzelnen dem persönlichen Gott gegenüber. Darum ist der Ansatz seiner Verkündigung beim Einzelnen und seiner Seele, während im Buddhismus gerade die personale Existenz des Einzelnen an sich das Unheil ist.

Die einzige Ähnlichkeit in der Verkündigungsart beider Meister ist die Gleichnisrede, die sich bei Jesus wie bei Buddha findet. Die Gleichnisse drücken bei Jesus zentrale Momente seiner Verkündigung aus, z. B. das Gleichnis vom verlorenen Sohn (Luk. 15) und die Gleichnisse vom Reiche Gottes. (Matth. 13) Die Gleichnisrede ist symbolhafte Rede und deshalb besonders geeignet, unmittelbar einzuleuchten; denn das anschaubare Bild eines Vorgangs wirkt unmittelbarer als der abstrakte Begriff.

Meister und Jünger

Wir behandeln in diesem Abschnitt über das Meisterwort noch eine besondere Form der Beziehung des Meisters zu den Hörern seines Wortes: die Nachfolge der Jünger. Wir betrachten die Besonderheit der Beziehung, die in der Jünger-Nachfolge vorliegt, bei beiden Meistern. Zunächst ist die Einzigkeit des Meisters für seine Gefolgschaft, also die seiner Jünger, zu betonen. Helden und Genien entrechten sich nicht gegenseitig, d. h. sie sind in der Wertschätzung der Menschen durchaus nebeneinander möglich. Aber der religiöse Meister ist nicht einer neben anderen Meistern, sondern er ist nur einer, wie es Matthäus 23,10 heißt: »*Einer* ist euer Lehrer: Christus.«

Die von Buddha selbst behauptete Einzigkeit drückt folgendes Wort aus:

»Ich habe keinen Lehrer, ein gleicher, wie ich, wird nicht gefunden, in der Welt mit ihren Devas (Göttern) ist kein mir Ebenbürtiger ... Ich bin der höchste Meister« heißt es im Majjhimanikaya, einem kanonischen Text. Diese Absolutheit gilt, wie bereits betont wurde, für das gegenwärtige Weltalter, das nur diesen Buddha kennt, der ihm die überzeitliche Lehre verkündet.

In besonderer Weise gilt diese Einzigkeit natürlich im Christentum. Hier handelt es sich ja um einen persönlichen Gott, der sich als Vater in dem »Sohn« offenbarte. Hier ist die Einzigkeit absolut, d. h. nach christlichem Verständnis für alle Zeiten gültig und endgültig. Nach christlicher Auffassung ist diese personale Offenbarung im Meister unüberbietbar durch fernere Offenbarung und Entwicklung. Diese Unüberbietbarkeit entspricht und entspringt dem Verknüpfungsbewusstsein Christi mit seinem himmlischen Vater. Eine Entwicklung kann hier daher nur eine Entfaltung des in Christi Lehre bereits enthaltenen Inhalts sein.

Der Meister findet Glauben in seiner Gefolgschaft. Wir fragen: worauf hin? Denkbar wäre, dass der Meister einem vorgegebenen Ideal entspräche und durch diese Entsprechung legitimiert wäre in den Augen seiner Gefolgschaft. Aber das ist offensichtlich gerade nicht der Fall. Buddha war zunächst ein Asket wie andere und entsprach daher dem Asketenideal. Aber das legitimierte ihn nicht seinen Jüngern gegenüber; denn nach siebenjähriger vergeblicher asketischer Bemühung um die Erleuchtung brach er mit der Asketentradition und erregte damit den Unwillen seiner fünf mönchischen Gefährten: »Der Asket Gotama – so sagten sie nun – lebt im Überfluss, ist geistlichem Streben untreu geworden und hat sich dem Überfluss zugewandt.« Nachdem der Asket Gotama dann, wie wir noch hören werden, auf dem Wege der Meditation die Erleuchtung gewonnen hatte und damit ein Buddha geworden war, begegnete er den fünf von ihm abgefallenen Mönchen. Sie verabreden, den Asketen Gotama, wie sie ihn noch nennen, nicht in feierlicher Weise zu begrüßen, aber, so berichtet der Text, »je näher der Erhabene zu den fünf Mönchen herankam, um so viel weniger vermochten sie bei ihrer Abrede zu bleiben. Sie gingen dem Erhabenen entgegen. Der eine nahm ihm Almosenschale und Obergewand ab, der andere bereitete ihm einen Sitz« usw. Dann hielt Buddha diesen Mönchen die berühmte erste Predigt im Gazellenhain von Benares. Danach heißt es in dem Text: »So sprach der Erhabene. Mit Freuden begrüßten die fünf Mönche des Erhabenen Rede. Und als diese Lehrrede vorgetragen ward, wurden die Seelen der fünf Mönche vom Ergreifen (des Daseins) ablassend von aller Verderbnis erlöst.« So wird Buddha also nicht durch seinen Stand – er gehörte zur Kschatriya-(Krieger-) Kaste und nicht zur Kaste der Brahmanen –, auch nicht durch ein irgendwie verliehenes Amt, sondern durch die Lehre und die von ihm gewonnene Erleuchtung legitimiert in den Augen der ersten Zuhörer. Die Persönlichkeit Buddhas zwang auch die Widerstrebenden zur Anerkennung.

Bei Jesus wäre eine Norm vorhanden gewesen: das Messiasideal, von dem aus seine Legitimation hätte erfolgen können. Aber gerade von diesem Ideal aus lehnte das damalige Judentum und auch noch das heutige Jesus ab, wenngleich die Evangelisten bemüht waren, diese Entsprechung durch Zitate der messianischen Weissagungen des Alten Testaments nachzuweisen. Aber das ist spätere Interpretation der Gemeinde. Noch die Emmaus-Jünger hingen dem israelitischen Messiasideal an, wie aus ihren Worten hervorgeht: »wir aber hofften, er sei es, der Israel erlösen werde«. (Luk. 24,21) Diesem Messiasideal entsprach Leben und Schicksal Jesu in keiner Weise. Ob Jesus selbst sich als Messias verstanden hat, ist in der wissenschaftlichen Forschung umstritten. Wo Jesus zeitlebens Glauben fand, da geschah das durch den Einfluss seiner Persönlichkeit. So lautet ein Jüngerbekenntnis: »Von nun an glauben wir nicht mehr um deiner Rede willen; denn wir haben selber gehört und erkannt: Dieser ist wahrlich der Welt Heiland.«. (Joh. 4,42) Der hier verwendete Begriff »Heiland der Welt« (sotér tou kosmou) ist ein hellenistischer Begriff, der auch auf Alexander den Großen angewandt wurde. An anderer Stelle (Joh. 1,14) heißt es: »Wir sahen seine Herrlichkeit, eine Herrlichkeit als des eingeborenen Sohnes vom Vater, voller Gnade und Wahrheit.« Jesu Taten und Worte sind daher nicht Beweise, die den Glauben an ihn begründen, sondern Zeugnisse, Bewährungen seiner Einzigkeit und der Einzigartigkeit seiner Gottesbeziehung.

Wir fragen nach dem Wesen der »Nachfolge« dem Meister gegenüber. Nachfolge ist nicht, jedenfalls nicht in erster Linie, Nachahmung (imitatio), sondern eine besondere Weise der Verbundenheit. Bei Buddha handelt es sich deshalb um ein Ergriffensein nicht so sehr von der Person, sondern von der Heilswirklichkeit der Lehre, die das Nirvana ist. Der Meister Buddha, der »Erleuchtete«, ist erhaben und geehrt als »Pfadvollender«, als Erster, der die Geburtenkette zerrissen hat.

Aber wir haben hier keine persönliche Bindung, da auch keine persönliche Offenbarung vorliegt; denn der Weltengrund ist nicht persönlich, sondern unpersönlich.

Das Ziel ist nicht ein neues Leben in persönlicher Gestalt, sondern gerade die Aufhebung des persönlichen Seins. Der Meister kann dazu nur den Weg zeigen, auf dem die Nachfolge geschieht. Wenn wir oben sagten, dass eine persönliche Bindung zwischen Buddha und seinen Jüngern nicht bestand, so darf man eine Ausnahme nicht vergessen: den Lieblingsjünger Ananda. Wie Johannes unter Jesu Jüngern: »Es war aber einer unter seinen Jüngern, den Jesus liebhatte, der lag bei Tisch an der Brust Jesu.« (Joh. 13,23) war, so war Ananda in ähnlicher Weise Buddhas Lieblingsjünger, zu dem der Meister noch in seinen Abschiedsreden sagte: »Lange Zeit bist du, Ananda, dem Tathagata (Buddha) zur Seite gestanden mit zahllosen treuen, liebevollen, nützlichen und angenehmen Diensten in Taten ... mit zahllosen ... Diensten in Worten, mit zahllosen ... Diensten in Gedanken. Du hast Gutes getan, Ananda. Strebe nur weiter, und bald wirst du von den Grundübeln frei sein.«

Im Unterschied zu der impersonalen Struktur des Buddhismus ist im Christentum die Nachfolge ausdrücklich auf die Persönlichkeit Jesu bezogen. Die Wirkung auf die Nachfahren geschieht nicht in erster Linie durch die Taten, die erzählt werden, sondern Jesus ist im Glauben der Jünger gegenwärtig. Das Vehikel der Gegenwart ist die Nachfolge, die Jesus mit folgenden Worten umschreibt: »Da sprach Jesus zu seinen Jüngern: Will mir jemand nachfolgen, der verleugne sich selbst und nehme sein Kreuz auf sich und folge mir. « (Matth. 16,24) In dieser Nachfolge geschieht die immer neue Reproduktion seiner Person durch »nachbildlich Heilige«, wie Max Scheler sich ausdrückte. Diese erlebte Gegenwart erfolgt durch Einwohnung Christi in den Jüngern: »Ihr aber seid der Leib Christi« (1. Kor. 12,27), und »Christus ist mein Leben« (Phil. 1,21), sagt Paulus. Wirksam in bezug auf Nachfolger ist daher Christi Sein als Person, nicht Tugenden und Taten. Dies alles sind vielmehr Hinweise, sind Symptome jenes Seins. Die Verbindung mit den Jüngern besteht im Mitleben, in der Substanzverbundenheit vor allen Worten und Taten. Nachfolge ist, wie wir sagten, nicht imitatio, nicht Nachahmung der äußeren Lebensumstände Jesu, sondern Vergegenwärtigung, nicht im Sinne des Sich-Erinnerns, wobei die erinnerte Wirklichkeit in der Vergangenheit liegen bleibt. Nachfolge ist vielmehr Mit-Leben des persönlichen Lebens Christi an ganz anderen Inhalten des eigenen Lebens. Bei den großen nachbildlich Heiligen des Christentums geschah ein intuitives Sich-Bemächtigen des Kerns der Persönlichkeit Christi, und dann lebten sie ihr Leben aus diesem Zentrum heraus. Jesu Absicht war, in den Jüngern gegenwärtig zu bleiben, wie er denn auch selbst gegen Ende seines Lebens sagte: »Ich bin bei euch alle Tage bis an der Welt Ende.« (Matth. 28,20) Und Paulus sagte (Gal. 2,20): »Christus lebt in mir.«

V
Das Heil in der Verkündigung Buddhas und Christi

1 Das buddhistische Nirvana

Wir nehmen als Ausgangspunkt unserer Darstellung der Verkündigung den beiderseits erstrebten Idealzustand, also das Heil, das von beiden Meistern verkündet wird. Buddhas Heilsziel ist das Nirvana. Das Wort selber bedeutet »ausgelöscht«, was im Abendlande vielfach zu der Annahme verführt hat, der Buddhismus sei eine nihilistische Weltanschauung; denn das Nirvana sei das Nichts, wie es freilich auch vielfach bezeichnet worden ist, als das absolute Nichts, was indessen etwas völlig anderes bedeutet als ein ontologisches Nichtsein. Nirvana im Hinayana ist die numinose, impersonale Wirklichkeit. Ein Text mag das illustrieren: »Es gibt, ihr Mönche, ein Ungeborenes, Ungewordenes, Nichtgemachtes, Nichtgestaltetes. Gäbe es nicht, ihr Mönche, dieses Ungeborene, Ungewordene, Nichtgemachte, Nichtgestaltete, würde für das Geborene, Gewordene, Gemachte, Gestaltete kein Ausweg zu finden sein.« Hier wird vom Numinosen gesprochen in der Ausdrucksform der »negativen Theologie«, die in der Form der Negation der endlichen Vielheit das erstrebte summum positivum, also den Heilszustand ausdrückt, was in der Mystik auch sonst vielfach geschieht. In diesem Texte werden zwei Welten angedeutet: die Welt des Gewordenen, Gestalteten und die Welt des Ungewordenen und Ungestalteten. Diese eben ist das Nirvana. Zugrunde liegt die buddhistische Anschauung von den »Dharmas«, den atomaren letzten Elementen, aus denen alle endlichen Erscheinungen einschließlich des Menschen zusammengesetzt sind. Nach dieser Lehre gibt es 169 bedingte, vergängliche Dharmas, die sich zu individuellen Gestaltungen verbinden, um sich dann wieder zu lösen und neue Verbindungen einzugehen. Ein unbedingtes, ewiges Dharma gibt es, das Nirvana.

Von dieser Heilsidee aus ist das Unheil einzusehen, von dem Menschen nach buddhistischer Ansicht erlöst werden müssen: Es ist das Gewordensein, das Gestaltetsein, die Individualität.

Im absoluten Heilsziel des Nirvana ist alle Individualität und Personalität ausgelöscht. Demzufolge wird die Frage nach einer Existenz des Erlösten nach seinem Tode folgendermaßen beantwortet: »Den, der zur Ruhe ging, kein Maß ermisst ihn, von ihm zu sprechen gibt es keine Worte. Zunichte ward, was das Denken könnte erfassen: so ward zunichte auch jeder Pfad der Rede.« Das ist das typische Heilsziel, das in anderen mystischen Religionen griechisch als das arreton oder lateinisch als das ineffabile bezeichnet wird, das »Unaussprechbare«, das deshalb nicht aussprechbar ist, weil, wie das oben zitierte Wort besagt, alle Individualität, die allein aussprechbar wäre, erloschen ist. Wie die Ströme in den Ozean münden und in ihm ihre Namen und ihre individuelle Gestalt verlieren, aber doch nicht aufhören, im großen Ozean weiterzuexistieren, so ist es mit dem Erlösten im Nirvana. Bisweilen wird die Unerkennbarkeit der Existenz des Erlösten im Bilde der Funken dargestellt, die aus einem Feuer hervorsprühen: »Keiner weiß, wohin das Feuer gegangen, / Wenn vom niedersausenden Eisenhammer / Weg der Funke sprüht und langsam verlischt, – / So vom völlig Befreiten, der den Fesseln der Sinne, / Der der Lüste Flut entronnen, der des Nirvana Wonne erreicht, / – weiß keiner, wohin er gegangen.«

Dabei muss beachtet werden, dass nach indischer Auffassung das erlöschende Feuer nicht aufhört zu existieren, sondern in einen neuen Seinszustand übergegangen ist.

Zwei Formen des Nirvana sind zu unterscheiden: »Zwei Arten des Nirvana gibt es: das eine ist noch mit einem Rest von Beilegungen (= Eigenschaften), d. h. den fünf Gruppen von Daseinsfaktoren versehen, gehört dem gegenwärtigen Leben an und besteht in der Vernichtung der zu neuen Existenzen führenden Gier. Das andere ist frei von Beilegungen, tritt in Zukunft, d. h. nach dem Tode ein, und besteht darin, dass alle Möglichkeiten für ein weiteres Werden gänzlich aufgehoben sind. Wer wie der Buddha selbst in seinem irdischen Leben das Nirvana durch seine Erleuchtung erreichte und weiterlebte in den Formen des natürlichen Lebens, dessen Existenzweise ist vergleichbar der kinetischen Energie, die Lebensbewegung läuft weiter und allmählich aus, aber die Antriebskraft, der Wille zum Leben, ist erloschen, eine neue Geburt gibt es nicht.

Dem Nirvana der diesseitigen Ordnung steht andererseits gegenüber das Parinirvana, also das absolute Sein, dem keine Substrate der Körperlichkeit mehr anhaften. Es ist der Zustand des bewusstlosen Seins.

2 *Jesu Verkündigung des Reiches Gottes*

Gottesreich und Satansreich

Jesu Botschaft setzt die israelitische Reichsidee voraus. Etliche Psalmen (93.97.99) beginnen mit den Worten »Jahve ward König«, andere schildern die Thronbesteigung Jahves. (47.96) Darin heißt es: »Er kommt, zu richten das Erdreich. Er wird den Erdkreis richten mit Gerechtigkeit und die Völker mit seiner Wahrheit.« (Ps. 96,13) Und im Psalm 47,3 lesen wir: »Denn der Herr, der Allerhöchste, ist heilig, ein großer König über die ganze Erde ... Gott ist König über die Völker, Gott sitzt auf seinem heiligen Thron.« In prophetischer Schau wird hier eine Zukunft vorweggenommen: »Der Gott Israels herrscht und setzt sein Recht auf Erden durch, »Gottes Herrschaft kommt, es ist das Regiment der Endzeit. Jahve wird aus dem Verborgenen hervortreten, und sein Reich bzw. seine Herrschaft wird erscheinen. Das Kommen des Reiches Gottes ist also israelitische Sehnsucht angesichts des gegenwärtigen Weltlaufes, in dem die Gottlosen erhöht und die Unschuldigen bestraft werden. Man erwartet also eine Zeit, in der sich dieser böse Lauf der Welt ins Gegenteil wandelt. (Jes. 24,23) Jahve wird somit gepriesen als der König einer künftigen Zeit im Gegensatz zum gegenwärtigen Äon. Dieser Gegensatz von gegenwärtigem und künftigem Äon, wahrscheinlich persisch beeinflusst, wird in der jüdischen Apokalyptik zum Kampf zweier Reiche und der Erwartung des Sieges des hereinbrechenden Gottesreiches. Dieser Äon ist vom Satan beherrscht und von seinen Dämonen.

Nach Johannes dem Täufer trat Jesus auf und verkündete: »Tut Buße, denn das Himmelreich ist nahe herbeigekommen.« (Matth. 4,17) Das Neue ist, wie wir sahen, nicht die Idee eines Reiches Gottes. Sie ist vor Jesus im Alten Testament vorhanden und von Jesus nicht ausdrücklich uminterpretiert. Neu war hier also die Aktualität der Reichsverkündigung, das Jetzt des Kommens des Reiches. Jesus sagt nicht, dass er das Reich Gottes selbst herbeiführen und gründen werde, noch auch, dass es aus kleinen Anfängen allmählich wachsen werde, wie manche Gleichnisse zu sagen scheinen, wie Markus 4,26 das Gleichnis von der selbstwachsenden Saat. Martin Dibelius hat in seiner Schrift »Die Botschaft von Jesus Christus« (1935) die Überschrift der Gleichnisse übersetzt: »So steht es mit dem Reiche Gottes«, nicht aber wie meistens übersetzt wird: »Das Reich Gottes ist gleich ...« Der Sinn dieses Gleichnisses ist, dass man zum Kommen der Ernte nichts tun kann. Also nicht das Saatkorn, das sich entfaltet, wird mit dem Reiche Gottes verglichen, sondern die Ernte. Jesus mahnt zum Warten, nicht zum Säen. Ein anderes Gleichnis vom Reiche Gottes ist das vom Sämann. (Mark. 4,3) Hier wird der teilweise Misserfolg geschildert, von dem jede Sämannsarbeit begleitet ist, wenn manches Saatkorn auf den Weg oder unter Dornen fällt und auf felsigen Boden. Nicht das Reich wird ausgesät, sondern die Botschaft vom Reich. Das ist die Arbeit Jesu und seiner Jünger. Dieses Gleichnis will trösten: Die Arbeit ist nicht vergeblich, etliches fällt auch auf guten Boden.

Von diesem Reich sagt Jesus, dass es unmittelbar nahe sei. Darin liegt die Aktualität seiner Verkündigung. Bis zum Hereinbruch des Reiches lebt es nur in der Predigt und in der Bewegung des von ihr ergriffenen Volkes. Das Reich ist im Kommen; denn schon in Jesu Wirksamkeit bricht es an. Taten Jesu sind Zeichen (semeia) numinoser Vollmacht. Das charismatische Wirken Jesu versteht er selbst als Kampf gegen die Dämonen, auf die alle Krankheit damals zurückgeführt wurde. Jesus kämpft damit gegen den Satan und sein Reich.

Was ist dieses Reich Gottes? Eine Wundergröße, die allem irdisch Diesseitigen entgegengesetzt ist, eine kosmische Katastrophe, Herrschaft und Herrschaftsbereich Gottes. Wir fragen weiter: Was bedeutet diese Botschaft für die Menschen? Zunächst ohne Frage: für unheilige Menschen Bedrohung und Gefahr. Daraus entspringt der Radikalismus Jesu; er verlangt stete Wachsamkeit (Matth. 24,27; 24, 43; 25). Wann aber kommt das Reich Gottes? So fragte auch die christliche Gemeinde. In der apokalyptischen Literatur finden wir das Bemühen auszurechnen, wann das Ende kommt. Weil, wie gesagt, auch die christliche Gemeinde wissen wollte, wann das Reich anbreche, wurden in die warnenden Worte Jesu hinsichtlich der Wachsamkeit eine Art christliche Apokalypse eingefügt: »Sogleich aber nach der Bedrängnis jener Zeit wird die Sonne sich verfinstern und der Mond seinen Schein verlieren, und die Sterne werden vom Himmel fallen, und die Kräfte der Himmel werden ins Wanken kommen. Und dann wird erscheinen das Zeichen des Menschensohns am Himmel.« (Matth. 24,29 f.)

Jesus selbst aber war gegen die apokalyptischen Künste

hinsichtlich des Erkennens der Zeit. Nicht das Ausrechnen des Endes war Jesu Ziel, vielmehr sagte er: »Das Reich Gottes kommt nicht so, dass man's beobachten kann«, d. h. aufgrund von apokalyptischer Observationskunst (griech. parateresis), »das Reich Gottes ist mitten unter euch.« (Luk. 17,20 f.) Gemeint ist, dass die wahren Zeichen, also nicht die äußerlich beobachtbaren, darin bestehen, dass Jesus unter den Menschen wirkt in Worten und Taten. Martin Dibelius übersetzt das Wort Lukas 17,20 folgendermaßen: »Nicht spüren Gottes Reich die es errechnen, noch spüren es die, die sagen: es ist hier oder da. Denn, siehe, Gottes Reich ist zu spüren in eurer Mitte.« Das aber bedeutet, dass Jesus für die Gemeinde eine Heilsgestalt war.

Wer war Jesus, war er der Messias? Glaubte er selbst, dass er der verheißene Messias sei? Die Frage ist wissenschaftlich schwer zu beantworten; denn die Evangelien, die den Glauben an Christus = Messias festigen wollen (Joh. 20,31), sind Berichte, die aus österlichem Glauben geschrieben sind. Das Wort Christos erhielt seinen Inhalt von der Geschichte nach Ostern. Die Evangelisten reden, wo sie die Messiasfrage berühren, natürlich aus christlicher Deutung des Lebens Jesu. So können wir mit Sicherheit nur sagen, was die Gemeinde glaubte, aber nicht, was Jesus selbst zu Lebzeiten von sich dachte. Im Markusevangelium, dem ältesten der synoptischen Evangelien, wird das Problem der Messianität Jesu in der Weise beantwortet, dass Jesus zwar vom Volke nicht als solcher an seinen Taten erkannt wird, dass aber die Dämonen, die er austreibt aus den Kranken, ihn erkennen (Mark. 5,7) und als Sohn Gottes anreden. Jesus aber verbietet, seine Wundertaten bekannt zu machen. (Mark. 7,36) Auch nach dem Messiasbekenntnis des Petrus (Mark. 8,30) heißt es: »Und er gebot ihnen, dass sie niemandem von ihm sagen sollten.« Nach Markus ist es also so, dass Jesus zwar der Messias war, dass er aber das Messiasgeheimnis wahren wollte.

Das Petrus-Bekenntnis

Bei Matthäus findet sich nun 16,16 das Bekenntnis des Petrus, auf das Jesus antwortet: »Du bist Petrus, und auf diesen Felsen (griech. petra = Felsen) will ich meine Gemeinde (ekklesia) bauen, und die Pforten der Hölle sollen sie nicht überwältigen. Ich will dir die Schlüssel des Himmelreichs geben: alles, was du auf Erden binden wirst, soll auch im Himmel gebunden sein, und alles, was du auf Erden lösen wirst, soll auch im Himmel gelöst sein.

Da gebot er seinen Jüngern, niemandem zu sagen, dass er der Christus (= Messias) sei.« Diese Antwort auf das Petrusbekenntnis enthält schwerwiegende Probleme. Es findet sich bekanntlich an der Kuppel der Peterskirche in Rom und ist die Grundlage des Primatanspruches des Papstes als Nachfolger Christi. Dazu ist zunächst zu bemerken, dass das griechische Wort »ekklesia« in diesem Text nicht, wie man katholischerseits meint, »Kirche« im organisatorischen Sinne bedeutet, sondern »Gemeinde«. Das Wort enthält aber noch weitere Schwierigkeiten. Adolf v. Harnack hat in einer preußischen Akademie-Schrift »Der Spruch über Petrus Matth. 16,12ff.« (1918) eine sehr einleuchtende Interpretation gegeben, die wir hier wiederholen. Das Wort »die Pforten der Hölle (oder des Hades) sollen sie, die Gemeinde, nicht überwältigen« bedeutet: sie soll nicht sterben. Dieses Wort ist hier also auf die Gemeinde bezogen, es muss jedoch anders bezogen gewesen sein, ähnlich dem im selben Kapitel sich findenden Wort Matthäus 16,28, wo es heißt: »Es stehen einige hier, die werden den Tod nicht schmecken, bis sie den Menschensohn kommen sehen in seinem Reich.« Außerdem kann man von der Gemeinde nicht sagen, dass sie nicht in den Hades kommen werde, sondern nur von Personen. Nun macht Harnack darauf aufmerksam, dass noch Tatian im 2. Jahrhundert n. Chr. jene Stelle anders gelesen hat, nämlich »Über dich, Petrus, soll der Tod keine Macht haben« und auch Origenes (gest. 253/54), Hieronymus (um 347–419/20) und Ambrosius (gest. 397), bedeutende Kirchenväter, erklärten, hier sei dem Petrus verheißen, dass er nicht sterben werde. Diese Urform des Textes aber war später nicht mehr erträglich; denn Petrus ist gestorben. So verschwand im Texte das »du« und die ekklesia, die Gemeinde, trat an die Stelle. Außerdem ist natürlich klar, dass die Kirchengründung, die katholischerseits in diesem Wort gesehen wird, sicher nicht von Jesus beabsichtigt war, sondern dass die Evangelisten hier den Zustand wiedergeben, den sie kennen, nämlich die Verhältnisse in der gegenwärtigen Kirche, die das Recht zu binden und zu lösen beansprucht. Dass Jesus sicher keine Kirche im Sinne der späteren Organisation und Hierarchie hat gründen wollen, ist oft festgestellt worden; denn Jesus erwartete das nahe Ende der Welt und konnte daher keine Dauerinstitution ins Leben rufen wollen. Wir stellen also noch einmal fest, dass eine klare Aussage Jesu zum Messiasglauben seiner Jünger im Neuen Testament nicht nachweisbar ist, denn alle Aussagen Jesu, die sich auf seine Messiaswürde beziehen, sind überlagert vom Gemeindeglauben an den Christus, den Messias.

Die Ehrentitel Jesu

Wir fragen in aller gebotenen Kürze nach den Titeln, die Jesus im Neuen Testament bezeichnen. Zunächst, wie gesagt, »Christos«, aber diese Würdebezeichnung ist von Jesus selbst nicht gebraucht worden, sondern nur in den Jüngerbekenntnissen enthalten. Ein weiterer Titel, der ihm beigelegt wurde, ist der des »Sohnes Davids«. Schon das Matthäusevangelium beginnt mit dem Worte »Dies ist das Buch von der Geschichte Jesu Christi, des Sohnes Davids«. Und so finden sich zahlreiche Stellen im Neuen Testament, in denen Jesus als der Sohn Davids bezeichnet wird (z. B. Matth. 9,27; 15,22 usw.), und das Hosianna beim Einzug Jesu in Jerusalem (Matth. 21,9) erklingt »dem Sohne Davids«. Also ist auch das keine Selbstbezeichnung Jesu. Zugrunde liegt hier natürlich die israelitische Messiaserwartung, nach der David, dem Idealkönig der Vergangenheit, der Messias aus demselben davidischen Geschlechte entsprechen soll.

Eine wichtige Bezeichnung Jesu ist nun »Sohn Gottes«. Als Selbstbezeichnung findet sich diese Aussage nur selten. Markus 13,32 heißt es: »Von dem Tage aber und der Stunde weiß niemand, auch die Engel im Himmel nicht, auch der Sohn nicht, sondern allein der Vater.« Indirekt sagt Jesus vor dem Synhedrium (Mark. 14,62) auf die Frage, ob er der Christus, der Sohn des Hochgelobten sei: »Ich bin's«, und Matthäus 11,27 heißt es: »Alles ist mir übergeben von meinem Vater; und niemand kennt den Sohn als nur der Vater.« Wir haben oben schon dargestellt, dass der Begriff »Sohn Gottes« im israelitischen Bereiche nichts anderes bedeuten konnte als einen Menschen, der ein besonders nahes Verhältnis zu Gott hat. Diese Bezeichnung kann sowohl auf ein Kollektivum, wie z. B. auf die Nachkommenschaft Davids, angewandt werden, als auch auf eine Einzelperson. 2. Buch Samuelis 7,14 heißt es: »Ich will sein Vater sein, und er soll mein Sohn sein«, und Psalm 89,28 sagt Jahve von David: »Ich will ihn zum erstgeborenen Sohn machen«, und Jesus Sirach 4,10 lesen wir: »Sei den Waisen wie ein Vater, der Stellvertreter des Mannes ihrer Mutter, so wirst du sein wie ein Sohn des Höchsten.« In Israel war »Sohn Gottes« also eine Bezeichnung, die keinen physisch-realen Zeugungszusammenhang aussagt, sondern verstanden wurde als besondere Zugehörigkeit und Verbundenheit Gott gegenüber. Aus diesem Grunde hat, wie H.-J. Schoeps in seinem Buche »Theologie und Geschichte des Judenchristentums« (1949) nachgewiesen hat, das Judenchristentum die Jungfrauengeburt, soweit es sie überhaupt kannte, abgelehnt. Die Formel »Sohn Gottes« konnte jedoch auf hellenistischem Boden nicht anders verstanden werden, als man es dort von den Göttersöhnen des Mythos gewohnt war, nämlich als reales Zeugungsverhältnis, wie es dann die spätere christliche Dogmatik auch fixiert hat.

Eine bevorzugte Bezeichnung, die in den Evangelien als

Selbstbezeichnung Jesu erscheint, war die des »Menschensohnes«. Diesem Begriff begegnen wir in einem der beiden apokalyptischen Henoch-Bücher, im äthiopischen Henoch-Buche (abgeschlossen etwa in der Mitte des letzten Jahrhunderts v. Chr.). Ob es sich in den Evangelien um eine echte Selbstbezeichnung Jesu handelt, bleibe dahingestellt. Jedenfalls war der Begriff in der zeitgenössischen israelitischen Literatur und Tradition vorhanden, und so lag es nahe, dass die Gemeinde Jesus mit diesem Begriff bezeichnete, sofern er es nicht selbst tat, wie es in den Evangelien dargestellt wird. Doch zuvor sei kurz auf diese Henoch-Tradition eingegangen, wobei wir Rudolf Ottos Ausführungen zu diesem Thema in seinem Buche »Reich Gottes und Menschensohn« (1934) heranziehen.

Die beiden Henoch-Bücher, das slawische und das äthiopische, tragen den Namen eines Henoch. Er ist eine Gestalt des Alten Testaments. Nach 1. Mose 4,17 ist Henoch ein Enkel Adams, und nach 1. Mose 5,18 ist Henoch der siebente Nachkomme Adams. Selbstverständlich stammen die Henoch-Bücher nicht von einer dieser Persönlichkeiten, sondern sie sind, wie es in der Antike oft geschah, unter den Namen Henochs gestellt, um ihr Ansehen zu erhöhen. Im äthiopischen Henoch-Buche nun, das uns in erster Linie interessiert, tritt Henoch auf als Prediger des bevorstehenden Weltgerichts. Im äthiopischen Henoch 1.3 heißt es: »Der große Heilige (= Gott) wird von seinem Wohnort ausziehen und der Gott der Welt wird auf den Berg Sinai treten ... Da werden alle sich fürchten, und ein Gericht über alle wird stattfinden. Mit den Gerechten aber wird er Frieden schließen und die Auserwählten behüten. Gnade wird über ihnen walten, und sie werden alle Gott angehören, und das Licht wird ihnen scheinen.« Dieser Henoch nun, der mit solcher Verkündigung auftrat, ist zugleich ein Seher, der die himmlische Welt schaut und mächtige jenseitige Wesen, die Fürbitte einlegen für die Menschen, was den iranischen Fravashis entspricht. Er schaut außerdem ein hohes himmlisches Wesen, das als »Auserwählter« bezeichnet wird, den »Herrn der Geister« und seinen Hofstaat. Henoch schaut ferner das Reich: »Danach sah ich alle Geheimnisse der Himmel und wie das Reich verteilt wird, und wie die Handlungen der Menschen auf der Waage gewogen werden.« Von der Rolle des »Auserwählten« sagt der Text: »An jenem Tage wird mein Auserwählter auf dem Thron der Herrlichkeit sitzen und unter ihren (der Menschen) Taten eine Auswahl treffen ... Ich werde den Himmel verwandeln und ihm einen ewigen Segen und ein Licht machen. Ich werde die Erde verwandeln und sie zu einem Segen machen.« In diesen Vorstellungen spiegelt sich die iranische Idee der Wunderbarmachung der Welt am Ende der Tage durch Ahura Mazda, den »Weisen Herrn« des Propheten Zarathustra, wider. Dann aber heißt es: »Bei ihm, dem Herrn der Geister, war ein anderer, dessen Antlitz war wie das eines Menschensohnes.« Genauso heißt es Daniel 7,13: »Ich (Daniel) sah in diesem Gesicht in der Nacht, und siehe, es kam einer mit den Wolken des Himmels wie eines Menschen Sohn und gelangte zu dem, der uralt war, und wurde vor ihn gebracht. Der gab ihm Macht, Ehre und Reich, dass ihm alle Völker und Leute aus so vielen verschiedenen Sprachen dienen sollten. Seine Macht ist ewig und vergeht nicht, und sein Reich hat kein Ende.« Henoch fragt darauf den Engel, wer dieses menschengestaltige Wesen sei und erhält die Antwort, kein beliebiger Mensch sei das, sondern der Mensch, »der die Gerechtigkeit hat, bei dem die Gerechtigkeit wohnt, und der alle Schätze dessen, was verborgen ist, offenbart«. Er ist der »Sohn des Herrn der Geister«, und ihm wird bei Henoch das Gericht übergeben, ganz so, wie es in der iranischen Religion Mitra erhält, von dem es auch heißt, er habe alle Gerechtigkeit und sei Richter der Seelen. Mit dem Auserwählten kommt am Ende die Umwandlung der Welt: »Dann wird der Auserwählte auf meinem Thron sitzen ... denn der Herr der Geister hat es ihm verliehen und hat ihn verherrlicht.«

In den Evangelien bei Lukas 22,29 heißt es, dass der Vater Jesus das Reich vermacht habe, und Matthäus 19,28 lesen wir: »Wenn der Menschensohn sitzen wird auf dem Thron seiner Herrlichkeit ...« Auch die feierliche Einsetzung des Auserwählten wird Henoch 62,14 folgendermaßen beschrieben: »Der Herr der Geister wird über ihnen wohnen, und sie werden mit jenem Menschensohne essen und sich niederlegen und erheben bis in alle Ewigkeit.« Das ist eine Aussage, die an die Abendmahlsworte Jesu (Matth. 26,29) erinnert. In den »Anhängen« des Henoch-Buches wird die Frage gestellt und beantwortet, wer der Auserwählte sei. Die Antwort lautet: Henoch selbst wird der Menschensohn sein. (Kap. 70–71) Henoch wurde auf »Wagen des Geistes erhoben«, und schließlich heißt es: »Du hast gefragt, wer ist dieser Menschensohn, woher ist er? – Du bist es selbst.« »Gerechtigkeit wohnt über dir, und die Gerechtigkeit des betagten Hauptes (= Herr der Geister) verlässt dich nicht.« Henoch wird hier nicht als präexistent vorgestellt, vielmehr wird er um seiner Gerechtigkeit willen zu diesem Menschensohn, der als geistige Wesenheit bereits bei Gott ist, und den Henoch verkündet hat. In dieser Henoch-Tradition lebte Jesus, und deshalb kann man sagen, dass hier sich Kategorien anboten, die zur Anwendung auf ihn sich eigneten, sei es, dass Jesus selbst diese Deutung vollzog, wie es die Evangelien darstellen, sei es, dass die Gemeinde bzw. die Schriftsteller des Neuen Testaments diese vorhandenen Traditionen auf Jesu anwandten. Nach dieser Interpretation Jesu als Menschensohn gehört also der Verkünder selbst mit in das Geschehen der Endzeit und wird selbst Objekt der Divination.

Vergleicht man diese Henoch-Ideen mit Selbstaussagen Jesu in den Evangelien, ob sie nun echte Selbstaussagen sind oder Jesus in den Mund gelegte, so ergibt sich eine Reihe von Ähnlichkeiten: Jesus erscheint, wie Henoch, als Repräsentant des Menschensohnes. Lukas 12,8 lesen wir: »Wer mich bekennt vor den Menschen, den wird auch der Menschensohn bekennen vor den Engeln Gottes.«

Daneben begegnet uns der Anspruch Jesu auf das Menschensohn-Sein (Mark. 14,62): »Ihr werdet sehen den Menschensohn sitzen zur Rechten der Kraft und kommen mit den Wolken des Himmels.« Und Matthäus 16,13 fragt Jesus, was die Leute vom Menschensohn sagen, wohingegen Markus 8,27 und Lukas 9,18 Jesus direkt fragt: »Wer sagen die Leute, dass ich sei.«

Jesus hat sich bzw. die Gemeinde hat ihn als zu Erhöhenden gewusst. Henoch wurde »hinweggenommen«, wie auch Jesus durch den Tod hindurch.

Der leidende Messias

Wir folgen hier den Gedanken, die Rudolf Otto in seiner Schrift »Reich Gottes und Menschensohn« (1934) geäußert hat. Eine im Judentum lebende Vorstellung war die, dass wer hier leidet, im Jenseits verherrlicht wird. Aber Jesus bezog sein Leiden nicht darauf, sondern er verband die Menschensohn-Idee mit der Leidensnotwendigkeit: »Und er fing an, sie (die Jünger) zu lehren: Der Menschensohn muss viel leiden.« (Mark. 8,31) Neu ist hier, dass die Messiasidee und der Gedanke des leidenden Gottesknechtes aus Jesaja 53 von Jesus miteinander verbunden werden. Das ist neu in Jesu Verkündigung. Dennoch bleibt der eschatologische Sinn seiner Verkündigung erhalten: die Predigt vom kommenden Reich. Dass der Messias leiden muss, ist nach diesen Aussagen nicht zufällig, sondern ein Teil seines Messiasberufes, es ist rettendes Leiden, das uns Jesaia 53 begegnet und hier auf Jesus angewandt wird. Markus 9,12 lesen wir: »Und wie steht dann geschrieben von dem Menschensohn, dass er viel leiden und verachtet werden soll.« Die Aufgabe aber des Menschensohns ist es zu retten, was verloren ist: »denn der Menschensohn ist gekommen, zu suchen und selig zu machen, was verloren ist«. (Luk. 19,10) Es war in Israel nicht neu, dass das Todesleiden eines Blutzeugen fürbittend sühnende Kraft für das Volk Israel habe. Neu aber ist, dass der erwartete Messias leiden müsse, das ist befremdlich, eine »harte Rede«. (Joh. 6,60) Eine Sühnopfertheorie findet sich hier nicht. Der Menschensohn ist in diesen Konzeptionen ein integrierender Bestandteil des Reiches Gottes. Sein Wirken ist ein Zeichen des beginnenden Hereinbruches des Reiches.

Noch ein Moment ist für die christliche Heilsidee zentral, nämlich die Gottesvorstellung.

Jesu Gottesidee

Wir haben oben bereits von Jahve, dem Gott des Alten Testaments, gesprochen. Hier muss nun festgestellt werden, was die Gottesidee Jesu von der des Alten Testaments unterscheidet, bzw. was sie mit ihr gemeinsam hat. Auch im Alten Testament ist Jahve ein Willensgott, der seinen Willen im Gesetz geoffenbart hat. Im Neuen Testament stehen die Gebetsworte: »Dein Wille geschehe, wie im Himmel so auf Erden.« (Matth. 6,10) Und Matthäus 7,21 sagt Jesus: »Es werden nicht alle, die zu mir sagen: Herr, Herr!, in das Himmelreich kommen, sondern die den Willen tun meines Vaters im Himmel.« Dieser Wille aber ist nicht nur – zweifellos dominierend – ein Heilswille, sondern auch – wie im Alten Testament – ein dämonischer Wille, wie es denn Hebräerbrief 10,31 heißt: »Schrecklich ist's, in die Hände des lebendigen Gottes zu fallen.« Hier stoßen wir auf den alttestamentlichen Hintergrund der Vateridee Jesu: auf das mysterium tremendum in der Gottesidee, das im Alten Testament dominiert.

Zugleich aber finden wir im Alten Testament auch die Bezeichnung »Vater« für Jahve, zwar nicht oft, aber doch bisweilen, wird Jahve als der Vater seines Volkes bezeichnet (5. Mose 32,6): »Ist er (Jahve) nicht dein Vater und dein Herr? Ist's nicht er allein, der dich (das Volk) gemacht und bereitet hat?« Auch andere Stellen sprechen von Jahve als dem Vater: »Denn ich bin Israels Vater.« (Jer. 31,9) An anderer Stelle lesen wir: »Du, Herr, bist unser Vater; ... ›Unser Erlöser‹, das ist von alters her dein Name.« (Jes. 63,16) Und im Psalm 89,27 heißt es: »Er wird mich nennen: Du bist mein Vater, mein Gott und Hort, der mir hilft.« Auch im Gebet wird Jahve als der Vater angeredet, wie z. B. Jesus Sirach 23,1: »O Herr, mein Vater, und Gebieter meines Lebens, lass nicht zu, dass ich zu Fall komme.« Im Alten Testament ist Jahve der Gott der Geschichte. Er führt Volks- und Völkergeschehen zu seinem Ziel. Er ist gnädig denen, die ihm gehorsam sind. Gottes Gnade ist daher hier das freundliche Übersehen der Sünde, kein Vergeben.

Demgegenüber hat Jesus nun eine Sonderauffassung von Gott. Er beseitigte die jüdischen Anschauungen hinsichtlich der göttlichen Gnade; denn Gott ist hier schlechthin gnädig gegenüber der schlechthin sündigen Menschheit. Er ist der Sünder suchende Gott der Liebe, der vertraubare Vatergott, und die Beziehung zu ihm ist der Glaube, der sich in vertrauender Bitte äußert. Das Gebet aber ist keine Leistung. Es ist das Sicheinfügen in Gottes Willen im Sinne Jesu: »Nicht wie ich will, sondern wie du willst.« (Matth. 26,39) Wir stellen also noch einmal fest: Im Judentum wurden die Sünden von Gott übersehen, und der völlige Sünder wurde verdammt. Jesus dagegen hat im Gleichnis vom Pharisäer und Zöllner (Luk. 18,9 ff.) in überaus eindrucksvoller Weise dargestellt, was er unter Gott sich vorstellte, und was er von den Menschen Gott gegenüber erwartete: Pharisäer und Zöllner gingen zum Tempel, um zu beten. Dann aber heißt es: »Der Pharisäer stand für sich und betete so: Ich danke dir, Gott, dass ich nicht bin wie die andern Leute, Räuber, Betrüger, Ehebrecher oder auch wie dieser Zöllner. Ich faste zweimal in der Woche und gebe den Zehnten von allem, was ich einnehme. Der Zöllner aber stand ferne, wollte auch die Augen nicht aufheben zum Himmel, sondern schlug an seine Brust und sprach: Gott, sei mir Sünder gnädig! Ich sage euch: Dieser ging gerechtfertigt hinab in sein Haus, nicht jener.« Die Verdienste, die der Pharisäer in diesem Gleichnis vor Gott aufzählt, waren durchaus wirklich vorhanden; denn Pharisäer waren in ihrem Sinne fromme und gewissenhafte Leute. Der Zöllner aber war sicher ein Spitzbube. Gleichwohl bedeutet dieses Gleichnis, dass gerade der Sünder nicht verloren ist, dass ein Minimum an vertrauendem Glauben wertvoller ist als viele Werke der Gerechtigkeit, noch dazu verbunden, wie bei dem Pharisäer, mit dem überheblichen Bewusstsein des eigenen Wertes vor Gott. Worauf es Jesus ankommt, sind Menschen ohne Selbstanspruch vor Gott.

Vergleich der Heilsvorstellungen

Wir vergleichen kurz die Heilsvorstellungen, die wir besprochen haben: die impersonale Heilsidee des Buddhismus und die personale in Jesu Verkündigung. Gemeinsam ist eigentlich zunächst nur die Idee des Heils; denn Heil wird beiderseits als ein überweltliches, höchstes Gut bezeichnet und erwartet, also nicht als eine bloße Fortsetzung diesseitiger Verhältnisse in verbesserter Form, wie es in den Volksreligionen geschieht, wo das selige Paradies mit irdisch-endlichen Farben gemalt wird.

Verschieden aber sind auf den ersten Blick die Vorstellungen vom Reiche Gottes und vom Nirvana. Das Reich Gottes wird als Welt vorgestellt, aber freilich als eine verwandelte Welt, in der Gottes Herrschaft uneingeschränkt verwirklicht ist. Die christliche Enderwartung ist mit dem Glauben an eine Auferstehung verbunden, wie er im Spätjudentum, unter iranischem Einfluss wohl entstanden, lebte. Das ist natürlich eine Idee, die im Buddhismus als Heilserwartung unmöglich ist; denn die stete Wiedergeburt ist gerade das Unheil, und deren Beendigung ist das Heil. Auferstehen zu individueller Existenz ist im Hinayana-Buddhismus nur als Fortbestand der Erlösungsbedürftigkeit denkbar. Das Nirvana ist, wie wir sahen, Auslöschung aller Individualität und Personalität.

In seiner Schrift »Das Christentum und die Begegnung

der Weltreligionen« (1964) hat Paul Tillich in ausführlicher und sehr sachgemäßer Weise in einem Abschnitt, der überschrieben ist »Ein christlich-buddhistischer Dialog«, die beiden »Telos-Formeln«, wie Tillich sich ausdrückt, also die Zielvorstellungen beider Religionen, miteinander verglichen: Nirvana und Reich Gottes. Die Verschiedenheit beider Ideen und ihre dennoch bestehende Zusammengehörigkeit erklärt Tillich in folgender Weise: »Beide Begriffe, das Reich Gottes und das Nirvana, sind Symbole. Aus den verschiedenen Verhältnissen zur Wirklichkeit, das in ihnen ausgedrückt ist, ergibt sich sowohl der theoretische wie der praktische Gegensatz der beiden Religionen. Das Reich Gottes ist ein soziales, politisches und personalistisches Symbol. Der Symbolbegriff entstammt dem Bild eines Herrschers, der ein Reich der Gerechtigkeit und des Friedens aufrichtet. Im Gegensatz dazu ist das Nirvana ein ontologisches Symbol. Sein Stoff ist einerseits aus der Erfahrung der Endlichkeit, der Trennung, des Irrtums und des Leidens genommen, andererseits – als Antwort auf das Negative – aus der Vorstellung eines seligen Einsseins aller Wesen jenseits von Endlichkeit und Irrtum des Seins selbst.« Obwohl also Tillich feststellt, dass beide Religionen gegensätzlich sind, besteht dennoch die Möglichkeit eines Gespräches, weil ja beide auf einer negativen Bewertung der Existenz beruhen. Das Reich Gottes steht im Gegensatz zu dem Reich dieser Welt, das von Dämonen beherrscht wird, und das Nirvana steht im Gegensatz zu der Welt des Scheins als die wahre Wirklichkeit.

Dennoch verneint Tillich die allgemeine Frage, ob die beiden maßgeblichen Symbole, Reich Gottes und Nirvana, einander ausschließen. Er begründet diese Verneinung mit seiner Ansicht, alle religiösen Typen seien aus Elementen der Erfahrung des Heiligen entstanden. Nun meint Tillich, dass die Geschichte beider Symbole konvergierende Tendenzen zeige. »Wenn Paulus das Reich Gottes mit dem Zustand identifiziert, in dem Gott in allem (oder für alles) sein wird, oder wenn das Symbol ›Reich Gottes‹ mit dem des ewigen Lebens vertauschbar ist und als die ewige Schau Gottes und die Seligkeit in ihm bezeichnet wird, so erinnern diese Vorstellungen an die Lobpreisungen des Nirvana als eines Zustandes überzeitlicher Glückseligkeit, und Glückseligkeit setzt, symbolisch gesprochen, ein Subjekt voraus, das sie erlebt. Aber auch hier muss vor der Auflösung oder Abschwächung, der konkreten Gestalt der beiden Religionen gewarnt werden.

3 Buddha und Christus im Heilsgeschehen

Buddha versteht sich selbst als »Wegweiser«. In einem Text heißt es: »Genau so, Brahmane, ist da das Nirvana, und es ist da der zum Nirvana führende Weg, und ich bin da als der Unterweiser. Aber von meinen Jüngern, die so von mir ermahnt, so belehrt werden, erreichen die einen das höchste Ziel, das Nirvana, die anderen erreichen es nicht. Was kann ich dagegen tun, Brahmane? Nur ein Wegweiser, Brahmane, ist der Tathagata.« Buddha hat viel weniger über das Heil selbst, das Nirvana, gesprochen, als über den Weg zum Nirvana, wie wir noch hören werden. Das hängt damit zusammen, dass die numinose Wirklichkeit des Nirvana, wie wir oben zeigten, nur umschreibbar, aber nicht beschreibbar und aussagbar ist. Deshalb bezeichnet sich Buddha in jenem Textwort auch selbst als bloßen Wegweiser. Er ist also in seinem Selbstverständnis keine Heilandgestalt, kein Erlöser. Das aber bedeutet, dass Buddha selbst innerhalb des Heilsgeschehens im Hinayana keine wirkliche Heilsfunktion hat, durch die er Menschen zum Heil verhülfe. Er sagt ja selbst in dem zitierten Texte, dass er nichts dazu tun könne, dass die von ihm belehrten Menschen den von ihm gewiesenen Weg auch wirklich gehen. Wir wollen hier gleich betonen, dass im Mahayana sich die Situation ändert. Da erscheint Buddha als Heilandgottheit, die zum Heil der Menschen tätig ist. Der historische Buddha verkündet eine zeitlose Heilswahrheit. Deshalb ist seine Verkündigung ohne Bezüge zu einer Geschichte.

Gemeinsam ist Jesus und Buddha, dass beide heimatlose Wanderprediger waren. Buddha berichtet über seinen Entschluss zur Weltentsagung: »So habe ich denn nach einiger Zeit, als ich noch ein zarter Knabe mit schwarzem Haar war, im Vollbesitze glücklicher Jugend, in der ersten Blüte des Lebens, gegen den Wunsch meiner weinenden und Tränen vergießenden Eltern mir Haar und Bart scheren lassen, gelbe Gewänder angetan und bin aus dem Hause in die Hauslosigkeit ausgezogen.« Und von Jesus stammt das Wort: »Die Füchse haben Gruben, und die Vögel unter dem Himmel haben Nester; aber der Menschensohn hat nichts, wo er sein Haupt hinlege.« (Matth. 8,20)

Jesus aber verkündet nicht einen Weg, wie wir sehen werden, sondern ein von Gott her erfolgendes Geschehen, nämlich den Hereinbruch des Reiches Gottes in nächster Zukunft. Nicht eine zeitlos ewige Wahrheit, wie es im Buddhismus aufgefasst wird, wird von Jesus verkündet, sondern ein aktuelles Geschehen. Im Gegensatz zu Buddha erscheint Jesus als reformatorischer Prophet, der in das Heilsgeschehen der Endzeit selbst hineingehört. Zugleich ist Jesus ein Charismatiker, der heilend wirkt und in diesem Heilen den Beginn des Reiches sieht, weil er in seinen Heilkräften Charismata aus jener numinosen Welt des Reiches Gottes sieht.

Die Reichsidee, die Jesus verkündet, ist, wie wir sahen, kollektiv und individuell. Einerseits wird ein allgemeines Geschehen verkündet, das Eschaton, die allgemeine Katastrophe, die über die Welt kommt, und andererseits das individuelle Eingehen in das Reich. Jesu Heilsidee ist an die Geschichte gebunden, da sie sich ja innerhalb dieser geschichtlichen Welt verwirklichen soll. Geschichtlich gesehen ist das, was Jesus verkündete, der nahe Anbruch des Reiches Gottes, nicht eingetreten. Gleichwohl wird man sagen dürfen, dass in dieser zeitgeschichtlichen Vorstellungsform vom Gottesreich und seinem Anbruch überzeitliche Nähe und Wirklichkeit Gottes dargestellt ist. Der religiöse Gehalt der Verkündigung Jesu ist die drohende und heilende Nähe Gottes. Jesus ruft zur Bereitschaft für Gott und zu einem Sein vor Gott auf. Dieses von Jesus im Einzelnen dargestellte Sein vor Gott ist die zeitlos gültige Haltung, die Jesus in die Welt brachte, abgesehen von dem irdisch-geschichtlichen Wandel der Welt, der nicht eingetreten ist.

Die buddhistische Heilsidee hat keine kollektive Seite, sondern nur eine individuelle: Gegenstand ist der Einzelne, der ins Nirvana eingeht unter Aufhebung seiner individuellen Existenz, so dass »von ihm zu reden, es keine Worte gibt«.

Zusammenfassend ist darauf hinzuweisen, dass die beiderseitige Heilswirklichkeit, die von Buddha und Christus verkündet wird, auf dem großen Strukturunterschied mystischer und prophetischer Heilsreligion hinsichtlich ihrer prinzipiellen Verschiedenheit beruht. Die mystische Heilsidee ist dominierend impersonal und neutral, die personale Heilsexistenz, die Jesus verkündet, wird erwartet in einer erneuerten und verwandelten Welt und beruht auf der intensiven und exklusiven Verbundenheit der personal existierenden Menschen mit dem persönlichen Gott. Das buddhistische Nirvana ist eine zeitlose Wirklichkeit, das Reich Gottes aber soll sich nach christlicher Auffassung in einer Endkatastrophe verwirklichen und zwar von Gott aus und ohne Mitwirkung des Menschen. Darum betet der Jünger Jesu im Vaterunser: »Dein Reich komme!« (Matth. 6,10)

VI
Das Unheil

1 Die buddhistische Unheilsidee

Die Dharma-Lehre

Wenn unter dem Begriff »Heil«, wie wir gesehen haben, ein existentieller Zustand positiven Kontaktes mit einer wie immer vorgestellten Wirklichkeit des Heiligen verstanden wird, dann ist demgegenüber die erlösungsbedürftige Situation als existentielles Unheil zu bezeichnen. Das ist die Ausgangssituation, bei der die Heilsverkündigung beider Meister ansetzt. Es handelt sich deshalb dabei nicht um konkrete und aktuelle Einzelheiten des Unglücks oder Ungemachs, sondern um etwas Existentielles vor aller Differenzierung in Taten und Gesinnungen. Das gilt ganz allgemein für beide Religionen.

Wir beginnen mit der Erörterung der buddhistischen Unheilsidee. Buddha verwendet zur Charakterisierung der Negativität des vorgefundenen, aus unerkennbaren Anfängen fortbestehenden Unheilszustandes vorzugsweise den allerdings missverständlichen Begriff des »Leidens« (dukkha). Es ist kein Zweifel, dass im Buddhismus unter »Leiden« vielfach auch persönliches Ungemach, leidvolle Erfahrungen und Empfindungen verstanden werden: »Unbemerkt und unerkannt ist das Leben der Sterblichen hienieden, kummervoll, vergänglich und mit Leid verbunden. Es gibt keinen Ausweg, auf dem die Geborenen dem Tode entrinnen könnten; ist das Alter erreicht, da naht der Tod, so ist das Gesetz aller Lebewesen. Wie für unreife Früchte schon frühe die Gefahr des Abfallens besteht, so besteht für die Sterblichen die Gefahr des Sterbens ... Die Jungen und die Großen, die Toren und die Weisen, alle gelangen in die Gewalt des Todes, aller Ende ist der Tod. Von denen, die vom Tod überwältigt, in das Jenseits gegangen sind – nicht rettet der Vater den Sohn, noch auch die Verwandten, die Angehörigen. Sieh, während die Verwandten zusehen und laut wehklagen, wird einer der Sterblichen nach dem andern hinweggeführt wie das zum Tode bestimmte Rind. Also ist die Welt mit Tod und Altern behaftet.« Was hier geschildert wird, ist fraglos empirisches Leiden im natürlichen Sinne. Man muss jedoch wissen, dass alle diese empirisch leidvollen Erfahrungen unter einem religiösen Gesichtspunkt bewertet werden, sie sind Symptome des eigentlichen »Leidens« im Sinne des Unheils. Das wird erkennbar, wenn es z. B. heißt: »Das Leiden nicht erkennen ... wird Nichtwissen genannt«, so ist hier deutlich ein umfassenderer Begriff des Leidens verwendet; denn welcher natürliche Mensch erkennte nicht, was ihm im normalen Sinne Leiden bereitet. Dem entspricht denn auch folgende Aussage: »Was immer empfunden wird, das gehört zum Leiden«, also auch die lustvolle Empfindung. Hier liegt eine höhere Bewertung bzw. Abwertung vor, für die der Begriff »Leiden« die zusammenfassende religiöse Kategorie ist. Wenn in dem oben zitierten Text der Begriff »Nichtwissen« (avidya) verwendet wurde, so ist darin nach buddhistischer Anschauung die letzte Wurzel aller unheilvollen Erscheinungen zu sehen, wobei unter »Nichtwissen« keine theoretische Unkenntnis, sondern der fehlende Kontakt mit der Wirklichkeit des Numinosen verstanden wird.

Die fünf Gruppen der Daseinsfaktoren

In der ersten Predigt Buddhas im Gazellenhain bei Benares werden die sogenannten »vier heiligen Wahrheiten« verkündet, deren erste vom Leiden handelt. Sie lautet: »Geburt ist Leiden, Alter ist Leiden, Krankheit ist Leiden. Tod ist Leiden, mit Unliebem vereint sein ist Leiden, von Liebem getrennt sein ist Leiden, nicht erlangen, was man begehrt, ist Leiden – kurz, die fünf Gruppen der Daseinsfaktoren sind Leiden.« Dieser Text verleitet wieder zu der irrigen Meinung, dass das Leiden im Buddhismus mit den empirischen schmerzvollen Erfahrungen identisch ist. Das ist sicher nicht der Fall. Das Wort bedarf daher einer Interpretation von dem letzten zusammenfassenden Satze aus, dass die »fünf Gruppen der Daseinsfaktoren Leiden sind«. Mit dieser Aussage nämlich ist die gesamte irdisch-empirische Weltwirklichkeit einschließlich der menschlichen Persönlichkeit gemeint. Zugrunde liegt hier die Lehre von den »dharmas«, den »Daseinsfaktoren«, die wir kurz darstellen werden. Dass die gesamte Weltwirklichkeit unter der Kategorie des »Leidens« begriffen wird, zeigen folgende Texte, die sich mit der Welt als Ganzem beschäftigen: »Betrachte nur diese Welt weit und breit und die Wesen, die im Nichtwissen ganz aufgehen und sich der (anderen) Wesen freuen: sie sind unerlöst. Alles, was es an Dasein irgendwo und irgendwie gibt, ist vergänglich, leidvoll, muss sich verändern. Wer dies, wie es wirklich ist, mit vollkommener Weisheit betrachtet, der überwindet den Drang nach Lebensbejahung.« Sprechen wir zunächst von der Welt als Ganzem in der Auffassung des Buddhismus. Es gibt danach drei Welten, die nach ihrer Struktur unterschieden werden: die Sinnenwelt, in der einbegriffen sind die Höllen, das Tier-, Gespenster- und Dämonenreich, die Menschenwelt und das sechsstufige niedere Himmelreich. Danach gibt es die Welt der Formen, die die Bezirke der Himmelswelt umfasst, in der die mit Körperformen ausgestatteten höheren Götter leben. Drittens gibt es die Welt des Gestaltlosen. Sie ist der Bereich des Immateriellen, in dem die höchsten Götter existieren. Alle diese Wesen haben ihre verschiedene Lebensdauer, die nach Weltaltern berechnet wird. Diese Welt mit all ihren Erscheinungsformen ist unheilvoll, d. h. in der Ausdrucksweise des Buddhismus dem »Leiden« unterworfen, weil die Wesen vom Durst nach Dasein (bhava-tanha) getrieben und vom »Nichtwissen« im oben erörterten Sinne gefesselt sind. Das gilt auch für die »langlebigen« Götter, die daher auch erlösungsbedürftig sind. Diese Götter, die in buddhistischen Texten vielfach vorkommen, sind daher nicht, was in anderen Religionen Götter sind, sondern eine höhere Daseinsform wiedergeborener Wesen, deren durch zahlreiche Wiedergeburten führender Weg aufgrund ihrer Taten (karma) in jene Himmelswelten führte, wie denn nach buddhistischer Mythologie auch Buddha vor seiner letzten Geburt in die Welt der »zufriedenen Götter« kam, aus der er zu seiner letzten Geburt auf der Erde erschien.

Alter und Tod sind natürlich die markantesten Formen der Vergänglichkeit, d. h. der Wesenlosigkeit, und die verbreitetsten Anlässe irdisch-empirischen Kummers. Der Buddhismus hat nun diese Welt auf ihre Elemente hin analysiert und eine Weltanschauung entwickelt, die den modernen Atomismus vorwegnimmt. Es handelt sich um die »Dharma-Lehre«. Unter dem Begriff »dharma«, der auch »Lehre« und »Ordnung« bedeuten kann, ist hier »Träger« von Eigenschaften, Daseinsfaktor zu verstehen. Die Dharmas sind also letzte atomare Elemente der Daseinswelt. Alles, was existiert, sei es im weltlichen, sei es im überweltlichen Sinne, besteht aus Kombinationen dieser Daseinsfaktoren, die alle bis auf einen als bedingt bezeichnet werden. Diese Daseinsfaktoren werden nun in fünf »Gruppen« eingeteilt, von denen in der ersten heiligen Wahrheit die Rede ist. Es gibt nach buddhistischer Lehre 169 bedingte, von einander abhängige und vergängliche Daseinsfaktoren. Ein Dharma ist unvergänglich und wandellos, das Nirvana. Doch was sind diese fünf Gruppen? Es sind Daseinsfaktoren folgender Bereiche: des Körperlichen, der Empfindung, des Unterscheidungsvermögens, der Triebkräfte, des Bewusstseins. Unter den körperlichen Dharmas versteht man zunächst die vier Elemente: Erde, Wasser, Feuer, Luft, aus denen alles Materielle besteht. Ferner die aus diesen Elementen gebildeten Daseinsfaktoren, die zum Körper gehören: wie Sinnesvermögen, wie Auge = Sehvermögen, Leib = Tastvermögen, die Sinnesdaten (Farben, Töne, männliche und weibliche Geschlechtscharaktere) und die am Körper auftretenden Eigenschaften.

Zur Empfindung gehört das Erleben angenehmer, unangenehmer oder indifferenter Gefühle.

Das Unterscheidungsvermögen besteht aus den Dharmas, die die Fähigkeit haben, etwas, das man wahrnimmt oder vorstellt, von anderem zu unterscheiden.

Bewusstsein, auch Geist oder Denken genannt, ist reines Bewusstwerden ohne Inhalt.

Die fünfte Gruppe bilden die »Triebkräfte« (sanskara), die als objektive Realitäten vorgestellt werden. Sie bedingen den Lebensprozess und veranlassen die Kombinationen der verschiedenen Dharmas zu Erscheinungen dieser Vielheitswelt. Dazu gehören: Wollen, Konzentration, Hass, Gier, Verblendung, Trägheit, Zweifelsucht. Sie sind die Ursache der Karma-Erzeugung, d. h. des Gewinns des aus den Taten entstehenden guten oder schlechten Stoffes, aus dem in der nächsten Existenz der Körper mit seinen Anlagen entwickelt wird. In diesen Bereich gehören noch die sogenannten »fünf Hemmungen«: Sinnenlust, Übelwollen, Stumpfheit, Mattheit, Aufgeregtheit, Gewissensunruhe und Zweifel. Alle bedingten Dharmas sind vergänglich und ohne Selbst (anatta). Das heißt also, dass alle individuellen Erscheinungen vorübergehende Kombinationen der bedingten Dharmas sind: »Das Körperliche und die anderen Gruppen – keines von diesen ist ein Selbst.«

Wir verstehen also, dass in der ersten heiligen Wahrheit von diesen fünf Gruppen der Daseinsfaktoren die Rede ist, und dass sie und ihre Kombinationen »Leiden« = »Unheil« sind. Das aber bedeutet, dass die gesamte Welt bzw. alle individuell gestalteten Welten, die aus den Dharmas bestehen, unheilvoll und erlösungsbedürftig sind.

Wir stießen eben bereits auf die Idee des Selbst (atta). Im Hinayana spielt das Problem des Ich eine wichtige Rolle. Die abendländische Forschung ist sich nicht völlig einig über das in der originalen Buddha-Lehre Gemeinte: Wird jegliches Selbst geleugnet, oder will der Buddha das auch von ihm angenommene eigentliche Selbst nur der Welt der Erscheinungen bzw. der Dharmas und damit jeder Benennbarkeit entziehen? Ich halte meinerseits diese letztere Ansicht für zutreffend und glaube, dass auch die Texte diese Auffassung stützen. Unter Persönlichkeitswahn, von dem oft die Rede ist, wird eindeutig der im Individuum zusammengefasste Komplex der »fünf Gruppen« der Daseinsfaktoren verstanden. Abgesehen von diesen die Persönlichkeit konstituierenden Faktoren gibt es keine Persönlichkeit. Buddha hat diesen Zustand im Bilde eines Wagens veranschaulicht, der aus verschiedenen Teilen (Deichsel, Räder, Wagenkasten usw.) besteht, aber abgesehen von diesen Elementen nicht existiert. Immer wieder wird in den Texten der »Irrglaube an die Individualität« in seinem Entstehen und in seiner Struktur beschrieben. So etwa in folgendem Text: »Da ist ein unwissender, gemeiner Mann ...: der betrachtet die Körperlichkeit als das Ich, oder das Ich als mit Körperlichkeit versehen, oder er sieht in dem Ich die Körperlichkeit, oder in der Körperlichkeit das Ich ... (Dasselbe wird dann auch von den vier anderen Gruppen der Daseinsfaktoren wiederholt.) So ... entsteht der Irrglaube an die Individualität.« Der unerlöste Mensch – das wird hier sichtbar gemacht – identifiziert irrtümlich die Daseinsfaktoren bzw. ihre Kombinationen mit dem Ich. Die berühmte Predigt vom Nicht-Ich (anatta) läuft darauf hinaus, dass der Buddha klarstellt, dass keines der endlichen und vergänglichen Daseinselemente »mein Selbst« ist. Damit ist eindeutig die Existenz eines letzten Absoluten hinter den vergänglichen Faktoren ausgesagt. Die Verweigerung einer Aussage über die Existenz bzw. Nichtexistenz eines eigentlichen Selbst hat den Sinn, dass die aus der endlichen Welt stammenden und nur auf sie beziehbaren Kategorien des Seins bzw. des Nichtseins auf das Absolute, aller Endlichkeit Enthobene keine Anwendung haben.

Der Unheilscharakter der endlichen und vergänglichen Individualexistenz wird im Einzelnen dadurch charakterisiert, dass zehn Fesseln angenommen werden, deren erste fünf zu niederer Wiedergeburt und deren sechste bis zehnte, sofern die ersten fünf gelöst sind, zu höherer, aber selbstverständlich ebenfalls erlösungsbedürftiger Existenz führen: »Welches sind die fünf zu niederer Wiedergeburt führenden Fesseln? Der Glaube an die Persönlichkeit als das Ich, Zweifel, das Hängen am Ritualismus, sinnliche Lust, Übelwollen. Dies sind die fünf zu niederer Wiedergeburt führenden Fesseln. Und welches sind die fünf zu höherer Wiedergeburt führenden Fesseln? Das Verlangen nach Dasein in der Formwelt, das Verlangen nach Dasein in der Nichtformwelt, Dünkel, innere Unruhe, Nichtwissen. Dies sind die fünf zu höherer Wiedergeburt führenden Fesseln.«

Die Karma-Lehre

Das Werden zu neuer Existenz ist von dem Karma-Gesetz bestimmt, das im Buddhismus im Lehrsatz von der zwölffachen Ursachenverknüpfung in detaillierter Form ausgesprochen wird. Während die Lehre vom Nicht-Ich durch Analyse die Scheinhaftigkeit endlichen Daseins, zeigt, wird nun hier, gewissermaßen umgekehrt, das bedingte Werden aller dieser endlichen Phänomene aus bedingten zwölf Ursachen erklärt. Die buddhistische Kausalitätstheorie lehrt, dass nichts durch sich selbst oder durch ein anderes Selbst, etwa durch einen Gott oder durch einen Zufall, entstehen könne.

Der Text dieses Lehrsatzes lautet: »Das Entstehen in Abhängigkeit will ich euch darlegen: Durch Nichtwissen als Vorbedingung entstehen karmagestaltende Triebkräfte, durch Triebkräfte ein Bewusstsein, durch ein Bewusstsein eine geistig-leibliche Individualität, durch eine Individualität die sechs Sinne (fünf Sinne und der Denksinn), durch die sechs Sinne Berührung, durch Berührung Empfindung, durch Empfindung Gier (Durst), durch Gier Lebenshang, durch Lebenshang karmisches Werden, durch Werden Wiedergeburt, durch Wiedergeburt Altern, Sterben, Wehklagen, Gram und Verzweiflung. So ist die Entstehung dieser ganzen Masse von Leiden.«

Diese Lehre von der zwölffachen Ursachenkette (paticca samuppada) gibt die Antwort auf die nun zu stellende Frage nach der Ursache des Leidens, also des Unheils in buddhistischer Sicht. Der Sinn dieser Lehre, über die im Abendlande viele kontroverse Deutungen versucht worden sind, ist folgender: genauer als in den vier heiligen Wahrheiten soll das Entstehen des Leidens, also der erlösungsbedürftigen Individualexistenz, aufgewiesen werden. Die letzte Wurzel alles in diesem buddhistischen Sinne leidvollen Daseins ist das Nichtwissen (avidya), d. h. die Unkenntnis der wahren Natur des vorgefundenen irdischen Daseins, wie sie in den vier heiligen Wahrheiten ausgesprochen ist. Der zweite Begriff »karmagestaltende Triebkräfte« meint vor allem Willensregungen, die sich auf die Objekte der Sinnesorgane richten. Diese gestaltenden Kräfte erwachsen also in der vergangenen Existenz aus dem Nichtwissen. Nun beginnt eine neue Existenz, die gegenwärtige, mit dem aus den beiden in der vergangenen Existenz gegebenen Ursachen erwachenden »Bewusstsein«, dem zentralen psychischen Organ, das den Kern des im Mutterleib entstehenden Lebewesens bildet. Dieses Bewusstsein geht in den Mutterleib ein. Das nächste aus dem Bewusstsein entspringende Glied heißt »geistig-leibliche Individualität«. Daraus entstehen die sechs Sinnesorgane, die ihrerseits die »Berührung« mit den Objekten bedingen. Die Berührung ruft die »Empfindung« hervor und diese wiederum weckt die »Gier« bzw. den Durst, durch den man sich an das Dasein klammert, und die fünf Gruppen der Daseinsfaktoren, die die Individualität konstituieren, ergreift. Das ist mit dem »Lebenshang« gemeint. Das »karmische Werden«, das aus dem Lebenshang folgt, sind die Taten des gegenwärtigen Individuums, die Wesen und Schicksal des neuen Individuums bestimmen; denn nun greift die Kausalreihe auf eine dritte, die künftige Existenz über mit ihrem elften Glied »Wiedergeburt«, durch die dann abermals das »Reich des Leidens«, d. h. die unheilvolle Existenz, bedingt ist, die mit den Begriffen »Altern, Sterben, Wehklagen, Gram, Verzweiflung« umschrieben wird. In kürzerer Form hat die zweite der in Benares verkündeten heiligen Wahrheiten die Ursache der Entstehung des Leidens erklärt. Sie lautet: »Was ist nun, ihr Mönche, die edle Wahrheit von der Entstehung des Leidens? Es ist jener Wiedergeburt erzeugende, von Wohlgefallen und Lust begleitete Durst (tanha), der bald hier, bald dort sich ergötzt, das will sagen: der Durst nach Sinnenlust, der Durst nach Werden, der Durst nach Vernichtung.«

Die vier Menschengruppen

Überblickt man unter diesen Gesichtspunkten die unerlöste, im Unheil lebende Menschenwelt, so lassen sich nach buddhistischer Auffassung entsprechend der Art ihres Wandels vier Gruppen von Menschen unterscheiden. Die einen in niedriger Daseinsform Geborenen und darin haltungsmäßig Verharrenden wandern vom Dunkel dieser Existenz zum Dunkel neuer Existenz. Andere, ebenfalls in niederer Existenz Geborene, führen einen guten Wandel und gelangen in eine lichte Existenz. Die dritte Menschenart wird in lichter Existenz geboren, führt aber darin einen schlechten Wandel und gelangt daher in eine dunkle Wiedergeburt. Die vierte Gruppe endlich wird in heller Existenz geboren und befleißigt sich weiter eines guten Wandels, sie geht vom Licht zum Licht. Himmel und Hölle aber sind die extremen Möglichkeiten der durch Werke, Worte und Gedanken bedingten Wiedergeburt: »Ist jemand, ihr Mönche, mit drei Dingen belastet, dann fährt er, wie er es verdient, zur Hölle. Mit welchen drei? Mit unheilsamen Taten in Werken, Worten und Gedanken ... Ist jemand, ihr Mönche, mit drei Dingen ausgerüstet, dann geht er, wie er es verdient, zum Himmel ein. Mit welchen drei? Mit heilsamen Taten in Werken, Worten und Taten.« In einem anderen Text, den wir seiner Länge wegen hier nicht zitieren können, wird von Maudgalyayanas Wanderung durch die leidvollen Welten (siehe: G. Mensching, Buddhistische Geisteswelt, 1955, S. 80 ff.) berichtet und gezeigt, dass den in unheilvoller Existenz lebenden Menschen ihren negativen Taten gemäß verschiedene Höllen und verschiedene Strafarten bestimmt sind. Dieser Text hat eine erstaunliche Ähnlichkeit mit der von Dante im ersten Teil seiner Divina Commedia gegebenen Beschreibung der Höllen und ihrer Strafarten.

In einem anderen Text wird behauptet, dass den in unheilvoller Existenz lebenden Menschen bestimmte »Götterboten« gesandt werden, die sie zu heilvollem Streben und Wirken veranlassen sollen. Die hier ausgesprochene tief religiöse Erkenntnis liegt darin, dass diese »Götterboten« nicht von jedem Menschen als solche erkannt werden; denn es sind die natürlichen irdischen Phänomene der Vergänglichkeit, die zwar jedem Menschen begegnen, deren Unheilscharakter aber von nichtwissenden und am Dasein haftenden Menschen nicht erkannt wird. Religiöse Erkenntnis setzt also auch nach buddhistischer Ansicht ein sehendes Auge voraus, das – wie es im Gleichniswort dieses Textes heißt – die irdischen Vergänglichkeitsphänomene als »Götterboten« erkennt und den Menschen veranlasst, sich dem Heilsweg aus dem Unheil der vorgefundenen Existenz zuzuwenden. Wir weisen hier auf die interessante Parallele Matthäus 25,38ff. hin, wo ebenfalls bei dem Gerichtsakt am Ende der Tage den Verfluchten vorgeworfen wird, den König des Gerichts auf Erden nicht in der Gestalt notleidender Mitmenschen erkannt und daher liebevolles Handeln an ihnen unterlassen zu haben. Die Ähnlichkeit dieser beiden Geschichten, die inhaltlich durchaus in einer für die Lebensmitte beider Religionen charakteristischen Weise verschieden sind, liegt darin, dass in beiden Texten die natürliche irdische

Lebenswirklichkeit von den Unerlösten nicht in ihrer wahren Bedeutung verstanden wird und daher heilvolles Verhalten versäumt wurde.

2 *Die christliche Unheilsidee*

Das natürliche Leiden im Christentum
Wir fragen nach der Stellung des Christentums zu diesem natürlichen Leiden. Dass es vorhanden ist, wird auch im Christentum nicht geleugnet, aber es hat zunächst keine metaphysische Beziehung wie im Buddhismus und keine Beziehung zu begangener Schuld wie in Altisrael. Wir berührten oben bereits die Frage der Jünger Jesu nach der Ursache natürlichen Leidens hinsichtlich des Blindgeborenen. Johannes 9,3 antwortet Jesus auf die oben gestellte Frage: »Es hat weder dieser gesündigt, noch seine Eltern, sondern es sollen die Werke Gottes offenbar werden an ihm.« Dieses Leiden hat danach keinen metaphysischen Grund, sondern einen Zweck, nämlich den, dass es geheilt wird und Gottes Herrlichkeit darin offenbar wird. Jesus leugnet hier also den Zusammenhang von Schuld und Leidensschicksal, den Altisrael annahm.

Das natürliche Leiden hat nach christlicher Auffassung einen Sinn, wiederum im Unterschied zum Buddhismus, wo das Leiden völlig sinnlos ist. Was aber ist der Sinn des natürlichen Leidens? Es soll überwunden werden. Wir erinnern uns wieder an den Buddhismus: Hier sollte das Leiden, natürliches wie religiöses Leiden, »aufgehoben« werden. Darin sah man geradezu das Wesen der Erlösung. Hier dagegen handelt es sich nicht darum, dass das Leiden getilgt wird, sondern dass es »überwunden« werden soll. Diese Überwindung aber besteht darin, dass Werte aus ihm und durch es gewonnen werden. Hier müssen wir Paulus zitieren. Er ist unerschöpflich in der Angabe solcher aus dem Leiden zu gewinnender Werte. Wir stellen einige Texte, in denen solche Werte genannt werden, nebeneinander: »Wir rühmen uns auch der Bedrängnisse, weil wir wissen, dass Bedrängnis Geduld bringt, Geduld aber Bewährung, Bewährung aber Hoffnung, Hoffnung aber lässt nicht zuschanden werden.« (Röm. 5,3 ff.) »Gelobt sei Gott ..., der uns tröstet in aller unserer Trübsal, damit wir auch trösten können, die in allerlei Trübsal sind, mit dem Trost, mit dem wir selber getröstet werden von Gott.« (2. Kor. 1,3 f.) »Denn unsre Trübsal, die zeitlich und leicht ist, schafft eine ewige und über alle Maßen gewichtige Herrlichkeit.« (2. Kor. 4,17) »Denn ich bin überzeugt, dass dieser Zeit Leiden nicht ins Gewicht fallen gegenüber der Herrlichkeit, die an uns offenbart werden soll.« (Röm. 8,18) Aus dem fortdauernden Leiden werden somit Werte gewonnen, Bausteine inwendigen Lebens. Es gibt einen Zweck, den nach christlicher Auffassung Gott mit diesem Leiden erreichen will. Leiden dieser natürlichen Art ist also keine Frage von Sünde, sondern soll gerade Ursache zu neuem ethischen Leben sein. Das erkennen und diese Werte realisieren heißt »Überwindung des Leidens«, ein Standpunkt, der von dem des Buddhismus grundlegend verschieden ist, da dieser das konkrete Leiden »aufheben« will.

Das Unheil als Leiden im Christentum

Die bisher besprochene Art des natürlichen Leidens ist in keiner Weise die entscheidende; denn es gibt ein völlig anders geartetes »Leiden«, das im Mittelpunkt der christlichen Erlösungsidee steht. Wir nennen es einstweilen das übernatürliche Leiden und meinen damit nicht, dass dieses Leiden selbst übernatürlich sei, sondern dass es im Unterschied zum natürlichen Leiden nicht von den natürlichen Organen des normalen natürlichen Menschen erkannt werden kann, sondern zu seiner Bewusstwerdung einer Erfahrung bedarf, die transzendente Objekte zu ihrem Inhalt hat. Mit anderen Worten: Dieses übernatürliche Leiden steht auf derselben Stufe und ist prinzipiell von derselben Art wie das »Leiden« im Buddhismus, das, wie wir sahen, auch nicht zusammenfällt mit natürlichen Schmerzempfindungen. Das Leiden im Buddhismus war das Erlebnis der Wesenlosigkeit von Welt und Leben aufgrund der vorgefundenen Trennung des Menschen von der Heilswirklichkeit des Nirvana. Das christliche Leiden ist insofern ähnlich orientiert, als es durch die Erfahrung der Trennung bzw. Isolierung des Menschen von einer transzendenten Wirklichkeit entsteht. Wir nennen den Grund dieses Leidens »Sünde«.

Damit taucht eine Fülle von Unterschieden zum Buddhismus auf. Wir stellen noch einmal das Gemeinsame fest: Das hier gemeinte Leiden ist nicht natürlicher Art und kann nicht von jedem Menschen ohne weiteres, d. h. mit seinen normalen Sinnesorganen, erfahren werden wie natürlicher Schmerz; ferner verdankt es seine Entstehung innerhalb des Subjekts der primären Erfahrung einer transzendenten Wirklichkeit, von der man sich getrennt fühlt. Nun aber beginnen die großen Unterschiede: Der Bezirk innerhalb des Menschen, in dem das Leiden entsteht, ist ein anderer als im Buddhismus. Luther spricht von der »conscientia perterrita«, von dem erschrockenen Gewissen, als »Ort« dieses Leidens. Das ist völlig anders als im Buddhismus, wo das Leiden durch die Trennung vom Absoluten, dem Nirvana, jedenfalls nicht das Gewissen belastet. Das hat nun einen klar erkennbaren Grund; denn das Faktum, über das man im Christentum Leid empfindet, ist nicht die Trennung allein, sondern die darin liegende Schuld. Wir nennen dieses Faktum Sünde. Luther versteht darunter vornehmlich im Sinne des peccatum essentiale (im Unterschied zum peccatum actuale) eine seinsmäßige Gesamthaltung schuldhafter Art, die als selbstsichere Isolierung von Gott bezeichnet werden kann. Diese Realität der Sünde erweckt im Gewissen des Menschen das spezifische Leiden des Christen, die Qual des unerlösten, durch die existentielle Sünde von Gott getrennten Menschen.

Sünde ist also in christlicher Sicht das wesensmäßige

Analogon zu dem existentiellen Leiden im Buddhismus. Die Analogie liegt darin, dass beiderseits eine generelle und existentielle Situation und nicht Einzelmomente an der Peripherie als erlösungsbedürftige Voraussetzung angesehen werden. Im Christentum aber handelt es sich um die Selbstbehauptung vor Gott, um die ich-süchtige Existenz im Unterschied zur ich-haften Existenz, die im Buddhismus als Unheil angesehen wird. Auch im Christentum ist die Unheilsidee am Ich orientiert, hier aber nicht in dem Sinne, dass das Ich selbst als eine unheilvolle Wahnvorstellung aufgefasst würde, sondern dass alle Kräfte des Menschen auf das Ich gerichtet sind, um ihm zu dienen unter gleichzeitiger Abwendung des Menschen von Gott. Die christliche Idee des Unheils in der Sicht Jesu ist nirgends eindrucksvoller und eindeutiger dargestellt als in dem Gleichnis vom verlorenen Sohn (Luk. 15). Der verlorene Sohn wendet sich von Gott ab und zieht in die Ferne im Vertrauen auf die eigenen Kräfte. In der Ferne aber erlebt er die Abwendung vom Vaterhaus als Schuld gegenüber seinem Vater und wendet sich um, kehrt zu seinem Vater zurück und bekennt seine Schuld: »Vater, ich habe gesündigt gegen den Himmel und vor dir; ich bin hinfort nicht mehr wert, dass ich dein Sohn heiße.« (Luk. 15,21) In israelitischer Betrachtung besteht ein absoluter Gegensatz zwischen dem Sünder und dem »Gerechten«. Jesus dagegen hat sie insofern auf eine Stufe gestellt, als beide des Schulderlasses bedürfen; denn auch der Gerechte ist in Jesu Augen vor Gott ein sündiger Mensch wie der Pharisäer im Gleichnis neben dem Zöllner. (Luk. 18,10 ff.) Der ältere Sohn im Gleichnis vom verlorenen Sohn war solch ein »Gerechter«, der dem Vater gegenüber seine Verdienste aufzählt, die er dem Gesetz gemäß erworben hat, jedoch ohne innere Beziehung zum Vater. Eine formale Gerechtigkeit zeichnete den »gerechten« Sohn aus, während der »verlorene« Sohn sich existentiell umwandte, zu seinem Vater kam und seine Schuld bekannte, worauf der Vater ihm verzieh und sagen konnte: »Lasst uns essen und fröhlich sein! Denn dieser mein Sohn war tot und ist wieder lebendig geworden; er war verloren und ist gefunden worden.« (Luk. 15,23f.) Das Tot-Sein des verlorenen Sohnes, von dem der Vater spricht, ist die existentielle Unheilssituation, von der wir sprachen. Dem steht das »Lebendig-Geworden-Sein« als Heilssituation gegenüber. An anderer Stelle, im Gleichnis vom verlorenen Schaf, sagt Jesus: »Ich sage euch: So wird auch Freude im Himmel sein über einen Sünder, der Buße tut, mehr als über neunundneunzig Gerechte, die der Buße nicht bedürfen.« (Luk. 15,7)

Letzten Endes ist natürlich die Gotteserfahrung die entscheidend bestimmende Größe für die Heilsidee in beiden Religionen. Im Buddhismus war es das Nirvana, die absolute Realität. Das Ausgangserlebnis ist daher ein Realitätserlebnis bzw. gegenüber der empirischen Wirklichkeit das Erlebnis ihrer Irrealität. Im Christentum aber ist es das Erlebnis des Vatergottes, der heilig ist nicht nur im Sinne des Tremendum, d. h. des Zittern erregenden Geheimnisses, sondern in Jesu Verkündigung vornehmlich im Sinne des »fascinans«, als der Sünder suchende, liebevolle Heilandgott, der Gnade walten lässt und Unheil abwendet. Die Signatur unerlösten menschlichen Daseins ist das von Gott Abgewandt-Sein. Paulus drückt das folgendermaßen aus: »Denn obwohl sie (die unerlösten Menschen) von Gott wussten, haben sie ihn nicht als Gott gepriesen noch ihm gedankt, sondern sind dem Nichtigen verfallen in ihren Gedanken, und ihr unverständiges Herz ist verfinstert.« (Röm. 1,21)

Zusammenfassender Vergleich

Leiden ist in beiden Religionen nicht im empirischen Sinne die entscheidende Grundlage der Erlösungssehnsucht. In beiden Religionen ist das empirische, natürliche Leiden auch religiös interpretiert, aber verschieden. Im Buddhismus ist das natürliche Leiden im Sinne von Schmerz und Ungemach Symptom (neben anderen Symptomen) einer generellen Unerlöstheit, die in individueller und ichhafter Existenz besteht.

Im Christentum ist das natürliche Leiden ohne metaphysische Wurzel, aber es hat einen religiösen Sinn für den Erlösten. Es soll der Erziehung dienen, und ethische Werte können durch die Leidensüberwindung (nicht durch die Leidensaufhebung) gewonnen werden.

Das eigentliche Leiden ist die Grundlage der Erlösungssehnsucht wiederum in beiden Religionen. Es ist beiderseits ein generelles, existentielles Isoliertsein von einem Transzendenten, neutral gesprochen, aber eben wiederum in einem verschiedenen Sinne. Im Buddhismus ist es die ichhafte Existenz, Glaube und Handeln im Sinne individuellen Daseins. Die Unheilsexistenz bezieht sich im Buddhismus nicht nur auf das gegenwärtige individuelle Dasein, sondern auf die gesamte Kette der vorangegangenen und folgenden Daseinsformen im Samsara, im Geburtenkreislauf. Unheil ist das immer neue Geborenwerden, in dem jedesmal wieder die Orientierung am Ich der Unheilsfaktor ist.

Im Christentum dagegen handelt es sich nur um die einmalige gegenwärtige Existenz. Sie wird als unheilvoll aufgefasst wegen der Ichsüchtigkeit, die in ihr waltet, d. h. im Sinne der Richtung aller Kräfte auf das Ich, unter Abwendung von Gott und der Bindung an ihn. Leiden ist hier die Schuld der Gottesferne.

Die Bewertung der Welt

Vom Unheilserlebnis aus ist auch die Bewertung der Welt in beiden Religionen verständlich. Der Buddhismus sieht die Welt als solche als leidvoll, als wesen- und sinnlos an. »Alles Wirkliche ist individuell«, heißt es in einem Text. Und alles Individuelle ist unheilvoll, weil es abgespalten ist von der großen Einheit des Nirvana, des absoluten Seins. Also wird die Welt negativ vom Heil der undifferenzierten Einheit aus beurteilt. Ein Text drückt das folgendermaßen aus: »Wie wenn, ihr Mönche, dieser Gangesstrom eine große Schaummasse mit sich führte; die sähe ein Mann mit scharfem Auge an, dächte darüber nach und prüfte sie gründlich, und wenn er sie ansieht, erscheint sie ihm leer und nichtig und ohne Kern, denn was für einen Kern hätte wohl eine Schaummasse? Ebenso, ihr Mönche, steht es mit aller Körperlichkeit, die es immer geben mag, vergangener, künftiger, gegenwärtiger, in uns und außerhalb, stark oder zart, gering oder hoch, in der Ferne oder Nähe: Die sieht ein Mönch an und denkt darüber nach und prüft sie gründlich, und wenn er sie ansieht ... erscheint sie ihm leer und nichtig und ohne Kern, denn was für einen Kern hätte wohl die Körperlichkeit?« Dieser Text spricht von der Wesenlosigkeit abgespaltenen individuellen Seins. So ist die gesamte Weltwirklichkeit »leidvoll« im besprochenen Sinne. Sie ist ja auch keine echte Wirklichkeit, sondern sie ist wesenlos.

Die Welt erfährt in christlicher Sicht sowohl in der Verkündigung Jesu als auch im späteren Christentum eine doppelte Bewertung; denn einerseits ist diese irdische Welt nach christlicher Anschauung von Gott geschaffen, und es gilt von ihr, was im Schöpfungsbericht (1. Mose 1,31) von Gott gesagt wird: »Und Gott sah an alles, was er gemacht hatte, und siehe, es war sehr gut.« Das ist das Erbe aus der alttestamentlichen Religion. Von dieser Welt sagt der Prolog des Johannesevangeliums (Joh. 1,3): »Alle Dinge (dieser Welt) sind durch dasselbe (ewige Wort, den Logos) gemacht, und ohne dasselbe ist nichts gemacht, was gemacht ist.« Und Johannes 3,16 wird gesagt, dass Gott die Welt geliebt habe. Allerdings ist hier bereits davon die Rede, dass die Welt nicht verloren gehen solle, sondern durch den von Gott gesandten »Sohn« selig werden solle. Sie ist also – und das ist die andere Seite der Bewertung der Welt – im Unheilszustand. Der Wille Gottes ist also auf diese Welt gerichtet als ein Heilswille.

Andererseits wird, wie wir eben schon sahen, der Begriff »Welt« zu einer negativen Wertkategorie. Im 1. Johannesbrief (2,15) heißt es: »Habt nicht lieb die Welt noch was in der Welt ist. Wenn jemand die Welt liebhat, in dem ist nicht die Liebe des Vaters.« Zahlreiche Aussagen des Neuen Testaments bekunden, dass diese Welt negativ zu sehen ist; denn sie steht unter der Herrschaft des Satans: »Die ganze Welt liegt im Argen.« (1. Joh. 5,19) »Wir haben hier keine bleibende Stadt, sondern die zukünftige suchen wir.« (Hebr. 13,14) Nicht die Welt an sich wird negativ bewertet; denn sie ist Gottes Schöpfung. Die Richtung ist, wie beim Einzelmenschen, der Unheilsfaktor. Es handelt sich um eine autarke Welt und damit um eine gottabgewandte Diesseitigkeit. Die Welt lieb haben, wie es oben heißt, bedeutet, hängen an der gottentfremdeten Diesseitigkeit und ihren Werten. In diesem Sinne ist dann »Welt« nicht eine raum-zeitliche Kategorie, sondern eine religiöse Unwertbezeichnung, die Dinge und Personen umfasst, insofern alles dieses gottentfremdet ist und sich selber lebt.

Interessant ist, dass wiederum einheitlich vom Unheilserlebnis aus, der spezifischen Art dieses Erlebnisses gemäß, die Welt bewertet wird: Buddha sieht das Sein der Welt als »leidvoll«, also als unheilvoll an. Im Christentum ist es nicht das Sein der Welt an sich, sondern die Richtung der Welt von Gott weg, die negativ bewertet wird.

Die Ursache des Unheils in christlicher Sicht

Wir erörterten oben (S. 118) die Frage nach der Ursache des Leidens im Buddhismus und erfuhren, dass es der Durst (tanha), der Werde-Durst, der Wille zum Leben, ist, der das Leiden im Sinne des existentiellen Unheils bewirkt. Was die Frage nach der Entstehung und Ursache des Unheils im Christentum betrifft, so muss festgestellt werden, dass Jesus selbst keine ausdrückliche Darlegung der Ursache der Sünde, also des existentiellen Unheils, gegeben hat. Dass Jesus letzten Endes auch im Willen den Grund und das Wesen der Abwendung von Gott sah, zeigt das griechische Wort metanoia = »Sinneswendung«, was auf den innersten Persönlichkeitskern hindeutet, der sich von Gott abgewandt hat. Ohne uns auf eine genauere Untersuchung der dogmengeschichtlichen Entwicklung der christlichen Sündenidee einzulassen, sei hier lediglich die Confessio Augustana (Art. IX) zitiert, in der »de causa peccati«, über die Ursache der Sünde, gesagt wird: »Über die Ursache der Sünde lehren sie, dass, obwohl Gott die Natur schafft und erhält, dennoch die Ursache der Sünde der Wille der Bösen, wie des Teufels und der Gottlosen ist, der ohne Unterstützung Gottes sich von Gott abwendet.« Es ist also eindeutig der Wille, dessen Abwendung von Gott hier als Sündenursache bezeichnet wird. Während im Alten Testament auf den Sündenfall-Mythos nicht zurückgegriffen wird, um das Böse-Sein der Menschen zu erklären, ist das bei Paulus geschehen und in der weiteren Theologie fortgesetzt worden. Sünde und damit auch der Tod der Menschen werden auf die Ursünde Adams zurückgeführt. Paulus sagt im Römerbrief (5,12), dass »durch einen Menschen (Adam) die Sünde in die Welt gekommen ist und der Tod durch die Sünde, so ist der Tod zu allen Menschen durchgedrungen«. Von dem biblischen Mythos des Sündenfalls gehen gedankliche Konstruktionen z. B. Augustins aus, die von dem unentrinnbaren Zwang der Sünde sprechen. Die Menschheit ist nach Augustin »massa perditionis« (= die dem Verderben preisgegebene Masse), die aus dem ursprünglichen Zustand des »posse non peccare« (= Fähigkeit, nicht zu sündigen) gefallen ist durch die von Adam her vermittelte Urtat. Die dabei zugrunde liegende Idee ist die der vollständigen Knechtung des Willens (de servo arbitrio), das »nonposse non peccare« (= die Unfähigkeit, nicht zu sündigen).

Vergleich und Unterscheidung

Gemeinsam ist hinsichtlich der Ursache des jeweiligen Unheilszustandes in beiden Religionen, dass die Ursache im Subjekt und in dessen Willen gesehen wird. Darin sind Buddhismus und Christentum einig. Aber nun beginnen sogleich die fundamentalen Unterschiede: im Buddhismus ist der bhava-tanha, der Werde-Durst, der nach buddhistischer Lehre die atomhaften Dharmas zu individuellen Gestalten zusammenführt, an sich unheilvoll, denn der Wille will etwas Konkretes und Individuelles, er hält also durch sein Fortbestehen die Abgespaltenheit und Differenziertheit des Einen aufrecht. Träger und Ziel ist das imaginäre Ich. Wollen in ungebrochener Stärke setzt die Ich-Illusion voraus. Wir zitieren hier einen Text aus dem japanischen Buddhismus: »Gier, Hass und Wahn, diese drei sind die sogenannten drei Gifte, von denen alles Unrecht kommt. Diese drei Gifte hinwiederum aber, und mit ihnen also alle bösen Taten, quellen letztlich aus dem Ich-Gedanken, aus des Herzens Selbstsucht. Dies oder das mag ich nicht, dies möchte ich haben ... jedes Reden dieser Art ist eine Prätension des Ich oder Selbst. Weg mit diesem Ich-Trug, dem törichten Glauben an die Realität des Seelenphantoms, und der Spiegel des Geistes ist wieder klar. Je dichter dagegen die Wolke des Ich auf dem Geist lagert, desto trüber wird derselbe.«

Im Christentum liegt das Unheil zwar auch im Willen, aber nicht in seiner Tatsächlichkeit, in seinem Bestehen und Funktionieren an sich. Nicht dass der Wille etwas will, noch dass er die konstituierende Grundkraft der individuellen Persönlichkeit ist, wird als unheilvoll angesehen, sondern in der Richtung dieses Willens von Gott weg auf die Welt, und d. h. auf das Ich und seine Gelüste, ist der bestimmende Beweggrund des Willens. Persönlichkeit, Ich und die individuellen Objekte des Willens sind somit an sich nicht unheilvoll; denn sie sind ja geschaffen und so gewollt von Gott, der ein Willensgott ist und daher Individuelles will. Unheilvoll ist die Welt nur, insofern sie in sich selbst ruht, abgewandt von Gott.

VII
Die Wege zum Heil

Wir müssen zuvor feststellen, dass der Begriff »Weg« nicht ohne weiteres auf die Verkündigung Buddhas und Jesu in gleicher Weise anwendbar ist. Buddha war ein Mystiker, der, wie andere Mystiker auch, einen regelrechten Weg zum Heil angibt. Er nannte sich ja auch selbst, wie wir oben hörten, einen »Wegweiser«. Er, wie andere Mystiker auch, legte Wert auf die Beschreibung der einzelnen Stufen zum Heil unter weitgehender Inanspruchnahme der Kräfte des Menschen, der diesen Weg geht.

Jesus dagegen kennt in diesem Sinne keinen Heilsweg mit Stufen, auf denen Menschen zu Gott emporsteigen können. Jesus meint eine Haltung, eine Bereitschaft für Gott. Nicht menschliches Wirken, sondern Gottes Wirken ist entscheidend. Forderungen werden zwar auch hier gestellt, wie wir sehen werden, aber es ist ein Missverständnis, wenn man meint, Jesus habe den Menschen einen Heilsweg gezeigt, von dessen Erfüllung die Erlösung abhänge.

1 Der Weg zum Heil bei Buddha

Die Antwort auf die Frage nach der Aufhebung der Leidensursache gibt die dritte heilige Wahrheit. Sie lautet: »Dies, ihr Mönche, ist die heilige Wahrheit von der Aufhebung des Leidens: die restlose Vernichtung dieses Durstes durch restlose Vernichtung des Begehrens, ihn fahren lassen, sich seiner entäußern, sich von ihm lösen, ihm keine Stätte gewähren.« Da die Ursache des Leidens, wie die zweite heilige Wahrheit (S. 124) lehrte, der Durst, das Begehren war, wird konsequenterweise die Aufhebung des Leidens in der Vernichtung dieses Durstes gesehen. Was aber ist »der Weg zur Aufhebung des Leidens«? Darauf antwortet die vierte heilige Wahrheit mit der Mitteilung des »achtfachen Weges«: »Dies, ihr Mönche, ist die heilige Wahrheit von dem Wege zur Aufhebung des Leidens: es ist dieser heilige achtteilige Pfad, der da heißt: rechtes Glauben, rechtes Entschließen, rechtes Wort, rechte Tat, rechtes Leben, rechtes Streben, rechtes Gedenken, rechtes Sichversenken.« Diese acht Glieder lassen sich indessen auf drei reduzieren, da mehrere der in der vierten heiligen Wahrheit verwendeten Begriffe synonym sind.

Dieser dreigeteilte Heilsweg umfasst folgende Stufen:

1. Ethisch-asketische Zucht. Diese Stufe ist in dem achtteiligen Weg mit »rechtes Wort«, »rechte Tat«, »rechtes Leben« bezeichnet.

2. Die zweite Stufe ist die der Versenkung, die mit den Worten »rechtes Streben«, »rechtes Gedenken«, »rechtes Sichversenken« gemeint ist.

3. Die höchste Stufe ist die der Erkenntnis. Sie wird mit den Worten bezeichnet: »rechtes Glauben«, »rechtes Entschließen«.

Diese drei Stufen des Heilswegs sollen nun betrachtet werden.

Ehe wir uns der Erörterung des Inhalts der buddhistischen Ethik zuwenden, die ja das Bemühen der ersten Stufe zum Heil, die ethisch-asketische Zucht, bildet, sei eine wichtige Vorfrage beantwortet nach der persönlichen Verantwortung und Freiheit inmitten dieser determinierten Welt, in der nach Buddhas Lehre nur ein »Entstehen in Abhängigkeit« möglich ist. Wie ist – so fragen wir – Erlösung bzw. zunächst als erste Stufe zum Heil sittliches Handeln möglich, wenn jene automatische Verknüpfung zwischen den Existenzen angenommen werden muss. Der Buddhismus antwortet: Die Determination ist nicht restlos wirksam, das Karma, d. h. der in der vergangenen

Existenz angehäufte Tatenstoff, bestimmt zwar die äußere Situation des neuen Lebens, also z. B. wo, in welcher Kaste oder Existenzform (Mensch, Tier, Gott, Gespenst usw.) das Wesen wiedergeboren wird, auch welchen Charakter das Wesen bekommt, aber es bleibt die Freiheit der Wahl innerhalb der gegebenen und determinierten Existenz. In dem, was wir empfangen aus dem vergangenen Leben, sind wir also abhängig, in dem, was wir mit dem Erbe machen, sind wir frei. So ist also eine sittliche Vervollkommnung innerhalb einer vorgefundenen Existenz möglich, so dass besseres Karma vererbt werden kann als in der gegenwärtigen Existenz empfangen wurde. Neue bessere Dharma-Kräfte können auftauchen bzw. zum Auftauchen gebracht werden, so dass in stufenweisem Aufstieg schließlich erreicht werden kann, dass überhaupt keine Daseinsfaktoren mehr auftauchen und gewissermaßen Meeresstille im Zustand des Nirvana eintreten kann.

Die Ethik des Buddhismus

Die erste Stufe auf dem von Buddha gelehrten Heilsweg ist die ethisch-asketische Zucht, deren Forderungen den Inhalt der buddhistischen Ethik bilden. Doch ehe wir von ihnen zu sprechen beginnen, sei von den Grundprinzipien dieser buddhistischen Ethik die Rede.

Sittliches Leben gilt im Buddhismus als Voraussetzung eines glücklichen Lebens innerhalb der Geburtenfolge, also innerhalb der irdischen, religiös gesehen unheilvollen, Weltwirklichkeit. Durch sittliches Leben kann man also zwar ein glücklicheres, in besserer Existenzform verlaufendes Leben gewinnen, die Erlösung ist durch sittliches Tun nicht zu erwerben. Das sittlich vollkommene Leben führt in die Welt der Götter, wie das des werdenden Buddha, der durch seine Tugendwerte und -taten im Laufe seiner Geburtenkette in den Himmel der »zufriedenen Götter«, in den Tushita-Himmel, gelangte, von dem er zu seiner letzten Geburt auf die Erde kam. Hier gewann er die erlösende Erleuchtung, womit dann seine Geburtenwanderung beendet war. Der Wert der sittlichen Handlung ist nach Buddhas Ansicht nicht durch den Erfolg bestimmt, sondern durch die Gesinnung. Unter Karma als Tat versteht man nicht das äußere Tun nur, sondern jedes vorbedachte Wollen. Aus dieser Perspektive wendet sich Buddha gegen alle Veräußerlichung auch des Kultwesens, indem er z. B. die äußerlichen Reinigungszeremonien der Brahmanen ablehnt. Wichtig zur Kennzeichnung des Grundcharakters der buddhistischen Ethik ist ferner, dass alle Wesen einbezogen werden in das Karma-Gesetz und auch in das Sittengesetz: d. h. auch die Tierexistenz ist karmabedingt. Um allerdings den Heilsweg beschreiten zu können, ist sittliche Verantwortung und bewusstes Wollen nötig. Dazu sind die Tiere nicht fähig. Deshalb ist das bewusste Beschreiten des Heilswegs erst auf der Existenzstufe des Menschen möglich. Die Tiere sind aber insofern in das Sittengesetz einbezogen, als sie als Objekte der Sittlichkeit von der buddhistischen Ethik in besonderer Weise in Betracht gezogen werden. Der Kaiser Ashoka (268–239 v. Chr.) baute die ersten Hospitäler für Tiere.

Die buddhistische Ethik ist universal gültig, d. h. für alle Menschen in allen Kasten, für alle Völker und Organisationen. Dabei spielt wieder die Idee des Geburtenkreislaufes (samsara) eine Rolle; denn Buddha betrachtete alle Gemeinschaftsformen (Kaste, Nation, Staat usw.) als einen jeweils vorübergehenden Zusammenschluss, dem jeder Mensch im Verlauf seines Geburtenkreislaufes nur vorübergehend angehört. In der gegenwärtigen Existenz ist er etwa ein Inder, in der nächsten vielleicht ein Europäer, in niedriger Kaste heute und in hoher Kaste morgen. Das Sittengesetz aber gilt absolut und kennt daher keine kasten- oder volksmäßige Differenzierung, wie es in der brahmanischen Ethik der Fall ist.

Im Übrigen kennt die buddhistische Ethik einen Gradualismus, der sich nicht auf die vorübergehende Gemeinschaftszugehörigkeit bezieht, sondern auf das jeweilige

Stadium der Vollkommenheit, das der Mensch erreicht hat. Gut ist, was das Heil fördert, böse ist, was das Heil hindert. So sind also Gut und Böse im Buddhismus keine absoluten Gegensätze, sondern Gradunterschiede. Das Gute ist Minderung der heilswidrigen Dharma-Kräfte. Diese Minderung geschieht in verschiedenen Vollkommenheitsstadien. Aus diesem Grunde kennt der Buddhismus eine Mönchs- und eine Laienethik, wie wir sehen werden. Das widerspricht nun nicht der oben behaupteten absoluten Gültigkeit der ethischen Werte; denn wenn man nur ein Leben annimmt, kann man keine stufenweise differenzierte Ethik lehren, ohne den Absolutheitscharakter der ethischen Gebote aufzuheben. Sie gelten dann eben nicht für alle Menschen, sondern nur für bestimmte Stufen: Die Perfecti haben höhere ethische Verpflichtungen als die Durchschnittsmenschen. Im Buddhismus aber ist die absolute Gültigkeit der ethischen Verpflichtungen dadurch gewahrt, dass ja nicht nur ein Leben, sondern viele Existenzen nacheinander angenommen werden. Das Gute gilt für alle, aber nicht für alle gleichzeitig; denn nicht alle sind gleichzeitig, d. h. im gegenwärtigen Leben, im gleichen Reifestadium. Niemand wird also das Ethos in seinen höheren und schwierigeren Verpflichtungen erlassen; denn alle zur Erlösung strebenden Wesen müssen in irgendeiner ihrer Existenzen sich auch den höheren ethischen Verpflichtungen unterwerfen.

Aus dem gleichen Grunde hat die buddhistische Ethik einen eigentümlichen Doppelcharakter: Sie ist asketisch und weltfeindlich einerseits, aber zugleich weltzugewandt. Diese sich logisch ausschließenden Charakterzüge sind verständlich, wenn man bedenkt, dass Buddha die verschiedenen Vollkommenheitsstadien berücksichtigte: Für die unmittelbar vor der Erlangung des Heils Stehenden ist diese Welt und alles irdische Leben »Leiden«, also »Unheil«, wesenlos und vergänglich und daher wertlos. Für den aber, der noch im Stadium des Weltlebens sich befindet, gilt es, Pflichten gegen Eltern, Gatten,

Freunde, Staat und Gesellschaft zu erfüllen. Alle diese sozialen Größen haben ihr relatives Recht. Der Buddhismus hat denn auch überall, wohin er kam, eine kulturelle Blüte zur Folge gehabt, besonders z. B. in Japan.

Die inhaltlichen Werte der buddhistischen Ethik

Wir wenden uns der inhaltlichen Seite der buddhistischen Ethik, den sittlichen Werten zu, die auf der ersten Stufe des Heilsweges zu verwirklichen sind. Wir sprachen oben von dem relativen Recht des Weltlebens in der Anschauung des Buddhismus. Dem entspricht nun auch, dass dem Tugendhaften weltliche Vorteile als Lohn seines Verhaltens in Aussicht gestellt werden. Dass überhaupt mit der Ethik das Lohnmotiv verbunden wird, ist nicht verwunderlich; denn der Buddhismus ist auf allen Gebieten seiner Lehre auf Kausalität gegründet. Es ist daher verständlich, dass auch die vorteilhaften Folgen ethischen Verhaltens dargestellt werden, um den Täter zu entsprechendem Handeln zu motivieren: »Folgende fünf Vorteile, ihr Hausherren, gibt es für den Tugendhaften wegen der Vollkommenheit seiner Tugend. Welche fünf? Da gelangt, ihr Hausherren, der Tugendhafte, der in der Tugend vollkommen ist, infolge der Achtsamkeit zu großer Reichtumsmenge … Ferner aber, ihr Hausherren, kommt der Tugendhafte, der in der Tugend vollkommen ist, in guten Ruf … Ferner aber, ihr Hausherren, wenn der Tugendhafte, der in der Tugend vollkommen ist, in was immer für eine Versammlung eintritt … so tritt er heiter und unbesorgt ein … Ferner aber, ihr Hausherren, ist der Tugendhafte, der in der Tugend vollkommen ist, in seiner Todesstunde völlig gefasst … Ferner, ihr Hausherren, gelangt der Tugendhafte, der in der Tugend vollkommen ist, nach der Auflösung des Körpers, nach seinem Tode zu einem glücklichen Dasein in einer Himmelswelt.«

Die ethischen Ideale haben keinen absoluten Selbstwert. Wenn sie ihren Dienst im Läuterungsprozess als erste Stufe auf dem Heilsweg erfüllt haben und nach Überschreitung der zwei weiteren Stufen die Erlösung gewonnen ist, hört die Ethik auf. Der Erlöste steht, impersonal geworden, im Hinayana jenseits von Gut und Böse.

Was die konkreten sittlichen Werte betrifft, so kennt der Buddhismus in erster Linie als Tafel der Werte zehn Gebote, von denen die ersten fünf auch für Laien, die zweiten fünf in erster Linie für Asketen und nur einige davon auch zu bestimmten Zeiten für Laien gelten:

»Man soll nicht töten, noch irgendein lebendes Wesen töten lassen, noch es billigen, wenn andere eines töten; sondern man soll sich enthalten, den Wesen ein Leid anzutun, sowohl denen, die stark sind, als denen, die in der Welt zittern.

Ein verständiger Jünger des Buddha soll an keinem Orte etwas nehmen, was ihm nicht gegeben worden ist; er soll auch keinen anderen veranlassen, etwas zu nehmen, noch billigen, dass jemand etwas nimmt. Er soll nichts nehmen, was ihm nicht gegeben ist.

Der Verständige meide ein unkeusches Leben wie einen Haufen (brennender) Kohlen. Wenn er nicht imstande ist, ein keusches Leben zu führen, so vergreife er sich nicht an der Frau eines anderen.

Weder vor Gericht noch in einer Versammlung soll einer den anderen belügen. Man soll niemanden zur Lüge verleiten, noch es billigen, dass einer lügt, sondern jede Art der Lüge vermeiden.

Der Hausherr, der dieser Lehre (Buddhas) folgt, soll nicht berauschende Getränke trinken, noch andere veranlassen, sie zu trinken, weil er weiß, dass Wahnsinn das Ende ist. Denn in der Trunkenheit begehen die Toren Frevel und machen andere Leute trunken. Man soll diesen Frevel vermeiden, der Wahnsinn erzeugt, zur Torheit verleitet und nur Dummen schön erscheint.«

Zu diesen allgemein verbindlichen Idealen kommen nun noch ausgesprochene Mönchsgelübde: Nicht essen zu unerlaubter Zeit, nicht an Lustbarkeiten wie Tanz, Gesang, Musik und Schauspiel teilnehmen, sich keiner Kränze, Parfüms und Schmucksachen bedienen, nicht in hohen und breiten Betten schlafen und kein Gold oder Silber annehmen.

Der Sinn der buddhistischen Ethik ist in allen Bereichen die Befreiung von den heilhindernden Faktoren im Leben. Solche Hindernisse werden in den Texten wiederholt aufgezählt, z. B. Liebe zur Welt, Böswilligkeit und Lust zu schaden, Trägheit und Schlaffheit, Ängstlichkeit, Unruhe und Zweifel. Bezüglich des Zweifels sagt ein Text ausdrücklich: »Von Zweifeln hat er sich freigemacht und ist fortan über sie hinaus, er kennt kein Schwanken gegenüber dem Guten, er läutert sein Inneres so weit, dass er keiner Skepsis wieder anheimfällt.«

Diese Forderungen der buddhistischen Ethik sind negativen Charakters, sie beziehen sich auf das Vermeiden des als Böses Erkannten. Dem steht nun aber eine durchaus positive Ethik zur Seite, die das Vollbringen des Guten zum Ziel hat. Alle Verbote, von denen oben die Rede war, haben bei Buddha zugleich einen positiven Sinn: Das Nichtschädigen (ahimsa) bedeutet positiv die Fürsorge für alle Wesen einschließlich der Tiere. Diese Fürsorge kann bis zur Selbstaufopferung für andere gehen. In den Geschichten, die von Buddhas früheren Existenzen handeln (Jatakas), wird berichtet, dass der künftige Buddha, also der Bodhisattva, sich von einem Felsen herabstürzte, um einer Löwin Speise für ihre hungernden Jungen zu verschaffen. Dem Verbot des Stehlens entspricht positiv die geforderte Freigebigkeit auch für Anhänger fremder Lehren. Die positive Seite des Nichtlügens besteht darin, dass man Gutes von den Menschen redet.

Buddha kennt sechs Grundbeziehungen, die ethischer Gestaltung unterworfen werden: Eltern – Kinder, Lehrer – Schüler, Mann – Frau, Freund – Freund, Herr – Diener, Mönch – Laie.

Über die Pietät den Eltern gegenüber finden wir folgende Worte des Meisters: »Den Eltern kann man das

Gute nie vergelten, das sie uns getan haben. Selbst wenn man hundert Jahre den Vater auf der einen, die Mutter auf der anderen Schulter tragen würde, selbst wenn man sie durch Baden und Massieren pflegen würde ohne Rücksicht darauf, dass sie dabei ihre Notdurft verrichten, selbst wenn man für sie die Herrschaft auf der Erde gewönne, nicht hätte man damit vergolten, was sie getan haben. Denn die Eltern ziehen die Kinder auf, sie ernähren sie und zeigen sie der Welt.« In der Ehe soll der Gatte für den Unterhalt der Gattin sorgen. Ehegatten von tugendhaftem Wandel sollen sich in der nächsten Existenz wiedersehen. Von den Frauen sagt Buddha: »Fünf Kräfte haben die Frauen: die der Schönheit, des Reichtums, der Verwandtschaft, der Söhne und der Tugend. Mit diesen fünf Kräften unterwirft sich die Frau ihrem Gatten; aber nur die Kraft der Tugend gibt Eintracht in der Familie, und nur durch die Kraft der Tugend wird eine Frau in einer Himmelswelt wiedergeboren.«

In ähnlicher Weise interpretiert Buddha das Verhältnis von Freund und Freund, Herr und Diener, Mönch und Laie. Das Verhältnis der beiden letzteren Paare wird im gegenseitigen Dienst gesehen: »Viel Gutes tuen euch, ihr Mönche, die Brahmanen und Hausväter, indem sie euch mit Kleidung, Speise, Lagerstatt, Arzneien und anderem versorgen. Ihr aber tut ihnen Gutes, indem ihr ihnen die Lehre darlegt und sie den heiligen Wandel erkennen lässt. So vollendet ihr, aufeinander gestützt, den heiligen Wandel, um über die Flut (des Samsara, des Geburtenkreislaufes) hinüberzugelangen und dem Leiden ein Ende zu machen.«

Ein im Buddhismus besonders wichtiger Tugendwert, den man gelegentlich mit der christlichen Idee der Liebe (agape) gleichgesetzt hat, ist metta (sanskr.maitri), das grenzenlose Wohlwollen: »Wie eine Mutter ihr Kind, ihren einzigen Sohn, selbst mit ihrem Leben beschützt, also hege er grenzenloses Wohlwollen für alle Wesen. Einen grenzenlosen Geist der Liebe für alle Welt pflege er: nach oben, nach unten, nach allen Seiten, unbehindert, ohne Hass, ohne Feindschaft.« Es lässt sich leicht zeigen, dass die christliche Liebesidee grundsätzlich von dieser buddhistischen unterschieden ist; denn man darf sie nicht als Hingabe an den Nächsten verstehen, sondern als asketische Läuterungsübung, um selbst von den affektiven Fesseln befreit zu werden: »Wer bedachtsam unendliche Liebe empfindet, bei dem werden, indem er die Vernichtung der Daseinsgrundlagen erschaut, die Fesseln dünn.« Der Buddhismus nennt zehn Fesseln, die zu lösen sind: »Irrglaube an das Ich, gute Werke und Zeremonien, Sinnenlust, Feindseligkeit, Lust nach der Welt der Formen, Lust nach den formlosen Himmelswelten, Stolz, Hochmut und Unwissenheit.«

Aus diesen Vorschriften ergibt sich, dass im Buddhismus die Ethik Askese ist und dem Heilserwerb dient, indem sie bzw. ihre Befolgung die erste Bedingung herstellt für den Erwerb der erlösenden Erkenntnis, die erste Stufe auf dem Heilsweg. Alles Ethische ist daher im Buddhismus (wie übrigens in aller Mystik) nur vorläufig, zumal es ja die Dauer der sichtbaren Welt und das Bestehen der Ichvorstellung voraussetzt. Welt und Ich aber sind vergänglich und wesenlos. Folglich hat die Ethik nur solange Sinn, wie der Schein der Existenz von Welt und Ich fortbesteht. Wir haben oben dargestellt, dass die Ursache des »Leidens« der Lebenswille ist. Natürlich gilt auch als Ursache des Bösen die Begierde: »Was, ihr Freunde, ist die Wurzel des Bösen? Begierde ist die Wurzel des Bösen, Hass ist die Wurzel des Bösen, Verblendung ist die Wurzel des Bösen.« Der »Durst« (tanha) also, der verantwortlich ist für die Bildung der Individualitäten, ist auch die Ursache der bösen Tat, die ja mit dem Ichwahn eng verbunden ist; denn alle Begierde ist ichbezogen. Zugleich aber ist deutlich, dass ethisches Bemühen zur unerlösten Welt gehört. Buddha sagt das in aller Klarheit: »Die Übeltäter fahren zur Hölle; in den Himmel gehen die Guten ein; völliges Nirvana (also die eigentliche Erlösung) erreichen diejenigen, welche von den Grundübeln frei sind.« Die

Guten werden somit mit einer guten Wiedergeburt in einer Himmelswelt belohnt, aber auch die Himmelswelten gehören in den Kreislauf des Lebens und bedürfen der Erlösung. Gut und Böse haben folglich nur innerhalb der unerlösten Welten Bedeutung und Geltung. Der Erlöste steht jenseits von Gut und Böse.

Obwohl also die Ethik im Buddhismus nur eine relative und zeitweilige Gültigkeit hat, vollzog doch Buddha gegenüber der brahmanischen Religion eine Ethisierung; denn er kritisierte vom Ethos aus die kultischen Praktiken der Brahmanen. Das zeigt sich einerseits an der ethischen Vertiefung der brahmanischen Reinheitsidee und andererseits an der Kritik der Opferidee vom Ethos aus: Gegenüber der brahmanischen Praxis, Reinheit durch Untertauchen im heiligen Strom zu erreichen, sagt Buddha: »Nicht durch Wasser wird der Mensch rein, mag er auch noch so viel baden; in dem Wahrheit und Tugend wohnt, der ist rein.« Kultbräuche werden hier dem Primat des Ethos unterstellt. Ähnlich steht es mit der Kritik am Opfer: »Nicht jedes Opfer, Brahmane, billige ich, aber ich missbillige auch nicht jedes Opfer. Ein Opfer, Brahmane, bei welchem Rinder getötet werden, Ziegen und Schafe getötet werden, Hühner und Schweine getötet werden und allerlei Lebewesen zugrunde gehen, ein derartiges von Gewalttat begleitetes Opfer, Brahmane, billige ich nicht.« Das ethische Gebot des ahimsa, des Nichttötens, wird von Buddha auf den Kultus angewandt und als verbindlicher betrachtet als das traditionelle Kultgebot. An anderer Stelle hat Buddha eine Stufenfolge der Bewertung verschiedener Opferarten ausgesprochen und die erlösende Erkenntnis als die höchste Form des Opfers bezeichnet.

Die Versenkung

Die zweite Stufe des Heilsweges, die die erste der ethisch-asketischen Zucht voraussetzt, ist die Versenkung, die keine einheitliche Größe ist, sondern eine Stufenleiter darstellt, die nach psychologischen Kategorien gestaffelt ist. Wir finden solche Versenkungsskalen allenthalben in der Mystik. Jamblichos z. B., der Neuplatoniker, spricht von den drei »eide« (Ideen) des mystischen Gebetes, al-Ghazali unterscheidet »drei Hüllen« des Gebetes, Johann vom Kreuz unterscheidet »drei Stufen« des Gebetes und Teresa kennt »vier Stufen« des inneren Gebetes, der oratio mentalis. Diese wichtigste Stufe auf dem Heilswege fordert allgemeine Voraussetzungen und innere. Zunächst einmal heißt es in einem Text: »Er (der Meditierende und Sichversenkende) unterdrückt die Liebe zur Welt und hält sein Herz dauernd frei von ihr. Er läutert sein Inneres, dass es ihr nicht anheimfällt. Er tut von sich ab Böswilligkeit und Lust zu schaden und verschließt ihnen fortan sein Herz; nur bewegt von der Sorge um aller Kreaturen Wohlsein, läutert er sein Inneres, dass Bosheit und Schadenfreude ihm fernerhin fremd bleiben. Trägheit und Schlaffheit legt er ab und hält sie hinfort von sich fern, lichten Geistes, besonnen und vollbewusst läutert er sein Inneres von Trägheit und Schlaffheit. Übertriebene Ängstlichkeit und Unruhe überwindet er, ist innerlich ruhig und abgeklärt und läutert sein Inneres, dass übertriebene Ängstlichkeit und Unruhe keine Gewalt mehr über ihn gewinnen. Von Zweifeln hat er sich frei gemacht und ist fortan über sie hinaus. Er kennt kein Schwanken des Urteils gegenüber dem Guten, er läutert sein Inneres so weit, dass es der Skepsis nicht wieder anheimfällt.«

Ein »Edler« (arya) ist ein auf einem der vier »überweltlichen Pfade« (des Stromeintritts, der Einmalwiederkehr, der Nichtwiederkehr, der Heiligkeit) befindlicher Buddha-Jünger. Ein solch Edler also bereitet sich in folgender Weise auf die Meditation vor, abgesehen davon, dass er die »fünf Hemmungen«, von denen eben die Rede war, abgelegt hat: »Ausgerüstet mit den Eigenschaften eines Edlen: dem Schatz der Moral, der Wachsamkeit am Tor der Sinne, der Besonnenheit und Vollbewusstheit und der Zufriedenheit, sucht der Mönch einen einsamen Aufenthaltsort auf: eine Einöde, oder einen Platz unter einem Baume, oder einen Berg, oder eine Schlucht, oder eine Felsenhöhle, oder einen Bestattungsplatz, oder einen Platz unter freiem Himmel, oder einen Strohhaufen. Dort setzt er sich, wenn er vom Speisesammeln zurückgekehrt ist, nach der Mahlzeit mit gekreuzten Beinen nieder, mit gerade aufgerichtetem Oberkörper, und übt sich mit ernster Miene in besonnenem Denken.«

Zu den äußeren Vorbereitungen gehört in erster Linie die immer wieder von allen Mystikern gepriesene Einsamkeit. In den Thera- und Theri-Gathas, den buddhistischen Psalmen der Mönche und Nonnen, wird immer wieder die stille Schönheit solcher Einsamkeit besungen: »Wenn die Donnerwolke die Trommel rührt, / Auf der Vögel Pfade der Regen rauscht, / Und in stiller Bergesgrotte der Mönch / Der Versenkung pflegt, – kein Glück wie dieses.«

Das zweite äußere Moment der Vorbereitung ist die Körperhaltung. Die unbewegliche, ruhige Haltung in kontemplativer Hockerstellung wird in den Lehrschriften des buddhistischen Kanons folgendermaßen beschrieben: »Da sitzt ein Bettelmönch im Walde oder an der Wurzel eines hohen Baumes oder in einem menschenleeren Haus, hat die Beine übereinandergeschlagen, den Körper gerade aufgerichtet, wachen Geistes vor sich hinblickend.«

Ein drittes Moment der Vorbereitung ist die Atemregulierung. Im Buddhismus, wie im Yoga, gilt der Atem als verborgene Bildekraft des Körpers, der es beizukommen gilt. Das geschieht nun nicht, wie im Yoga, durch gewaltsame Atemhemmung, sondern durch geistige Kontrolle und Beherrschung des Atems in »besonnenem Bewusstsein«. Die Atemregulierung heißt geradezu die »besonnene Beachtung des Ein- und Ausatmens«. Ein Text sagt: »Der Mönch atmet bewusst ein, er atmet bewusst aus; wenn er lang einatmet, erkennt er: ich atme lang ein;

wenn er kurz einatmet, erkennt er: ich atme kurz ein.« So begleitet also der Mönch jeden Atemzug mit bewusster Aufmerksamkeit. Die sonst zumeist unbewusste Atemtätigkeit wird also in die Sphäre des klaren Bewusstseins gehoben.

Ehe wir die Stufen der Versenkung im Einzelnen betrachten, wie sie der Buddhismus lehrt und praktiziert, sei von den Objekten der Meditation die Rede; denn auf der ersten Stufe der Versenkung hat der Mönch eine materia meditandi, ein Objektgebiet, dem er seine meditierende Aufmerksamkeit zuwendet. Zahlreiche Texte beschreiben diese Meditationsobjekte. In erster Linie sind es die Bilder der Vergänglichkeit und Nichtigkeit alles irdisch-individuellen Lebens. So heißt es z. B.: »Die Gestalt des Körpers – so soll der Meditierende denken – gleicht den Wogen des Meeres, die sich für einen Augenblick erheben und ebenso rasch wieder verschwinden; die Empfindung entsteht wie der Schaum, welcher von den aufeinander stoßenden Wogen spritzt; der Gedanke geht ebenso schnell vorüber wie der Blitz; die Vorstellung ist aller inneren Kraft bar, wie der Stamm der Banane; die Wahrnehmung der äußeren Gegenstände durch unsere Sinnesorgane verdient nicht mehr Vertrauen wie die Worte eines Quacksalbers ... alle Wesen dieser Welt sind der Vergänglichkeit unterworfen und schwanken unaufhörlich hin und her, wie eine Planke auf den Wellen des Meeres dahintreibt.«

»Der Leib existiert nur einen Augenblick; kaum ist er geboren, wird er zerstört; er ist wie die Flamme des Blitzes, wenn sie den Himmel durchzuckt, wie der Schaum, wie das Salzkorn, das ins Wasser geworfen wird, oder wie Feuer bei trockenem Stroh, oder wie eine Welle des Sees, oder wie eine Flamme, die im Winde zittert, oder wie der Tau auf dem Gras.« »Der Leib ist unwirklich genau so wie die Luftspiegelung, die im Sonnenschein sich zeigt, oder ein gemaltes Bild, oder eine Speise, die man im Traume schaut, oder ein Blitz, der am Himmel tanzt, oder der Lauf eines Pfeiles, der vom Bogen abgeschossen ist.«

»Durch die stete Wiederholung von Geburt und Tod ist das fühlende Wesen Gegenstand steten Leidens; es ist wie ein Wurm inmitten eines Ameisennestes, wie eine Eidechse in einer Bambushöhle, die an beiden Enden brennt, wie ein noch lebendes Gerippe, beraubt von Händen und Füßen und in den Sand geworfen; wie ein Kind, das, weil es nicht geboren werden kann, stückweise aus dem Mutterleibe herausgeschnitten wird.«

Abgesehen von diesem weiten Feld der Lebensbetrachtung unter dem Gesichtspunkt der Vergänglichkeit und Wesenlosigkeit spielt die Leichenbetrachtung eine besondere Rolle: »Gleichsam als sähe da ein Mönch einen Leichnam auf der Leichenstätte liegen, einen Tag nach dem Tode oder zwei Tage nach dem Tode oder drei Tage nach dem Tode, aufgequollen, mit bläulichen Leichenflecken, in beginnender Verwesung, so zieht er daraus die Anwendung auf diesen seinen Körper: Auch dieser mein Körper ist so beschaffen, ist solcher Art, bildet hiervon keine Ausnahme.« Friedrich Heiler machte in seiner Schrift »Die buddhistische Versenkung« (1922) darauf aufmerksam, dass auch christliche, sogar moderne christliche Asketen solche Leichenbetrachtungen angestellt und empfohlen haben. Der Sinn dieser »Betrachtung des Hässlichen«, wie es in der buddhistischen Terminologie heißt (asuba bhavana), liegt darin, den elementaren Lebenswillen, der ja, wie wir sahen, im Buddhismus als die entscheidende Ursache des Unheils angesehen wird, zu ertöten und die Lebensfreude zu dämpfen. Mit Hilfe der hernach genauer zu besprechenden Meditationsübungen erreicht der Mönch nacheinander vier Versenkungsstufen (jhana), die sich dadurch voneinander unterscheiden, dass in jeder folgenden Stufe bestimmte Elemente, die vorher noch vorhanden waren, erloschen sind. Wir wollen diese vier Stufen uns durch einen Text des buddhistischen Kanons beschreiben lassen: »Sobald der Meditierende sieht, dass die fünf Hemmungen entschwunden sind (aufgrund der ethisch-asketischen Zucht der ersten Stufe), entsteht in ihm eine frohe Stimmung, dann freudige Verzückung, dann wird sein Körper ruhig, dadurch empfindet er ein Glücksgefühl, und dann sammelt er sein Denken zur Konzentration: Losgelöst von Sinnenlüsten und den unheilvollen Dingen (dharma), erreicht er die erste Versenkung, die aus der Loslösung geborene, welche durch Erwägen und Erfassen, durch Freude und Glücksgefühl gekennzeichnet ist.« Den Sinn dieser ersten Versenkungsstufe gibt Friedrich Heiler in dem oben genannten Buche folgendermaßen an: »Der Mönch sammelt sich, er wendet sich von der zerstreuenden Mannigfaltigkeit äußerer Wahrnehmungen und innerer Vorstellungen ab, dämmt die Fülle der Gestalten zurück, konzentriert seine Aufmerksamkeit in willentlicher Wahl auf einen bestimmten Gegenstand, beginnt ihn zu betrachten und über ihn zu sinnen.« Hier also hat jene Meditation der oben genannten Objektgebiete ihre Stelle. Auf dieser ersten Stufe sind also Freude und freudige Gefühle noch durchaus vorhanden.

Der Text fährt fort: »Dann erreicht er, nachdem er Erwägen und Erfassen zur Ruhe gebracht hat, den inneren Frieden, die Einung des Denkens, die von Erwägen und Erfassen freie, aus der Sammlung geborene, von Freude und Glücksgefühl begleitete zweite Versenkung.« Wir folgen weiter der Interpretation Friedrich Heilers, der sagt: »Die sanfte Luststimmung, die aus der Erhebung über die Welt des Vergänglichen hervorgeströmt war, erlangt die Alleinherrschaft; die konkreten Objekte der Meditation, mit denen sich der Mönch zuerst intensiv beschäftigt hatte, sind dem Bewusstsein entschwunden oder stehen nur als dunkle, schattenhafte Erinnerungsbilder im Hintergrunde des geistigen Blickfeldes; die frohe Stimmung allein ist geblieben. Der Betrachtende ist ganz in sich gekehrt, ruht in sich selbst, findet sein Glück in der tiefen Versunkenheit und inneren Einheit.« Und:

»Nachdem er sich von der Freude frei gemacht hat, verharrt er gleichmütig, besonnen und vollbewusst und empfindet mit dem Körper ein Glück, wie es die Edlen in die Worte fassen: ›Er ist gleichmütig, besonnen und verweilt im Glück‹, so erreicht er die dritte Versenkung.« Friedrich Heiler interpretiert: »Die Intensität des Wonnegefühls vermindert sich, die Luststimmung blasst ab, wird vager, unbestimmter; das Seligkeitsgefühl sinkt herab zum heiteren Gleichmut. Die Lustfärbung dieser Stimmung ist matt, die Lust wird nicht, wie auf den vorausgehenden Stufen, als tiefgehende seelische Befriedigung, sondern als dumpfes physisches Wohlbehagen erlebt. Die Seele hat sich schon zur heiligen Indifferenzstimmung erhoben, aber im Körper strömt noch das weiche Lustgefühl, von dem die Seele im zweiten jhana erfüllt war.«

Der Text fährt fort: »Nach dem Aufgeben von Glück und Leid, nachdem Frohsinn und Trübsinn vergangen, erreicht er die von Glück und Leid freie vierte Versenkung, die rein ist durch Gleichmut und besonnenes Überdenken.« Wieder hören wir Friedrich Heilers Interpretation: »Das vierte jhana ist nach der physischen Seite völlige Bewegungslosigkeit; die Atemzüge sind nicht mehr wahrnehmbar. Nach der psychischen Seite ist das vierte jhana die Erstorbenheit aller Empfindungen und Gefühle, völlige Apathie; der Betrachtende ist beim Zustand der gänzlichen geistigen Leere und Einförmigkeit angelangt. Über Lust und Unlust erhaben, frei von Liebe und Hass, gleichgültig gegen Freude und Leid, gleichgültig gegen die ganze Welt, gegen Götter und Menschen, ja gegen sich selbst, weilt der Mönch auf der Höhe der sancta indifferentia, des vollendeten Gleichmuts, an der Schwelle des Nirvana.« Wir haben hier auf eine eigene Interpretation der Versenkungsstufen verzichtet, weil nach meiner Auffassung kaum sonst eine so feinsinnige Einfühlung in das innere seelische Geschehen der Versenkung gefunden wird, wie sie von Friedrich Heiler geboten wurde.

Neben der Stufenreihe der vier jhana findet sich im

Buddhismus eine zweite Versenkungsleiter, die ebenfalls vier Glieder hat und zum gleichen Ziele des Gleichmutes (upekkha) hinführt: die sogenannten »vier Unermesslichen« (appamanna). Es handelt sich um vier Gefühle: Wohlwollen (metta), Mitleid (karuna), Mitfreude (mudita) und Gleichmut (upekkha), die nacheinander erweckt, schrittweise über die nächsten Objekte und dann grenzenlos auf alle Wesen und Weltgegenden ausgeweitet werden.

Ist der Zustand des Gleichmutes auf dem Wege der Versenkungsskalen erreicht, so ist damit die Voraussetzung gegeben für das Eintreten der dritten Stufe des Heilsweges, der Erkenntnis.

Die erlösende Erkenntnis

Die dritte Stufe des Heilsweges ist die Erkenntnis (panna). Die Versenkung bewirkt den geistigen Zustand, in dem Erkenntnis möglich ist. Wer zum Gleichmut gelangt ist, kommt zur Erfassung der verborgenen Ursachen und Zusammenhänge und zur Erkenntnis, die dreigestaltig ist (tevijja). Es handelt sich erstens um das Wissen um die früheren Geburten, zweitens um das in den Wiedergeburten sich vollziehende Karma-Gesetz und drittens um die Erkenntnis der »vier heiligen Wahrheiten«. Die erste der drei Erkenntnisse richtet sich also auf die früheren Geburten, die in verschiedenen Daseinsformen durchlaufen sind. In der zweiten Erkenntnis wird das Gesetz der automatischen Tatvergeltung, das Karma-Gesetz, das in den Wiedergeburten waltet, erkannt. In einem Text wird diese Gesetzlichkeit folgendermaßen beschrieben: »Nachdem so mein Geist (Buddha berichtet über seine eigene Erkenntnis) gesammelt, gereinigt, geläutert, fleckenlos ... geworden war, lenkte ich meinen Geist hin zur Erkenntnis des Abscheidens und Wiederentstehens der Wesen: da sah ich mit meinem himmlischen, reinen, über das Menschliche hinausreichenden Auge die Wesen abscheiden und wiederentstehen; und ich erkannte, wie die Wesen, niedrige und hohe, schöne und hässliche, glückliche und unglückliche, je nach ihren Taten (karma) ihr Geschick erreichten. Da sind Wesen mit schlechtem Verhalten in Taten, Worten und Gedanken behaftet, Schmäher der Edlen, Anhänger von Irrlehren und die mit den Irrlehren verbundenen Werke auf sich nehmend – die gelangen nach der Vernichtung des Körpers, nach dem Tode, auf den bösen Weg, den Unglücksweg, ins Verderben, in die Hölle. Und andere Wesen sind da, mit gutem Verhalten in Taten, Worten und Gedanken ausgestattet, die keine Schmäher der Edlen sind, Anhänger der rechten Anschauung, und die mit der rechten Anschauung verbundenen Werke auf sich nehmend – die gelangen nach der Vernichtung des Körpers, nach dem Tode, auf den guten Weg, in die Himmelswelt.« In diesem Text sind die beiden ersten Erkenntnisse zusammengefasst: die Erkenntnis der früheren Geburten und die darin waltende Karma-Gesetzlichkeit.

In der dritten Erkenntnis dieser dritten Heilsstufe vollzieht sich, wie schon gesagt, die Schau der »vier edlen Wahrheiten«, deren vierte, wie wir hörten, den »edlen achtteiligen Pfad« weist, den wir bereits zugrunde gelegt haben. Damit schließt sich der Kreis, ohne dass hier ein Widerspruch vorläge; denn was zunächst autoritativ gelehrt wurde, wird nun eigene intuitive Schau. Von diesem Vorgang sagt Buddha: »Indem er so erkennt und so schaut, wird sein Geist befreit vom Wahn des Begehrens, vom Wahn des Weltenseins, vom Wahn des Nichtwissens. Und in dem Erlösten kommt die Erkenntnis: ›Die Erlösung ist vollzogen, entwurzelt ist die Geburt, vollendet der heilige Wandel, getan ist das zu Tuende, nicht gibt es eine weitere Wiedergeburt.‹« Wir haben oben vom Heilsziel des Nirvana ausführlich gesprochen, das auf dem beschriebenen Heilsweg gewonnen wird. Friedrich Heiler schreibt über das Verhältnis der vierten Versenkungsstufe zur vollendeten Erlösung: »So ist Nirvana nichts anderes als die Vollendung jenes großen Prozesses des ›Entwerdens‹, mit der die innere Loslösung von der Welt anhebt und in der Versenkung immer weiter fortschreitet, es ist nichts anderes als die Vertiefung jenes hehren Zustandes der reinen, affektlosen upekkha (Gleichmut), zu dem der jhana (Versenkung) übende Mönch sich emporarbeitet. Nur ein Gradunterschied, nicht ein Artunterschied trennt ... das vierte jhana (die vierte Versenkungsstufe) von dem Ziel der buddhistischen Erlösungssehnsucht, vom Nirvana.«

2 *Der Weg zum Heil in der Verkündigung des historischen Jesus*

Die schuldhafte Existenz

Wir stellen noch einmal (vgl. S. 129 f.) an Hand des Gleichnisses vom verlorenen Sohn fest, was Jesus selbst offenbar unter der existentiellen Unheilssituation verstanden hat. Der verlorene Sohn hat sich getrennt vom Vater, ging in die Fremde, um mit eigener Kraft über sein Leben zu verfügen. Sein Leben aber war daraufhin gezeichnet vom Unheil, vom Elend in äußerer und innerer Beziehung. Da wacht die Wirklichkeit Gottes, also des Vaters, in seiner Vorstellung auf: »Wieviel Tagelöhner hat mein Vater ...« und damit zugleich die Erkenntnis der eigenen Situation als Elend: »und ich verderbe hier im Hunger!« Der erste Gedanke aber ist das Bewusstsein der Schuld: »Vater, ich habe gesündigt gegen den Himmel und vor dir«; denn darin liegt ausgesprochen die Realität der Schuld, die der Sünder Gott gegenüber empfindet. Sünde ist nicht nur subjektives Unheil, weil sie vom Heil trennt, sondern weil sie eine Verschuldung Gott gegenüber bedeutet, die das Gewissen als Fluch belastet. Das »erschrockene Gewissen« (perterrita conscientia) wird durch Vergebung der Schuld getröstet. So geschieht es auch im Gleichnis; denn der Vater kommt seinem Sohne in verzeihender Liebe entgegen. Es ist zu beachten, dass dieser biblische verlorene Sohn sein unheilvolles Leben nicht etwa als im Gegensatz zu sittlichen Normen befindlich ansieht, sondern dass er es unmittelbar mit Gott in Verbindung bringt und als Schuld ihm gegenüber leidvoll erkennt. Wir können also, wenn wir uns auf das zunächst beschränken, was wir über Jesu Einstellung zum Geschehen der Erlösung wissen, sagen: Es handelt sich darum, dass der von Jesus verkündete Vatergott die Sünder liebt und sucht. Jesus verkündete, dass der »Heilige in Israel« in all seiner unnahbaren Hoheit und weltüberlegenen und weltrichtenden Majestät zugleich und vor allem der liebende Vater unser aller ist. Dieser Gott ist nicht nur mitleiderfüllt, sondern er liebt geradezu die Sünder. Es handelt sich dabei nicht um eine allgemeine Menschenliebe, sondern um die suchende Liebe, die dem Verlorenen nachgeht. Das ist ausgesprochen in dem Gleichnis vom verlorenen Schaf, Groschen und natürlich im Gleichnis vom verlorenen Sohn: »Welcher Mensch ist unter euch, der hundert Schafe hat und, wenn er eins von ihnen verliert, nicht die neunundneunzig in der Wüste lässt und geht dem verlorenen nach, bis er's findet« (Luk. 15,4) und danach die bezeichnenden Worte: »So wird auch Freude im Himmel sein über einen Sünder, der Buße tut (dem Urtext zufolge: »der seinen Sinn umwendet«, der »metanoia« übt), mehr als über neunundneunzig Gerechte, die der Buße nicht bedürfen.« In diesen Worten ist die Grundhaltung Jesu in der Frage der Erlösung eindeutig angegeben. Folgende Momente sind dabei zu unterscheiden: Zunächst ist die Einstellung auf den Einzelnen zu beachten, der der großen Masse der »Gerechten« als wertüberlegen gegenübergestellt wird. Es handelt sich um ein jeweils neu in Aktion tretendes Handeln Gottes, das sich dem Einzelnen zuwendet. Dieser Einzelne aber ist »verloren« im Sinne genereller und existentieller Sünde. Er ist isoliert vom transzendenten Gott und Gott gegenüber in einer Schuldsituation. Gerade dem Sünder gilt die Liebe Gottes, aber nicht dem korrekten Gerechten. Hier liegt der tiefe Grund der Polemik Jesu gegen die Pharisäer und dieser gegen ihn. Die Sündlosigkeit und die Behauptung ihrer Möglichkeit ist gerade Symptom des Unheils. Der Gott Jesu geht in suchender Liebe gerade denen nach, die sich bewusst in der Situation der Sünde fühlen, wie es das Gleichnis vom Pharisäer und Zöllner (Luk. 18,10 ff.) zeigt. Er ist kein Gott der »Gerechten«, sondern der Sünder, mithin derer, die unter dem Gewissensfluch der Sünde leiden. Diese Gottesvorstellung war das Ärgernis für die israelitische Gesetzesreligion wie für jede Art gesetzlich orientierter Frömmigkeit. Die Idee aber der Liebe Gottes zu den Menschen im Unheil ist das Neue in Jesu Verkündigung.

Die Urgemeinde sah schon früh in Jesu Leben und Sterben ein Mittel der Sühne für die Sündenschuld der Menschen. Ob Jesus selbst sich und sein Leben und Sterben so aufgefasst hat, ist wissenschaftlich umstritten. Wir teilen den Standpunkt derer, die ein Selbstverständnis Jesu im Sinne der Sühnopfertheorie bestreiten; denn nur an zwei Stellen des Evangeliums begegnet uns dieser Gedanke: Markus 10,45 lesen wir: »Denn auch der Menschensohn ist nicht gekommen, dass er sich dienen lasse, sondern dass er diene und sein Leben gebe als Lösegeld (lytron) für viele« (die Parallelstelle findet sich bei Matth. 20,28). Markus 14,24 begegnet uns in den Einsetzungsworten des Herrenmahles das Wort von dem »für viele vergossenen Blut«. In der Parallelstelle Matthäus 26,28 heißt es ausdrücklich: »Das ist mein Blut des Bundes, das vergossen wird für viele zur Vergebung der Sünden.« Die Echtheit dieser singulären Jesusworte ist, wie gesagt, umstritten. Wir werden später (S. 200 ff.) von diesen Interpretationen des Lebens und Wirkens Jesu sprechen. Hier dagegen bemühen wir uns, nur das festzustellen, was der historische Jesus selbst als Möglichkeiten des Heils in seiner Verkündigung bezeichnet hat, soweit uns die Quellen das erlauben.

Jesu neues Ethos

Jesus war kein Gesetzgeber, der eine detaillierte Ethik verkündet hätte. Er gab nur Beispiele für eine neue innere Haltung vor Gott angesichts des Kommens des Reiches Gottes, und das heißt: angesichts der Nähe Gottes. Jesus wollte in seiner Verkündigung antworten auf die Frage: Wie müssen wir sein, wenn Gottes Reich kommt? Er gab keine Gebote für ein Leben in der unverwandelten Welt, sondern er verkündete ein ideales Sein in einer nach dem Kommen des Reiches verwandelten Welt. Dieses Ideal wird nicht als Imperativ für den Willen und das Tun des Menschen aufgestellt, es ist vielmehr ein Sollen als ideales Sein. Daher wird es von Jesus in radikaler Form gezeichnet, in der es für Menschen unerfüllbar ist. Jesus gebietet nicht etwas, damit dadurch das Reich Gottes und damit das Heil kommt, sondern er stellt ein Ideal vor Augen, weil das Reich Gottes kommt. Er sagt nicht, dass die Menschen aus ihren Kräften dieses Ideal des Reiches Gottes realisieren sollen. Das Reich Gottes kommt von selbst, wie das Gleichnis von der selbstwachsenden Saat (Mark. 4,26 f.) zeigt. Die neue Haltung, die Jesus verkündet, wäre also der »Weg«, den wir hier aufzuzeichnen haben. Dieser Weg ist Bereitschaft. Weg und Ziel sind eigentlich nicht zu trennen. Auch der »Weg« ist schon, wo er durch Gottes Gnade beschritten wird, heilvolle Erfüllung.

Wir wollen einige Beispiele für diese Zeichnung idealen Seins durch Jesus nennen. Da ist z. B. das Fasten. Matthäus 6,16 ff. lesen wir: »Wenn ihr fastet, sollt ihr nicht sauer dreinsehen wie die Heuchler; denn sie verstellen ihr Gesicht, um sich vor den Leuten zu zeigen mit ihrem Fasten. Wahrlich, ich sage euch: Sie haben ihren Lohn schon gehabt. Wenn du aber fastest, so salbe dein Haupt und wasche dein Gesicht, damit du dich nicht vor den Leuten zeigst mit deinem Fasten, sondern vor deinem Vater, der im Verborgenen ist; und dein Vater, der in das Verborgene sieht, wird dir's vergelten.« Wenn man die Frage stellt, ob die Fastenden bereit sind für Gottes Reich, dann wird man diese Frage verneinen müssen, weil viele negative Momente das Fasten begründen können bei den Menschen, nämlich, wie Jesus sagt, das Geltung- und Ansehen-Gewinnen vor den Leuten. Demgegenüber spricht Jesus von der Ehrlichkeit vor Gott. Keine äußerlichen Verpflichtungen sollen den Menschen binden und zu äußeren Handlungen veranlassen.

Auch die Stellung zur bindenden Tradition ist für die Haltung, die Jesus meint, charakteristisch. Es ist die Haltung der Freiheit und Selbständigkeit, die Haltung persönlichen Urteilens und eigener Entscheidung aus unmittelbarer Bindung an Gott, wie es z. B. Matthäus 12,10 ff. anlässlich einer Heilung am Sabbath geschildert wird. Das Handeln aus unmittelbarer Bindung an Gott ist es, was hier geschieht. Hilfe, wo sie notwendig ist; auch am Sabbath soll man Gutes tun. Nicht aus der Bindung an die Sabbath-Vorschriften soll man das Notwendige unterlassen.

Besonders deutlich ist Jesu Grundhaltung in der Beurteilung von Pharisäern und Zöllnern. Dem frommen Tun mit dem Anspruch vor Gott stellt Jesus die Demut vor Gott gegenüber. Frömmigkeit darf nicht Selbstzweck werden. Hier besteht also die ständige Gefahr des Absinkens echter frei entscheidender Haltung in eine kasuistische, äußerlich motivierte Scheinfrömmigkeit. In Jesu Kampf gegen den Pharisäismus handelt es sich um den Gegensatz dynamisch unmittelbarer Frömmigkeit gegenüber statischer Mittelsreligion. An den Begriffen »rein« und »unrein« lässt sich dieser Gegensatz erkennen. Für die Pharisäer gibt es kultische Unreinheit, wie sie im Gesetz statisch festgeschrieben ist für bestimmte Dinge, Tiere und Handlungen, die ihnen äußerlich anhaftet. Jesus dagegen tritt Matthäus 23,24 f. ein für eine ethische Interpretation der Gesetzesvorschriften und für ihren Primat vor der kultischen Deutung. »Was aber aus dem Mund herauskommt, das kommt aus dem Herzen, und das macht den

Menschen unrein. Denn aus dem Herzen kommen böse Gedanken, Mord, Ehebruch, Unzucht, Diebstahl, falsches Zeugnis, Lästerung. Das sind die Dinge, die den Menschen unrein machen. Aber mit ungewaschenen Händen essen macht den Menschen nicht unrein.« (Matth. 15,18 ff.) Ähnlich ist es in den Sabbath-Konflikten: Fällt ein Esel am Sabbath in einen Brunnen, dann wird jedermann ihn herausholen (Luk. 14,5); denn nach Jesu Meinung ist »der Sabbat ... um des Menschen willen gemacht und nicht der Mensch um des Sabbats willen«. (Mark. 2,27) Die konkrete Situation fordert sittliche Entscheidungen, die den kultischen Heiligungsvorschriften vorgehen. Jesus ist also frei vom Gesetz als einer absolut verpflichtenden, das Handeln, abgesehen von der inneren Haltung und der immer wieder wechselnden einmaligen Situation, mechanisch von außen lenkenden Größe. Jesus ist daher ein Gegner jeder Kasuistik, die das flutende Leben vergewaltigen muss, weil kein casus, keine Situation wie die andere ist.

So stehen sich in Jesus und den Pharisäern zwei grundsätzlich verschiedene, durchaus typische und keineswegs auf jene Zeit beschränkte Haltungen gegenüber: Die Pharisäer vertreten das absolut, d. h. bedingungslos gültige, weil heilige, von Gott selbst gegebene Gesetz, das von außen fordert, was in jedem Falle (casus) zu tun ist. Nur die äußere Tat kann befohlen werden, Gesinnung und innere Lebensbewegungen sind von einem statischen Gesetz nicht erfassbar, weil es innere situationsgemäße Notwendigkeiten nicht berücksichtigen kann. Deshalb muss eine starre Durchführung verlangt werden, widrigenfalls das Gesetz in seinem Kern aufgehoben wird.

Jesus dagegen vertritt den Primat der persönlichen Bindung an Gott und damit die persönliche Verantwortung vor Gott und dem an Gott gebundenen eigenen Gewissen in jeder Situation des Lebens. Das aber bedeutet die Aufhebung der starren Forderung im Vertrauen auf die reife Urteilsfähigkeit der handelnden Menschen. Darin liegt ohne Zweifel eine doppelte Gefahr: einerseits die, dass die Last des Gesetzes durch die für viele zu große Last der eigenen selbständigen Entscheidung und Verantwortung ersetzt wird. Das meint der Großinquisitor in Dostojewskis geistvoller Legende, wenn er darauf hinweist, dass die katholische Kirche den Menschen die für sie untragbare Last der eigenen Verantwortung und Freiheit wieder abgenommen habe, um sie glücklich zu machen, wenn sie, wie eine Herde, dem Gebot des Hirten folgt. Die andere Gefahr, die jede Botschaft der Freiheit in sich birgt, liegt darin, dass von oberflächlichen Menschen zwar die Lösung aus der gesetzlichen Zwangsbindung gern angenommen wird, dass ihr aber nicht die neue Bindung an Gott korrespondiert, sondern eine Bindung an die Willkür und die eigenen Triebe. Das aber bedeutet die Aufhebung der Sittlichkeit. Letzten Endes führt die Problematik der Freiheit, die in Willkür absinken kann, zu der Frage: Was soll aus der Masse, die der Freiheit nie fähig ist, werden? Jesus jedenfalls hat offenbar diese Masse nicht berücksichtigt: denn er hat höchste Ideale und Maßstäbe verkündet und hat schon zeitlebens erlebt, dass viele, sogar manche seiner Jünger, ihn nicht verstanden. Die organisierte Kirche aber hat es ganz wesentlich mit Massen zu tun, denen gegenüber dann doch wieder das fordernde Gesetz mehr oder minder in Anwendung kam und kommt.

Grundsätzlich muss von Jesu Bedeutung für die Ethik gesagt werden: Jesus gab keine neuen Gebote und keine neue Ethik, sondern er deutete in Gebotsform ein Ethos an, d. h. eine Haltung des Menschen in der Nähe des anbrechenden Reiches Gottes, also in der Nähe Gottes. Martin Dibelius hat in eindrucksvoller Weise in seiner Schrift »Geschichtliche und übergeschichtliche Religion im Christentum« (1925) gezeigt, dass zwar der eschatologische Glaube Jesu und der Urgemeinde an den nahen Anbruch des auch die äußeren Weltverhältnisse ändernden Gottesreiches zeitgeschichtlich bedingt und, da er sich ja nicht verwirklichte, von relativer Gültigkeit ist, dass aber in diesen zeitgeschichtlich bedingten Vorstellungsformen überzeitliche Wahrheit von der gegenwärtigen Nähe Gottes auch heute erfassbar ist.

Auf das Gebiet der Ethik angewandt, ergibt sich von hier aus ein Verständnis der oft paradoxen Gebote Jesu und ihrer vielfach kritisierten Undurchführbarkeit. Nehmen wir als Beispiel etwa die Stelle Matthäus 5,21ff.: »Ihr habt gehört, dass zu den Alten gesagt ist: ›Du sollst nicht töten‹; wer aber tötet, der soll des Gerichts schuldig sein. Ich aber sage euch: Wer mit seinem Bruder zürnt, der ist des Gerichts schuldig; wer aber zu seinem Bruder sagt: Du Nichtsnutz!, der ist des Hohen Rats schuldig; wer aber sagt: Du Narr!, der ist des höllischen Feuers schuldig.« Was ist der Sinn dieser Gebote? Handelt es sich nur um eine Verschärfung der sittlichen Forderung? Sie ist ja gar nicht mehr möglich, wenn schon ein Schimpfwort mit dem Tode bestraft werden soll. So wird sichtbar, dass darin nicht der Sinn dieser Worte liegen kann. Vielmehr wird deutlich, dass Jesus mit der paradoxen Ausmalung der Strafen einen Impuls geben und ein Ethos andeuten will. Das Gebot ist nur die Form, in der eine letzte Haltung angedeutet wird.

Ähnlich steht es mit der von Jesus in den Mittelpunkt gerückten Nächsten- und Feindesliebe. Das Gebot der Feindesliebe ist oft als utopisch bezeichnet worden. Auch hier handelt es sich nicht um eine ethische Sonderleistung, sondern darum, die Größe des Liebesaffektes und die Unbedingtheit der Liebe eindrucksvoll und unmissverständlich anschaulich zu machen, indem gefordert wird, dass auch menschliche Feindschaft keine Grenze der Liebe bedeuten darf. Die konkreten Gebote sind variabel. Unbedingt ist nur der Grund, aus dem gehandelt wird. Man könnte Jesus, wenn man nur auf die Einzelgebote achtet, sogar der Inkonsequenz bezichtigen: er gibt Gebote für das Fasten und fastet selbst nicht; er lehrt das Gesetz zu beachten und bricht es z. B. in der Frage der Sabbath-Heiligung selbst. Hier aber gilt, was oben bereits angedeutet wurde, dass nämlich die konkrete Situation über das praktische Handeln entscheidet, dass aber, wie immer die Handlung auch ausfällt, stets aus letzter Gottverbundenheit gehandelt werden soll. Man kann diese Haltung auch unter dem von Jesus verwendeten Symbol des Kindes verstehen und aussprechen: »Wer nicht das Reich Gottes annimmt wie ein Kind, der wird nicht hineinkommen« (Luk. 18,17), sagt Jesus und kennzeichnet damit die von den Menschen zu erwartende Haltung vertrauender Offenheit für Gott. Alle Gebote, die Jesus ausgesprochen hat und die im Einzelnen zu erörtern hier nicht möglich ist, sollen ein ideales Sein anschaulich machen, das sich ergibt, wenn man in der Nähe Gottes lebt und zu leben sich bewusst ist. Es wird damit also den Geboten Jesu der Charakter neuer Gesetzlichkeit abgesprochen. Das bedeutet aber, dass die Forderungen Jesu nicht leichter, sondern schwerer werden. Sie sind überhaupt keine an den Willen gerichteten Gebote, sondern Richtlinien, an denen die unbedingte Haltung in der Tiefe erkennbar wird. Diese Haltung aber herzustellen ist Sache der Gnade Gottes. Jesus hat also inhaltlich keine neuen ethischen Ideale verkündet, wie oft angenommen wird. Sein Postulat der Liebe kannte man auch im Alten Testament bereits und auch außerhalb des biblischen Religionsbereiches. Aber alle ethischen Postulate erscheinen in einem neuen Geist. Das ist das entscheidend Neue in der Ethik Jesu. Bestimmend ist also nie das Tun, sondern stets das Sein, die Haltung vor Gott, vor dem der Mensch immer steht.

Fassen wir zusammen, worin das neue Sein und damit die Erlösung besteht. Hier ist zunächst an den Glauben zu denken. Nur der Glaubende erfährt Heilungen (Matth. 8,10; Mark. 2,5) und erhält Vergebung ohne eigenes Verdienst, aus Gnade. Zum Verdienst vor Gott aber ist der Mensch grundsätzlich unfähig, wie das Wort von den »unnützen Knechten« (Luk. 17,10) besagt. Ausdruck der neuen Haltung ist das Gebet, wie es im »Vater unser« vorbildlich von Jesus gelehrt wurde, das keine Leistung ist und daher auch nicht durch Häufung wirksamer gemacht werden kann. (Matth. 6,7)

Ferner ist im Zusammenhang mit der Reichsbotschaft die Liebe als entscheidende neue Haltung zu nennen. Sie ist nicht Mitleid wie im Buddhismus. Der Ursprung der menschlichen Liebe ist vielmehr Gottes Liebe zu den Menschen, wie sie in Jesus erfahren wird: Johannes 17,26. Wer Gottes Liebe empfing, darf nicht lieblos sein. Der barmherzige Samariter (Luk. 10,30 ff.) ist ein Beispiel dafür; denn hier wird die Fraglosigkeit der Liebe gegenüber dem Nächsten exemplarisch dargestellt. Es gibt keine Grenzen für die Liebesverpflichtung. (Matth. 5,38 f.)

3 Wege zum Heil bei Buddha und Christus – im Vergleich

Selbsterlösung und Erlösung durch Gnade

Wir haben die »Wege« zum Heil bei Buddha und Christus im Einzelnen dargestellt und wollen sie nun miteinander vergleichen. Dabei zeigt sich, dass bei Buddha eine Skala der Versenkung auf der Basis der asketischen Ethik zur Aufhebung der entscheidenden Unheilsursache, des »Durstes« (tanha) führt. Im Hinayana-Buddhismus ist die Erlösung also weitgehend autosoteristisch, sie ist weitgehend Selbsterlösung. Buddhas letzte Worte sollen gewesen sein: »Seid euch selber Leuchte, seid euch selber Zuflucht!« Das bedeutet, dass jedenfalls eine eigene Disposition zur Erleuchtung mit eigener Kraft geschaffen werden muss unter Ausschaltung der personalen Grundkraft des Willens, also des spezifisch Menschlichen, im Sinne der Entpersönlichung. Wir müssen aber hinzufügen, dass auch schon im Hinayana bei Buddha selbst das Wissen darum vorhanden ist, dass die eigentliche heilbringende Erleuchtung (bodhi) nicht in die Verfügungsgewalt des nach dem Heil Strebenden fällt. Nathan Söderblom hat daher bereits hinsichtlich des buddhistischen Heilsereignisses von einem »Gnadengeschenk ohne Schenker« gesprochen.

Bei Jesus dagegen findet sich keine Forderung der Askese als Grundlage des Heilsgewinns. Das bedeutet, dass hier keine Selbsterlösung angenommen, auch keine Weltabgewandtheit gefordert wird, und keine moralischen Voraussetzungen werden bei dem Jünger gemacht. Es wird keine Korrektur des moralischen Verhaltens als Bedingung des Heilsgewinns vorausgesetzt. Auch wird der Lebenswille nicht an sich als negativ betrachtet, sondern nur die Richtung dieses Willens auf das eigene Ich soll in der »metanoia« umgewendet werden auf Gott hin. Dispositionen zum Heil können nicht vom Menschen selbst geschaffen werden. Ausgang ist vielmehr das Bewusstsein der gottgelösten Existenz und ihrer für den Menschen gegebenen Unaufhebbarkeit.

Buddha selbst ist für das Heilsgeschehen völlig bedeutungslos im Hinayana. Die Lehre ist das Entscheidende, sie zeigt den Weg und Buddha selbst bezeichnet sich daher auch als »Wegweiser«, der selbst nichts dazu tun könne, dass Menschen den von ihm gewiesenen Weg auch wirklich gehen. Buddha ist im Hinayana also keine Heilandgestalt, die sich selbst gegenüber »Nachfolge« gefordert hätte.

Jesus aber sagt im Johannesevangelium (14,6): »Ich bin der Weg.« Was Jesus erwartet, ist die Nachfolge, wie es etwa Matthäus 16,24 heißt: »Will mir jemand nachfolgen, der verleugne sich selbst und nehme sein Kreuz auf sich und folge mir.« Zwar wird hier auch eine Abwendung vom Ich gefordert, aber entscheidend ist ein neues Menschsein, eine neue »Geburt«, wie es Johannes 3,3 gesagt wird: »Es sei denn, dass jemand von neuem geboren werde, so kann er das Reich Gottes nicht sehen.« Ein anderer Ausdruck für das, was hier gemeint ist, ist, wie wir oben schon sagten, metanoia, Sinneswendung, die zwar in imperativischer Form auftritt (metanoeite, Matth.

4,17), aber nur im Sinne der Normfixierung, die nicht an den Willen gerichtet ist. Zu dieser Haltung gehört auch die Sorglosigkeit, die Jesus erwartet (Matth. 6,25): »Sorgt nicht für euer Leben!« Wer sich um die vielen Dinge des Lebens sorgt, zeigt damit mangelndes Vertrauen zu Gott und findet nie »das Eine, das nottut.« (Luk. 10,42) Sorglosigkeit ist nicht Sorgenlosigkeit, sie ist vielmehr die Absage an alles, was die heitere Vertrauenshaltung des Jüngers hindert. Zuerst kommt das Leben im Reich Gottes, dann alles andere. So ist also ein neues Lebenszentrum gemeint: »Trachtet zuerst nach dem Reich Gottes und nach seiner Gerechtigkeit, so wird euch das alles zufallen.« (Matth. 6,33) Das ist die Armut im Geist, die Jesus in der Bergpredigt (Matth. 5,3) seligpreist. Jesu Selbstverständnis ist, soweit wir das beurteilen können, erfüllt vom Bewusstsein seiner Sendung durch den Vatergott: »Wer mich aufnimmt, der nimmt den auf, der mich gesandt hat.« (Matth. 10,40) Wenngleich wir erst im nächsten Abschnitt von dem urchristlichen Glauben an das »Erlösungswerk« Jesu sprechen werden, so ist doch schon hier darauf hinzuweisen, dass Jesus selbst sich als einen Gesandten Gottes verstand. Und so ist im Unterschied zum Buddhismus zu sagen, dass es sich im Evangelium um eine Bewegung handelt, die von Gott ausgeht, während der Buddhismus kein solches Geschehen kennt, sondern Buddha hat, wie er gelegentlich sagt, einen alten Weg in eine vergessene Stadt (des Nirvana) wiederentdeckt. Dass Buddha auftritt, ist zwar insofern auch im transzendenten Bereich verankert, weil er ja dem Mythos zufolge aus dem Himmel der »zufriedenen Götter«, dem Tuschita-Himmel, herabkam in seine letzte Wiedergeburt, aber die Götter sind ja hier an der durch Buddha zu erwirkenden Erlösung interessiert, da sie selbst im Geburtenkreislauf sich befinden und erlösungsbedürftig sind. Darüber hinaus aber gibt es im Hinayana nur impersonale Notwendigkeiten der Dharma-Kombinationen und sicher keinen Gnadenwillen Gottes.

Dennoch ist, wie wir gesehen haben, auf der Seite des Menschen in der Verkündigung Jesu etwas notwendig, nämlich der Glaube als ein persönliches vertrauendes Ergreifen Gottes in der Nachfolge Christi. So heißt es z. B. Markus 5,36: »Fürchte dich nicht, glaube nur!« Im Johannesevangelium werden Glaube und Leben eng miteinander verbunden, z. B. Johannes 5,24: »Wer mein Wort hört und glaubt dem, der mich gesandt hat, der hat das ewige Leben und kommt nicht in das Gericht, sondern er ist vom Tode zum Leben hindurch gedrungen.« Leben aber ist nicht vitale Existenz, sondern ein Sein im Heil, an dem schon im gegenwärtigen irdischen Leben Anteil gewonnen werden kann durch das Wort und durch den Glauben.

Wie steht es nun mit der Universalität der beiderseitigen Heilswege? Buddhas Heilsweg ist dem Anspruch nach universal. Dennoch ist er es praktisch nicht; denn es ist der Heilsweg nicht nur an die Askese, sondern entscheidend an das Leben als Mönch (nicht als Nonne) gebunden. Dennoch ist die Universalität der buddhistischen Lehre zufolge insofern gewahrt, als ja nicht nur mit einem Leben gerechnet wird, sondern mit zahlreichen Daseinsformen. Grundsätzlich ist der Heilsweg also für jedermann, wenngleich nicht in jedem Stande des gegenwärtigen Lebens, gangbar.

Obgleich in Jesu Verkündigung fraglos ein universelles Heilsangebot des Vatergottes vorliegt, das Jesus verkündet, ist es praktisch doch nicht universell, da die Heilswirksamkeit nicht vom Menschen abhängt und nicht in seiner Verfügungsmacht steht. Gottes Heilswille ist universal, aber seine Aktualisierung im konkreten und individuellen Leben ist nicht vom Willen des Menschen abhängig; denn, wie Jesus sagt (Matth. 22,14): »Viele sind berufen, aber wenige sind auserwählt.« Wir stoßen hier auf die rational nicht lösbaren Widersprüche, die entstehen, wenn man Erfahrungen religiösen Lebens in theoretische Lehrsätze fasst. Philipperbrief 2,12 heißt es:

»Schaffet, dass ihr selig werdet, mit Furcht und Zittern. Denn Gott ist's, der in euch wirkt beides, das Wollen und das Vollbringen, nach seinem Wohlgefallen.« Während im Buddhismus ein komplizierter Heilspfad gelehrt wird und differenzierte Möglichkeiten der mehrfachen oder der einmaligen Wiederkehr in ein irdisches Leben in der Geburtenfolge angenommen werden, ist demgegenüber im Christentum ein schlichter und einfacher »Weg« verkündet, nämlich der Glaube, mit dem nach Jesu Meinung das Eingehen in das Reich Gottes, also die Erlösung gegeben ist. Andere Voraussetzungen hat Jesus den Evangelien zufolge nicht gefordert im Unterschied zu den später, wie wir sehen werden, aufgestellten Heilslehren der Kirche. Hier gibt es keine Gradierung der Nähe Gottes, und alle Reflexion wird hier ausgeschaltet. In Jesu Verkündigung ist es der blinde Glaube im Sinne unerschütterlichen Vertrauens, der zum Heil führt.

Vergleich beiderseitiger Ethik

Vergleichen wir die Ethik in beiden Religionen, so ist zu sagen, dass im Buddhismus die Ethik, wie wir sahen, asketisches Mittel zum Heilserwerb und erste Stufe dazu ist. Die ethischen Werte, die hier gefordert werden, sind keine Selbstwerte, die um ihrer selbst willen zu realisieren sind, sondern Mittelswerte auf dem Wege zum Heil. In Jesu Verkündigung aber sind die aufgestellten Normen Selbstwerte, so vor allem die Liebe. Einen aufschlussreichen Vergleich zwischen den beiden einander korrespondierenden Werten der Liebe, von maitri und agape, im Buddhismus und Christentum hat F. Weinrich in seiner Schrift »Die Liebe im Buddhismus und Christentum« (1935) durchgeführt. Wir folgen seinen Gedanken, indem wir die wichtigsten Momente hervorheben und jeweils dem buddhistischen Begriff der im Sanskrit maitri, im Pali metta genannten Liebe die Momente der im Neuen Testament agape genannten Liebe gegenüberstellen.

Maitri (metta) ist die Liebe des Menschen zur gesamten Kreatur. Agape aber ist die Liebe Gottes zu den Menschen und die Liebe des Menschen zu Gott. Der Buddhismus in seiner Hinayana-Form kennt weder die Liebe Gottes noch die Liebe zu Gott.

Maitri als Liebe zur Kreatur unterscheidet sich von der Agape als Nächstenliebe dadurch, dass der Maitri jeder praktische Lebensbezug fehlt, sie also keine aktive Brüderlichkeit kennt. Maitri-Übung ist eine meditative und asketische Praxis zur Läuterung, also zum Nutzen des Menschen.

Agape als Liebe zu Gott und zum Nächsten im Neuen Testament ist dort oberster Wert, unüberbietbar durch sonstige Tugend. Maitri aber ist nur eine Stufe, zwar die oberste Stufe im sittlichen Verhalten, aber die unterste im Heilsprozess; denn upekkha, der Gleichmut, steht höher.

Die Maitri-Übung erfolgt im Hinblick auf religiösen Lohn und Erfolg. Als Werk bringt sie entsprechenden Nutzen, als Heilsstufe bereitet sie upekkha, Gleichmut, die letzte Stufe vor der Erleuchtung, vor. Agape aber schließt jeden Lohn und Nutzen als Anspruch aus, bietet keine Heilsgarantie.

Maitri ist keine leidende, dienende und opfernde Liebe. Buddha opfert sich nicht, jedenfalls nicht in seiner letzten Existenz, für die Menschen, wenn auch in den Geburtslegenden aus den früheren Daseinsformen Buddhas als Bodhisattva, wie schon erwähnt, erzählt wird, er habe sich einmal für eine hungernde Tierfamilie als Nahrung geopfert. In der Lehre Buddhas ist die Liebe noch egozentrisch, da sie auf die eigene Erlösung gerichtet ist als Mittel. Agape aber sucht nicht das Ihre.

Maitri ist ein negatives Verhalten zur Welt; denn es wird eine kühle Distanz der Welt gegenüber gefordert. Agape dagegen ist eine positive Einstellung zur Welt durch die Hingabe an den Nächsten und seine Lebensumstände.

Maitri ist eine fast magisch beruhigende Kraft, wie die Geschichte von dem wilden Elefanten Nalagiri zeigt, der von dem verräterischen Jünger Buddhas, Devadatta, gegen den Buddha geleitet wurde. Buddha konnte den Angriff des Elefanten durch die Übung der Maitri abwehren. Im Text heißt es: »Buddha richtete gegen den Elefanten die Kraft seines grenzenlosen Wohlwollens.« Da kehrte der Elefant um. Agape ist helfend, rettend, lebenfördernd.

Die Erlösungsziele

Hinsichtlich des Zieles des Erlösungsweges besteht zwischen beiden Verkündigungen eine gewisse formale Gemeinsamkeit: Sie besteht in der Aufhebung der unheilvollen existentiellen Isolierung vom Numinosen dadurch, dass dieses Numinose einbricht in das gegenwärtige Leben. Das aber geschieht in beiden Verkündigungen auf verschiedene Weise, nämlich in der Erkenntnis und Erleuchtung einerseits im Buddhismus, und im Glauben andererseits im Christentum.

Im Buddhismus handelt es sich inhaltlich dann um ein Entnommensein dem Kreislauf der Wiedergeburten, um eine Unberührtheit von der Welt und ihren Aufgaben, um vollkommenen Gleichmut und um ein fortdauerndes Scheinleben auf der Erde in persönlicher Gestalt, aber in der Tiefe bereits um ein unpersönliches Sein im Nirvana »der diesseitigen Ordnung«. Buddhas Verkündigung zeigt nur den Weg. Inhalt der Verkündigung ist die Erkenntnis des Unheils, in dem der Mensch sich befindet, und der Weg zur Aufhebung des Unheils, das als »Leiden« bezeichnet wird. Dieses in der Erleuchtung gewonnene Sein ist unaussagbar. Eigenschaften und Heilsabsichten gibt es hier auf der Seite des Transzendenten nicht. Das buddhistische Evangelium verkündet die Aufhebung des Unheils durch Aufzeigung des Weges bis zur Erkenntnis, in der dann diese Aufhebung im Nirvana stattfindet.

Bei Jesus ist vielmehr »Leben« und zwar »ewiges Leben«, das erwartet wird. Spender aber ist der Vatergott in seinem Reiche. Was als Heil gegeben wird, ist Gemeinschaft mit Gott. Jesus betrachtet seine Aufgabe als von

Gott gestellt: »Was ich von ihm (Gott) gehört habe, das rede ich zu der Welt.« (Joh. 8,26) So zeigt also die Verkündigung Jesu im Unterschied zu der Buddhas nicht einen Weg für die Menschen, sondern einen Weg Gottes zu den Menschen.

Meditation – Gebet – Glaube

Ein weiteres Gegensatzpaar zwischen der Verkündigung beider Religionsstifter sind Meditation und Gebet. Die zweite Heilsstufe auf dem Weg zum Heil war bei Buddha die Versenkung, die Konzentration, nicht auf Gott, sondern auf Objekte zunächst der äußeren Welt, wie wir sahen, mit dem Ziel der Stillegung der inneren Funktionen, der Aufhebung der Distanz und des Versinkens in ein neutrales Ewiges. Auch in der letzten Lebensstunde hat Buddha diesen Weg beschritten und ist auf der Skala der Versenkung Stufe für Stufe schließlich in das ewige ruhende Sein, in das Nirvana eingegangen.

Demgegenüber ist Jesus zweifellos nicht ein Meister der Meditation, sondern des Gebetes. Wie die entscheidenden Augenblicke in Buddhas Leben der Versenkung gehörten, so in Jesu Leben dem Gebet. Wir nennen einige Stellen des Neuen Testaments, denen zufolge Jesus seine Jünger beten lehrte: Matthäus 6,9; Markus 11,22.

Wir entnehmen der wichtigen Studie Friedrich Heilers »Buddhistische Versenkung« (1922) einige Gegensatzpaare des Verhaltens bei beiden Persönlichkeiten: bei Buddha ein stilles Versunkensein, bei Jesus ein lautes Rufen und Schreien Gott gegenüber. Bei Buddha ein langsames, planmäßiges Aufsteigen des Geistes zu höherer und reinerer Atmosphäre. Bei Jesus ein kühnes, leidenschaftliches Sich-Herandrängen an Gott. Bei Buddha ein allmähliches Einsinken in tiefen Frieden, in kühle Ruhe, in bewusstlose Wonne. Bei Jesus ein leidenschaftliches Verlangen nach dem Kommen der Gottesherrschaft. Bei Buddha ein leidloser, freudloser Gleichmut aus Meditation erwachsend. Bei Jesus eine starke und frohe Ergebung in Gottes Vaterwillen. Bei Buddha ein Ruhen im impersonalen Sein, bei Jesus eine lebendige Zwiesprache, ein wirklicher Umgang, ein persönlicher Verkehr mit Gott. Bei Buddha schließlich die Läuterung von Affekten und Willensregungen und ein Ersterben aller Lebenstendenzen, bei Jesus dagegen ein spontaner, gewaltsamer Durchbruch des übermächtigen Affektes, ein Aufjauchzen im höchsten Glück, ein Aufschrei aus tiefer Not, ein Ausschütten des Herzens.

Wir erörtern noch einen letzten Gegensatz im Verhalten beider Persönlichkeiten: den Gegensatz von Erkenntnis und Glaube. Der Begriff der Erkenntnis bei Buddha ist vielfacher Missdeutung ausgesetzt gewesen im Sinne dessen, dass es sich hier um eine weltanschaulich theoretische Einsicht in objektive Sachverhalte handele. Das ist ein Irrtum. Erkenntnis ist vielmehr im Buddhismus eine Seinsverwirklichung im Subjekt. Im Akt der Erkenntnis bzw. der Erleuchtung (bodhi) geschieht die Aufhebung der für alle rationale Erkenntnis charakteristischen Subjekt-Objekt-Spaltung. Der Grundcharakter ist also der, dass eine Wirklichkeit auftaucht. Daher der ontologische Ton, wenn ein Sein gegenüber dem Nichtsein der Erscheinungswelt im Nirvana erfasst wird. Erkenntnis ist ein typisch mystischer Begriff für eine spezifische Form der Verwirklichung des Numinosen im Subjekt.

Bei Jesus ist das Grundmoment der Glaube, eine von der Erkenntnis verschiedene Sache. Auch im Neuen Testament, besonders bei Johannes, wird oft von Glaube und Erkenntnis gesprochen; denn der Glaube trägt stets ein Erkenntnismoment in sich. So heißt es z. B. Johannes 6,69: »Wir haben geglaubt und erkannt: Du bist der Heilige Gottes.« Das ist indessen nicht jene Erkenntnis im mystischen Sinne, sondern ein Sachverhalt wird hier auf der Basis der Glaubenserfahrung erkannt. Wenn es bei Buddha heißt im Akte der Erleuchtung und Erkenntnis: »Und Erkenntnis ging mir auf und Schauen ging mir auf, unverlierbare Erlösung des Geistes ist mein, ein Wiedergeborenwerden gibt es für mich nicht mehr«, so ist hier Erkenntnis ohne Objektbezug; denn es gibt den Gegensatz von Subjekt und Objekt nicht mehr. Es ist aber eine Seinsveränderung geschehen.

Glaube ist bei Jesus die entscheidende Grundhaltung. Im Hebräerbrief (12,2) wird Jesus der »Anfänger und Vollender des Glaubens« genannt. Die Struktur des Glaubens ist, wie wir gesehen haben, nicht eine Haltung der Seele, sondern primär ein Ergriffensein von Gott, von Gottes Pneuma, aber dann natürlich ein persönliches Vertrauen. Im Glauben wird Gott selbst gegenwärtig, aber nicht eine Seinsverwirklichung eines neutralen Numinosen geschieht, sondern die Erfassung einer personalen göttlichen Lebenskraft und heiligender Mächte, so dass dieser Glaube einen Lebensbezug hat, dynamisch und aktiv, und Mut und Kraft zur Arbeit wirkt. Der Wille zur Welt- und Lebensgestaltung entspringt diesem Glauben. Hier wird also keine anihilatio des Ich im Sinne der Mystik vollzogen, sondern eine einfache, naive und unmittelbare Verbundenheit in persönlicher Gemeinschaft mit Gott.

Wir stellen noch einmal zusammenfassend fest, dass der historische Buddha ein Wegweiser war und sein wollte, wichtig als Lehrer des Heilswegs, aber als Person ohne wesentliche Bedeutung für den Vorgang der Erlösung. »Wer mich sieht, der sieht die Lehre« hat der Buddha gesagt. Jesus dagegen sagte nach einer Stelle im Johannesevangelium (14,9): »Wer mich sieht, der sieht den Vater.« Das bedeutet also, dass Jesus der Verkünder einer Botschaft war, aber – so sah es die Gemeinde und wohl auch er selbst – dass er darüber hinaus auch Träger war numinoser Wesenheit und göttlicher Kräfte des kommenden Reiches, die in seinen Taten sich auswirkten. So konnte er also für sich die »Nachfolge« von seinen Jüngern verlangen. So wurde er in der Urgemeinde als eine Heilandgestalt aufgefasst, abgesehen von allen christologischen Theorien, von denen wir später (S. 200 ff.) sprechen werden.

VIII
Stellung zu Welt und Leben

Buddhas Stellung zu Welt und Leben

Die Grundeinstellung Buddhas ist fraglos eine pessimistische der Welt gegenüber aufgrund der metaphysischen Bewertung der Welt als Illusion, als scheinhafte Kombination der flüchtigen Dharma-Elemente, als »Leiden« und damit als Unheil. Ein Text drückt diese Einstellung folgendermaßen aus: »Ich sehe in der Welt die Kreaturen, die Durstgequälten, sich durchs Werden winden. Sie jammern elend in des Todes Rachen. Dem Durst nach Sein im Sein sie nicht entrinnen. Schau hin auf die, die ›mein‹ zum Dasein sagen, zuckend gleich Fischen, wenn der Fluss versiegt ist. Drum wandle man von allem ›mein‹ sich lösend mit seinem Wunsch an keinem Dasein haftend.« In diesen Worten ist der Unheilscharakter weltlicher Existenz und ichhaften Daseins ausgesprochen durch das verurteilte Haften an dem »Mein«. Alles weltliche Dasein ist wesenlos: »Der Leib ist unwirklich genauso wie die Luftspiegelung, die im Sonnenschein sich zeigt, oder ein gemaltes Bild, oder eine Speise, die man im Traume schaut, oder ein Blitz, der am Himmel tanzt.« Darum sind auch alle weltlichen Beziehungen letzten Endes wert- und wesenlos. Der Erlöste ist von ihnen befreit und wandelt in völliger Einsamkeit: »Der einsam Wandelnde sich nie vergessend, bei Lob und Tadel unbewegten Sinnes, dem Löwen gleich, vor keinem Laut erzitternd, dem Winde gleich, in keinem Netz gefangen, dem Lotos gleich, an dem kein Tropfen haftet, der anderen Führer, nicht geführt von andern. Er ist es, den man mag als Weisen rühmen.«

Wir sahen, dass die Ethik im Hinayana als vorläufige Stufe zur Erlösung von der Welt betrachtet wird und nicht etwa einen Weg in die Welt hinein zeigt, nur aus ihr heraus. Weltliche Arbeit ist daher nur von vorläufiger Bedeutung.

Typisch ist auch die Stellung zu den Frauen: Es ist die asketisch negative Einstellung; denn die Frau steht hier niedriger als der Mann als Verkörperung der Sinnlichkeit. Frauen sind, wie es in buddhistischen Texten heißt: »Fallstricke des Teufels«. Und an anderer Stelle lesen wir: »Unergründlich verborgen, wie im Wasser des Fisches Weg, ist das Wesen der Weiber, der vielgewitzten Räuberinnen, bei denen Wahrheit schwer zu finden ist.« Und Buddhas Gespräch mit seinem Lieblingsjünger Ananda gegen Ende seines Lebens gab auf die Frage »Wie sollen wir uns zu den Frauen verhalten?« die Antwort: »Nicht ansehen, Ananda!« Die Frauen sind es nach buddhistischer Ansicht, die am »Gewebe des Samsara spinnen«, mehr als der Mann. Daher wurden auch die Frauen zunächst von Buddha nicht in seinen Orden aufgenommen. Später aber, auf Bitten seiner Pflegemutter Mahapajapati, gestattete Buddha die Aufnahme von Frauen, aber unter Bedingungen, die deutlich ihre niedrigere Stellung gegenüber den Mönchen zeigen. So heißt es: »Ein Mönch darf unter keinen Umständen von einer Nonne geschmäht oder gescholten werden. Von heute an ist den Nonnen der Pfad der Rede gegenüber den Mönchen verboten, nicht verboten ist den Mönchen der Pfad der Rede gegenüber den Nonnen.« Wie wenig diese Aufnahme der Frauen in den Orden dem Buddha im Grunde gefiel, zeigt seine Äußerung, dass wenn die Frauen nicht in den Orden aufgenommen wären, die Lehre Buddhas lange Zeit Bestand gehabt haben würde, da aber die Frauen aufgenommen wurden, würde der Orden nach 500 Jahren aufhören zu bestehen. Hier irrte Buddha. Aber auch nach der Aufnahme der Frauen in den Orden waren sie nur in demütiger Unterordnung unter die Mönche zugelassen.

In Buddhas Leben aber haben die Frauen nie eine Rolle gespielt. Er war verheiratet und hatte einen Sohn, Rahula, aber beide verließ er und ging »aus der Heimat in die Heimatlosigkeit«. Ein späterer Vers sagt von seinem Verhältnis zu den Frauen: »Ihr Kommen weckt ihm nicht Freude, ihr Gehen bringt ihm keinen Schmerz, Brahmane mag er wohl heißen … von Fesseln frei.« Nur Männer sind zunächst seine eifrigen Hörer und Jünger.

Die Stellung Jesu zu Welt und Leben
Jesu eschatologische Einstellung bedeutete keine Entwertung der Welt an sich, sondern nur angesichts des Reiches Gottes, das im Kommen ist. Alle weltlichen Werte und Bindungen haben daher für Jesus nur eine relative Bedeutung. Dieser Äon steht, wie wir hörten, auch nach Jesu Meinung unter der Herrschaft des Satans: »Wir wissen … die ganze Welt liegt im Argen.« (1. Joh. 5,19) Daher gibt es bei Jesus auch keine Bestimmungen über das Leben in der fortbestehenden, unverwandelten Welt, keine Betrachtungen über den Staat und das bürgerliche Leben, über die Ehe. Alles dieses ist bedeutungslos.

Andererseits ist aber auch für Jesus die Welt Gottes Schöpfung, und er hat Freude an ihr gehabt, wie die Bilder von dem Vatergott zeigen, der die Blumen schmückt und für die Vögel unter dem Himmel sorgt. Jesus hat also keine prinzipielle Askese im Sinne einer Weltabkehr gelehrt. Das Leben soll kein Mönchsleben sein. Daher wird Jesus (Matth. 11,19) der Vorwurf gemacht, ein »Fresser und Weinsäufer, ein Freund der Zöllner und Sünder« zu sein, weil er eben ein normales Leben führte. Jesus hat die Menschen nicht aus der Welt herausgeführt, sondern vielmehr in eine neue Welt hinein: »Wie du (Gott) mich gesandt hast in die Welt, so sende ich sie (die Jünger).« (Joh. 17,18) Im Unterschiede zu Buddha hat Jesus zu den Frauen eine positive Einstellung gehabt; denn für ihn war die Asketenhaltung, die die Frauen ablehnt, nicht verbindlich. Eine bedeutsame Rolle spielten nämlich in

Jesu Leben die Jüngerinnen, die ein tiefes Verständnis für seine Botschaft zeigten.

Diese Einstellung Jesu blieb indessen in späterer Zeit nicht erhalten. Schon bei Paulus beginnt die asketisch-dualistische Abwertung der Frau und der Ehe: 1. Korintherbrief 7. Wir haben hier nicht die wechselvolle Geschichte der Stellung der Frau in der christlichen Kirche zu erörtern. Bei aller Wertschätzung der weiblichen Heiligen, der vielen Mystikerinnen und der im Dienste der Nächstenliebe tätigen Diakonissinnen ist doch nie eine gewisse Abwertung der Frau bis in die Gegenwart hinein überwunden worden.

Vergleich der Welteinstellungen

Bei Buddha finden wir einen in letzter Hinsicht unbedingten Pessimismus der Welt gegenüber, geboren aus dem mystischen Weltverstehen. Die gesamte Weltwirklichkeit, also alle Kreaturen, befinden sich durch ihr individuelles Dasein im Unheil der Wesenlosigkeit. So wird also diese Welt radikal abgelehnt, und keine erneuerte Welt wird erwartet. Das Nirvana ist das Ende jeder Art von Weltgestaltung. Askese aber ist der Weg der Befreiung von der Welt und des Aufstiegs zur Erleuchtung, wie wir es beschrieben haben.

Jesus dagegen hat keinen unbedingten Pessimismus vertreten, sondern einen bedingten Optimismus. Grundsätzlich bejahte Jesus die Welt seines Vaters in Verkündigung einer »frohen Botschaft«, eines »euangelions« (Luk. 2,10) für alles Volk. Ein bedingter Optimismus ist das insofern, als auch hier ja eine Unheilssituation vorgefunden wird, die überwunden wird, nicht durch Auslöschung von Leben und Welt, sondern durch eine Erneuerung und Verklärung dieser Welt, wie es dann später (2. Petr. 3,13) heißt: »Wir warten aber auf einen neuen Himmel und eine neue Erde nach seiner Verheißung, in denen Gerechtigkeit wohnt.«

IX
Buddha und Christus als Heilandgottheiten

Wir wenden uns nun, nachdem wir nach Möglichkeit die geschichtliche Erscheinung Buddhas und Christi dargestellt haben, dem gemeinsamen Phänomen einer Hypostasierung der geschichtlichen Persönlichkeiten, also ihrer Erhebung in eine übergeschichtliche Wirklichkeit als Heilandgottheiten zu. Weder ist es der historische Buddha, der in dem später entstandenen Mahayana-Buddhismus Gegenstand der Verehrung wird, noch ist es der historische Jesus, der nach seinem Tode in der palästinensischen Urgemeinde und in der paulinischen Theologie als »Kyrios« verehrt wird.

1 Buddha im Mahayana

Die Entstehung des Mahayana

In Indien, wo der Theravada-Buddhismus durch Buddha gestiftet wurde, entstand auch jene grundlegend neue Bildung des Mahayana, des »großen Fahrzeuges«, das für das spätere Schicksal des Buddhismus als Weltreligion entscheidend wurde; denn nicht als Hinayana, sondern als Mahayana hat der Buddhismus Weltgeltung erlangt. Natürlich wandelte sich nicht aller Theravada-Buddhismus zum Mahayana, vielmehr gibt es noch heute Theravada-Länder, in denen die relativ ursprüngliche Form des Buddhismus weiterlebt, auch wenn sie in den verschiedenen Ländern Elemente der dort ursprünglich heimischen Religionen übernommen hat. So drangen z. B. im ceylonesischen Buddhismus Beschwörungen böser Geister, Heilpraktiken für allerlei Krankheiten und zahlreiche Hindu-Götter ein. Auch in Burma, wo als Reliquie acht Haare Buddhas verehrt werden, findet sich neben dem Kultus von Brahma, Indra und Garuda auch der der siebenunddreißig Nats (Geister), Beschwörungen und mancherlei Tänze, also ein typischer Synkretismus. Aber auch der thailändische Buddhismus, der hier Staatsreligion ist, hat zahlreiche hinduistische Elemente in sich aufgenommen: brahmanische Riten und die Hindu-Gottheiten Shiva, Vishnu, Indra, Ganesha und Yama, die als Gefolgsleute Buddhas in den Tempeln dargestellt sind.

Die Frage, die sich nun stellt, ist, wie es zur Entstehung dieser Neubildung neben dem alten Buddhismus kam, die man unter dem Namen Mahayana in ihren mannigfachen Richtungen zusammenfasst. Zu Beginn der christlichen Zeitrechnung trat eine neue Richtung des Buddhismus hervor, die nicht mehr aus der Interpretation des hinayanistischen Kanons, des Tripitaka, gebildet wurde, sondern die eine eigene Literatur entwickelte: die Mahayana-Sutras wie z. B. Prajnaparamita-Sutra, Sukhavativyuha usw. Was aber sind die Motive des Entstehens dieser neuen Richtung?

Hier müssen wir zunächst auf Indien zurückgreifen. Im Hinduismus entstand etwa zu Beginn der christlichen Zeitrechnung der Glaube an Ishvara, einen persönlichen, allmächtigen und alleinigen Weltenherrn. »Ishvara« heißt »Herr«. Als ein völlig neues Motiv erscheint nun in der indischen Religionsgeschichte die »Liebe«, Bhakti, als Haltung Ishvara gegenüber. Zugleich aber erscheint hier auch der Gedanke der Erlösung durch Gnade, also nicht, wie bisher, durch Erkenntnis oder asketische Anstrengung. Diese Idee eines liebevoll verehrten Herrn gewann Einfluss auf den Buddhismus. Dass aber ein solcher Einfluss sich auswirken und eine starke religiöse Bewegung auslösen konnte, hat folgende Gründe. Das Hinayana war und ist eine aristokratische Religion der Selbsterlösung und, wie wir hörten, nur für Mönche (nicht für Nonnen) zum Erlösungsziel führend. Der Theravada-Buddhismus wollte bereits eine Universalreligion sein; denn er erhob von Anfang an den Anspruch, für alle gültig zu sein, aber de facto war er, sollte der Heilsweg zum Ziele führen, doch nur von Mönchen realisierbar im gegenwärtigen Leben. Das Heil, das an sich jedem und in jedem Stande zugänglich sein sollte, wurde jedoch nur in der Form angeboten, dass zwar Menschen aus jedem Stande sich zum Buddhismus bekennen konnten, dass aber nur im Stande des hauslosen Asketen das volle Heil zu erreichen ist. Praktisch also war das Hinayana für die breite Masse, die zu solchem radikalen Verzicht auf das weltliche Leben nie bereit ist, unbefriedigend. Deshalb erlosch der Buddhismus in Indien. So ist verständlich, dass im Buddhismus eine neue Form entstand, die aus den indischen Gnadenreligionen Anregungen empfing. Die Idee eines Weltschöpfers passte nicht in die Grundkonzeption des Buddhismus mit seiner strengen Kausallehre, aber eine numinose Heilandgestalt war möglich, also ein Wesen, dessen Wirken sich nur auf die Erlösung, nicht aber auf Schöpfung und Weltgeschehen bezieht. Auch konnte diese Heilandgestalt kein von Ewigkeit her existierendes Wesen sein. Es musste vielmehr eine menschliche Persönlichkeit sein, die ihre numinose Würde durch eigenes Streben erworben hat, wie einst Buddha seine Erleuchtung. Dafür bot sich aus dem Hinayana die Bodhisattva-Idee an. Die wörtliche Übersetzung von Bodhisattva ist »ein Wesen« (sattva), dessen Bestimmung die »Erleuchtung« (bodhi) ist.

Buddha selbst war, ehe er durch die Erleuchtung zum Buddha, dem »Erleuchteten«, wurde, ein Bodhisattva. durch viele Lebensläufe hindurch, von denen in den Jatakas, den Geburtslegenden, berichtet wird. Aber auch das Hinayana weiß von einem künftigen Nachfolger, Maitreya, der noch als Bodhisattva im Himmel weilt. An ihn konnte sich der Gläubige um Hilfe wenden. Aber auch er brauchte nicht der einzige Bodhisattva zu sein. Er hat

Nachfolger. Und so entstand in den Mahayana-Texten die Vorstellung von zahlreichen Bodhisattvas. Unter ihnen ragt hervor Avalokiteshvara, von dem der Mythos sagt, er habe zwar die Erleuchtung erlangt, habe jedoch auf das Eingehen in das Nirvana verzichtet, um allen Menschen, die sich an ihn wenden, zum Heil zu verhelfen. In Ostasien wird Avalokiteshvara in weiblicher Gestalt als Kwanyin in China und als Kwannon oder Kannon in Japan verehrt.

Eine andere Heilsgestalt ist die des Buddha Amitabha (in Japan: Amida), der die Wiedergeburt in seinem Paradies des Reinen Landes (Sukhavati) denen schenkt, die an ihn und seine Heilsverheißung glauben. Auch das ist ein neues Motiv, das hier im Mahayana auftritt: Neben der Liebe der Glaube im Sinne des Vertrauens und die Existenz in einer Paradieseswelt. Gleichwohl bleibt das Nirvana auch hier das letzte Heilsziel, zu dem man über die Paradiesexistenz gelangt.

Außerdem entsteht im Mahayana ein neues Lebensideal in Gestalt der Verwirklichung des Bodhisattva-Ideals; denn was die heilwirkenden Gottheiten als Bodhisattvas sind, das soll jeder Mensch zu seinem Ziel machen, um einmal in gleicher Weise zum Heil zu helfen. Ein Gelübde, das der nach diesem Ideal strebende Mensch ablegen soll, lautet folgendermaßen: »Die Rettung aller Wesen ist mein Gelübde, von mir müssen alle Wesen befreit werden ... Ich bemühe mich nicht nur um meine eigene Erlösung (wie im Hinayana), denn alle diese Wesen müssen von mir mit dem Boot des Gedankens an die Allwissenheit aus der Flut des Samsara (des Geburtenkreislaufs) herausgeholt werden.« Dem entspricht nun, dass auf der Seite der Gottheit die Idee der Gnade auftritt. Im Bhaktihundert-Vers des Ramacandra (um 1250 n. Chr.) wird deutlich, wie tief diese Gnadenidee in den Buddhismus eingedrungen ist, wenn es da heißt: »Versunken unter den Wogenbergen dieser weiten, unüberschreitbaren Flut – wie könnte ich (aus eigener Kraft) dein (rettendes) Dharma-Schiff erreichen! Reich mir, o Jina (Buddha), deine Gnadenhand zur Hilfe.«

Tiefgreifend gewandelt ist auch die Art der Verehrung. Während das Hinayana ohne eigentlichen Kultus war und ist, werden nun die Buddhas und Bodhisattvas zu Gottheiten, an die man Gebete richtet. Wir wiesen darauf hin, dass auch das Hinayana von Göttern spricht; denn Buddha selbst kam dem Mythos zufolge aus dem Tuschita-Himmel, dem Himmel der zufriedenen Götter, als er sich in seiner Mutter Maya verkörperte. Aber diese hinayanistischen Götter sind, wie wir sagten, wiedergeborene Wesen, die wie Menschen, Tiere und hungrige Geister erlösungsbedürftig sind und eine begrenzte Lebensdauer haben. Hier nun im Mahayana werden die Götter zu wirklich kultisch verehrten Wesen. In einem buddhistischen Gebetbuche heißt es: »Sei gnädig, o Herr der Götter, Herr der Welt, sieghafter Buddha, der du verehrungswürdig bist in der Welt, der du mir, der du den Guten verehrungswürdig bist, o Feind der Sünde, Feind der Werdelust, Feind der Sinneslust, Feind des Dunkels (der Unwissenheit). Dir fürwahr bin ich ergeben mit Leib und Wort und Geist.«

Hier seien einige Worte über die philosophisch-theologische Weiterbildung des Buddhismus zum Mahayana durch Nagarjuna (2./3. Jahrhundert), den großen buddhistischen Philosophen Indiens, gesagt, der eine hohe Wertschätzung bis heute genießt. Seine Lehre wird als ein »zweites Drehen des Rades der Lehre« verstanden und bezeichnet. Die charakteristische Grundidee ist die Lehre von der »Leerheit« (shunyata), die besagt, dass alles »leer« ist. Der Begriff der Leere bezeichnet eine Wirklichkeit zwischen empirischem Sein und Nichtsein, das unaussagbare Absolute, das auch das »absolute Nichts« genannt wird. Danach ist alles Empirische in seiner Funktion von anderem abhängig und kann nur durch seine Beziehung zum anderen existieren und verstanden werden. Für sich allein aber ist es nichts. Daraus folgt, dass die empirische

Welt Schein ist. Die Konsequenz ist die von Nagarjuna vertretene Lehre von der doppelten Wahrheit, die in folgendem Vers von ihm ausgesprochen wird: »Zwiefache Wahrheit gibt es nach des Buddhas Meinung: / Die höchste Wahrheit und die Wahrheit der Erscheinung.«

Die »höchste Wahrheit« ist die, dass es keine im Unheil des Samsara (des Geburtenkreislaufes) lebende Wesen gibt, keinen Buddha; denn alle empirischen Erscheinungen sind im höchsten Sinne nichts. So leben die Menschen in einer Welt der Illusion, von der sie nur befreit werden können, wenn man zunächst den Standort der niederen Wahrheit, der »Wahrheit der Erscheinung«, einnimmt, nach der alles Sichtbare für real angesehen wird, und auch die naiven Anschauungen der traditionellen Religion so angenommen werden, wie sie überliefert sind. Diesen naiven Standpunkt muss man jedoch später verlassen und zur »höchsten Wahrheit« vordringen, nach der, wie gesagt, alle diese konkreten Dinge und Anschauungen als Illusion erkannt werden.

In diesen Zusammenhang gehört auch die Lehre von den drei Körpern des Buddha (trikaya). Buddha wird in dieser Lehre in einen kosmischen Zusammenhang gestellt. Die höchste Realität ist nach dieser Lehre Buddha als das Absolute, als transzendenter und über alle Vielheit erhabener Buddha-Leib (dharma-kaya). Diese höchste Buddha-Realität manifestiert sich in der Vielheitswelt in zwiefacher Form: einerseits als Herr eines himmlischen Paradieses, in dem er durch den »Leib des Genusses« (sambhoga-kaya) seine Seligkeit genießt. Die andere Manifestationsform des absoluten Buddha ist seine menschlich-irdische Erscheinung im »Leib der Umwandlung« (nirmana-kaya). In dieser Daseinsform sucht der historische Buddha die Welt durch seine Predigt zu bekehren. In diesem Umwandlungsleib ist also der historische Buddha erschienen, wie auch alle anderen buddhistischerseits angenommenen historischen Buddha-Gestalten vor ihm und nach ihm. Nach dieser Konzeption sind alle in der Menschwelt wirkenden Buddhas Ausstrahlungen von den Buddhas der himmlischen Paradiese, und diese wiederum sind eins im Absoluten. So sind also alle Buddhas und Bodhisattvas partielle Manifestationen des All- oder Urbuddha. So kommt dieser Buddhismus letztlich zu einer theomonistischen Anschauung.

Nach einer anderen Einteilung werden Buddhas und Bodhisattvas in folgenden Zusammenhang gebracht: Es gibt fünf geistige Buddhas der Meditation, die Dhyani-Buddhas, aus denen durch Emanation Dhyani-Bodhisattvas hervorgehen. Weiter wird gelehrt, dass jedem historischen Buddha ein himmlisches Urbild, ein Dhyani-Buddha nebst Dhyani-Bodhisattva, entspricht. Der Dhyani-Buddha des historischen Buddha ist der Buddha Amitabha, der Buddha des »grenzenlosen Lichtes«, von dessen Heilsbedeutung in bestimmten Sekten gesprochen wird. Sein Dhyani-Bodhisattva ist Avalokiteshvara, der »Herr des Herabsehens« in Gnade. Wie schon oben bemerkt wurde, wird dieser Bodhisattva in Ostasien in weiblicher Gestalt verehrt.

Dieser Buddhismus, in dem wir also das Phänomen einer numinosen Hypostasierung einer historischen Buddha-Gestalt zu überhistorischer und kosmischer Göttlichkeit beobachten und den wir bisher nur in seinen allgemeinen Grundzügen charakterisiert haben, wanderte nach Ostasien und wurde die geistig-religiöse Weltmacht dieser asiatischen Völkerwelt. Der Weg zur Weltreligion war die oben erwähnte Lehre von der doppelten Wahrheit, die hier insofern zur Anwendung gebracht wurde, als durch »geschickte Anwendung der Mittel«, d. h. durch Anknüpfung an die religiösen Vorstellungen, denen der Buddhismus auf seiner Wanderung durch die Völkerwelt Asiens begegnete, der Einbau dieser fremden religiösen Anschauungen in das eigene buddhistische Lehrsystem ermöglicht wurde. Wir begegnen hier einem inklusiven Absolutheitsanspruch gegenüber dem exklusiven Absolutheitsanspruch der prophetischen Religionen. In einem charakteristischen Gleichnis des Saddharmapundarika-Sutra (3. Kapitel) wird diese Praxis im Sinne der Lehre von der doppelten Wahrheit zum Ausdruck gebracht. Um die in einem brennenden Hause spielenden Kinder zu retten, gebraucht der Vater eine List, indem er die Kinder dadurch aus diesem brennenden Hause herauslockt, dass er jedem Kinde einen eigenen besonderen Wagen verspricht. Hernach aber gibt er allen Kindern nur einen Wagen, den schönsten. Mit diesem Gleichnis soll zum Ausdruck gebracht werden, dass alle konkreten Lehren von Himmel, Göttern und Höllen nur ein Kunstgriff sind, um die »gewöhnlichen Menschen« für die höhere Wahrheit bereit zu machen, wie der Vater in dem Gleichnis zunächst jedem Kinde seinen eigenen und besonderen Wagen versprach, entsprechend den naiven und konkreten Anschauungen der überlieferten Religion. Auf dieser Basis und mit dieser Methode hat der Buddhismus auf seiner Wanderung durch die verschiedenen Länder des Ostens manche der Glaubensvorstellungen der einheimischen Religionen aufgenommen, ohne doch seine eigene Substanz zu verlieren.

Zu den Motiven, die das Entstehen der neuen Richtung des Mahayana im Buddhismus ermöglichten, gehört auch die nun hier erreichte völlige Universalität; denn während der Hinayana-Buddhismus als Erlösungsreligion praktisch nur von Mönchen verwirklicht werden konnte, besteht nun im Mahayana für jedermann die Möglichkeit sofortiger Erlösung, ohne dass zuvor am Beruf und an der Lebenspraxis etwas zu ändern wäre. Das bedeutet also, dass hier nun eine praktische Universalität erreicht ist, was die Ausbreitung des Mahayana natürlich förderte. Er wurde so zur Massenreligion.

Buddha im Mahayana

Wir versuchen nun, eine Charakterisierung des Buddha im Mahayana aufgrund von Mahayana-Texten zu geben. Zunächst heißt es, dass dieser Buddha von Ewigkeit her lehrt und nie aufgehört hat zu lehren: »Unausdenkbare tausend Millionen von Weltzeitaltern, deren Maß nie ergründet werden kann, ist es her, dass ich (Buddha) zuerst die Erleuchtung erlangt habe und seitdem ich stets die Lehre predige ... Indem sie (die Durchschnittsjünger) glauben, dass meine Persönlichkeit völlig erloschen ist (im Nirvana), erweisen sie den Reliquien mannigfache Verehrung, und da sie mich nicht sehen, fühlen sie Verlangen nach mir, und dann entsteht (durch die Reliquienverehrung) ein gesunder Sinn in ihnen. Und wenn die Wesen aufrichtig milde und sanftmütig sind und ihre Begierden aufgegeben haben, dann veranstalte ich eine Versammlung der Jünger und zeige mich auf dem Geierspitzberg. Und dann rede ich also zu ihnen: ›Ich habe damals hier nicht aufgehört zu sein, es war nur ein geschickter Plan von mir, ihr Mönche, ich bin immer und immer wieder in dieser Welt.‹« Damit wird also der Standpunkt des Hinayana als eine vorläufige und dem Heilsplan zugehörige Unternehmung geschildert.

Buddha ist nun selbst hier im Mahayana zu einem Mittel des Heils geworden: »Einen guten Anblick hat der, der ihn (den Buddha) geschaut, diese Leuchte der Welt, der das Ziel aller Lehren erreicht hat, der ein Zugang zum Heil für die Geschöpfe der drei Welten (der Region der Sinnenlust, der Formen und der Nicht-Formen) und ein Reinigungsmittel für alle Wesen ist.« Dienst an der Welt ist Dienst gegenüber dem Buddha, dem man in Liebe verbunden ist, die sich in solchem Dienst an der Welt auswirkt: »Der Welt Gutes tun, o Buddha, heißt dir dienen, ihr Übles tun, o Herr der Welt, heißt dir Qual bereiten. O Überwinder, wie sollte ich, da ich der Welt Übles täte, mich nicht schämen, zu sagen, dass ich deinen Lotosfüßen ergeben bin.«

Der Buddha Amitabha, von dem oben die Rede war, schildert in einem Texte des Sukhavativyuha das Buddha-Paradies des Reinen Landes in der ganzen überschwenglichen Farbenpracht orientalischer Phantasie: »Nun denn, Ananda, die Welt Sukhavati dieses erhabenen

Amitabha ist reich und blühend, behaglich und reichlich mit Nahrung versehen, lieblich und von zahlreichen Göttern und Menschen erfüllt. In dieser Welt, Ananda, gibt es keine Höllen, keine Tiergeburt, kein Gespensterreich, keine Dämonenleiber und überhaupt keine unwillkommenen Daseinsformen. Und die Edelsteine, die es in der Welt Sukhavati gibt, kommen in dieser Welt nicht zum Vorschein.«

»Was immer für Wesen, Ananda, des Tathagata (Buddha) mit Verehrung gedenken werden, reichliche, unermessliche Wurzeln des Guten pflanzen werden, nachdem sie ihre Gedanken auf die Erleuchtung gerichtet haben, und um die Erlangung von Geburten in dieser Welt Sukhavati bitten werden, – vor allen diesen wird, wenn ihre Todesstunde naht, der Tathagata, der Heilige, der vollkommen Erleuchtete, Amitabha, erscheinen, von zahlreichen Scharen von Mönchen umgeben. Dann werden diese Wesen, nachdem sie den Herrn gesehen und frommen Herzens dahingeschieden sind, ebendort in der Welt Sukhavati wiedererscheinen. Und welcher Sohn oder welche Tochter aus edler Familie, Ananda, den Wunsch hegen sollte: ›Möchte ich doch noch im gegenwärtigen Leben diesen Tathagata Amitabha schauen!‹, der soll seine Gedanken auf die allerhöchste vollkommene Erleuchtung richten mit außerordentlicher Hinneigung und Beharrlichkeit sein Denken auf dieses Buddha-Land hinlenken, damit er dort geboren werde, die Wurzeln des Guten zur Entwicklung bringen.« Der Dhyani-Bodhisattva des Buddha Amitabha ist Avalokiteshvara. Von ihm heißt es: »Höret, ihr Söhne aus edlem Geschlecht, der Bodhisattva Avalokiteshvara ist eine Lampe für die Blinden, ein Sonnenschirm für die von Sonnenglut Verbrannten, ein Fluss für die Verdurstenden; er schafft denen, die in Furcht vor Gefahren sind, Furchtlosigkeit; er ist ein Arzt für die von Krankheit Gequälten, den Unglücklichen ist er Mutter und Vater, den in die Hölle Gestürzten weist er den Weg zum Nirvana. Solcher

Art sind die Eigenschaften dieses Erhabenen. Glücklich sind die Wesen in der Welt, die seines Namens gedenken. Sie entrinnen jedem Leiden des Samsara ganz und gar. Gar klug sind die Menschen, die dem Avalokiteshvara stets Ehrengeschenke von Blumen und Weihrauch darbringen.«

Das Ziel also jedes Menschen soll sein, selbst ein Bodhisattva zu werden: »Als ein solcher (Bodhisattva) bewahre ich meinen Geist fest und unerschütterlich, freundlich und standhaft, voll Achtung und Ehrfurcht (vor den Meistern), voll Scham und Furcht (vor dem Bösen), ruhig und nur darauf bedacht, anderen zu dienen, in allen untadeligen Dingen das Selbst stets den Wesen unterordnend gleich einem Zaubergebilde (das nur dem Willen des Zauberers folgt), frei von Stolz.«

Das Gebot der universalen Liebe wird in folgendem Gebet zum Ausdruck gebracht: »In allen Ländern mögen alle Leiden der Wesen aufhören; mögen alle Wesen, die mangelhafte Sinnesorgane haben oder eines Gliedes beraubt sind, jetzt heil und gesund sein!

Mögen alle in den zehn Weltgegenden, die krank, schwach, heruntergekommen und schutzlos sind, rasch von ihrer Krankheit befreit werden und Gesundheit, Stärke und ihre Sinnesorgane wiedererlangen!

Mögen alle Wesen, die von Königen, Räubern oder Soldaten bedroht, zum Tode verurteilt, die durch verschiedene Hunderte von Ängsten in Not geraten sind, mögen diese in Not geratenen Unglücklichen von diesen Hunderten der schlimmsten und schrecklichsten Ängste befreit werden!« Die Liebe zu allen Wesen, die hier ausgesprochen wird, wird in einem anderen Text damit begründet, dass in jedem Wesen ein Teilchen von Buddha steckt: »Nun findet sich aber in den Wesen das vortreffliche zur Entstehung der Eigenschaften eines Buddha führende Teilchen: Mit Rücksicht auf dieses Teilchen soll man den Wesen Verehrung bezeigen.« Dank gegenüber den Buddhas und Bodhisattvas, die so viele Wohltaten den Menschen erwiesen haben, soll sich darin zeigen, »dass wir Liebe zu allen Geschöpfen hegen«.

Auch die Feindesliebe wird hier gepredigt: »Auch gegen diejenigen, welche dem Lehrer, den Blutsverwandten und anderen Lieben Böses zufügen, soll man den Zorn zurückhalten, indem man ... die Entstehung der Ursachen in Betracht zieht.«

Wir fassen kurz zusammen, worin der Wandel vom Hinayana zum Mahayana besteht: Zunächst einmal ist festzustellen, dass der Buddhismus sich von einer Mönchsreligion, die das Hinayana geblieben ist, zu einer universalen Laienreligion gewandelt hat. Wir sahen weiterhin, dass Buddha eine Heilandgestalt mit ausdrücklicher Heilsabsicht geworden ist. Als Ziel wird eine persönliche Buddha-Gemeinschaft angestrebt. In einem japanischen Vers findet sich folgendes Gebet: »Dass ich, wenn nun mein Stündlein kommen, / Von Buddha würde aufgenommen, / Auf güldnem Lotoskelch zu thronen / Und immerdar bei ihm zu wohnen ...«

Das Heilsziel ist also das Paradies des Reinen Landes im Westen, wenngleich als allerletztes Ziel das Nirvana erwartet wird, dem man im Paradies entgegenreift.

Die Glaubenshaltung statt der Versenkung ist hier geboten, und das ethische Handeln entspringt der Erlösung, ist jedoch keine Vorbedingung der Erlösung: »Zum Dank für Gnade, mir geworden, / Selbst will ich wohltun allerorten.«

In Japan entwickelte sich nun aus diesen Grundideen des Mahayana unter dem Einfluss prophetischer Geister, wie Honen Schonin (1133–1212) und Schinran Schonin (1173–1262), eine ausgeprägte Glaubensreligion, die eine erstaunliche Parallele zur weiteren Entwicklung des Christentums reformatorischer Prägung darstellt. Wir wollen hier nicht von den zahlreichen Sekten, die es nach Buddhas Tode im Hinayana und später auch im Mahayana gegeben hat, sprechen, sondern nur von drei mahayanistischen Sekten, die in Japan ihre höchste Ausgestaltung gefunden haben, obwohl zwei von ihnen in Indien entstanden und über China nach Japan kamen: die Amida-Sekten und das Zen. Die dritte Sekte ist die von Nichiren gegründete.

Reformation und Reformsekten im Mahayana Japans[4]

Zwei Mahayana-Sekten regierten das religiöse Leben Japans des 9.–12. Jahrhunderts: die Tendai- und die Schingon-Sekte. Im Laufe der Zeit entwickelten sie einen verwirrenden Formenreichtum. Es ist charakteristisch für diese Volksfrömmigkeit, dass sie eine bunte Fülle von Veranstaltungen aus sich gebar, auf die das Volk gern einging: Tempel- und Hausfeiern, Beschwörungen, Sutrenverlesungen für Tote, Orakel und Traumdeutung, Loseziehen, Astrologie, Anrufungen Buddhas, Abschreiben von Sutren, Wallfahrten, Opfer von Blumen und Weihrauch, Stiftung von Glocken, von Tempelgeräten und ganzen Tempeln, Gelübde und strenge Frömmigkeitsübungen usw. Der Tempelbesitz schwoll auf diese Weise gewaltig an. Die Folge war eine intensive Verweltlichung der Religion und ihrer Vertreter. Die Mönche wurden vielfach Ritter und bildeten Heere, mit denen sich manche Sekten bekämpften, wie im Jahre 1070, in dem ein Krieg zwischen Zweigen der Tendai-Sekte stattfand. Die Entsittlichung des Klerus konnte nicht ausbleiben. Der religiöse Betrieb wurde immer schwindelhafter.

Das war die typische Situation der Entartung und der Mechanisierung einer Religion, die zur Voraussetzung und zum Gegenpol einer Reformation wurde, also einer Gegenbewegung vertiefter Laienfrömmigkeit, die sich nun entwickelte. Wir stoßen hier auf das erstaunliche Phänomen, dass jene Spannung, wie sie sich im ausgehenden europäischen Mittelalter entwickelte zwischen

4 Übernommen aus meinem Buch »Die Weltreligionen«, S. 93 ff.

dem gleichfalls vielgestaltigen religiösen Betrieb der katholischen Kirche und dem reformatorischen Christentum, auch hier im östlichen Buddhismus sich schon Jahrhunderte vor der christlichen Reformation entwickelte.

Grundlage waren hier, wie analog bei Luther der Römerbrief, die Sutren, die von Amitabha und seinem Paradies des Reinen Landes handelten. In diesen Texten ist die Rede von einem »vorzeitlichen Gelübde« des Buddha Amitabha (jap. Amida), denen, die ihn vertrauensvoll anrufen, zum Heil zu verhelfen. Vielfache Anrufung des Namens Buddhas wird als Heilsweg empfohlen: »Namu Amida Butsu« (»Verehrung dem Amida Buddha«) lautet die Formel, die immerfort auszusprechen den Gläubigen nahegelegt wird. Auf der Seite der Gläubigen wird statt des frommen Werkes in den vielerlei Formen des Volksglaubens und der Selbsterlösung das Vertrauen auf die rettende Gnade Buddhas verlangt. Die Konsequenzen aus diesem bereits in China als Laienbuddhismus vorhandenen Glaubenssystem sind erst voll in Japan gezogen worden durch eine regelrechte reformatorische Bewegung der oben genannten prophetischen Persönlichkeiten Honen und Schinran.

Der erste dieser Reformatoren in Japan war Genku (1133–1212), ein Mönch, der lange in den Klöstern nach dem Heil suchte, wie Luther auch, und in gleicher Weise auf asketischem Wege zum Ziel zu gelangen hoffte. Er nahm Anstoß an der Rechthaberei der vielen buddhistischen Sekten und an dem Werkglauben der Masse. Plötzlich gewann er, wie Luther über der Lektüre des Römerbriefes, bei dem Lesen eines Kommentars zu einem der Amida-Texte eine neue Einsicht; denn dort las er die Worte: »Ob gehend oder stehend, ob sitzend oder liegend, wiederhole nur beständig den Namen Amida mit ganzem Herzen, ohne auch nur einen Augenblick auszusetzen. Dies eben ist das Werk, das unfehlbar zum Heil ausschlägt; denn es ist in Übereinstimmung mit des Buddhas vorzeitlichem Gelöbnis.« Auf diese Glaubenserkenntnis gründete Genku die »Sekte des Reinen Landes« (Jodo-schu). Unter seinem späteren Namen Honen ist Genku berühmt geworden. Er gewann für seine Sekte großen Zulauf. Das Neue war, dass er das Philosophische des Mahayana beiseite ließ und nur das religiöse Interesse berücksichtigte, indem er eine starke Vereinfachung und Verinnerlichung durchführte. Statt der Praktik, dem »Tor des heiligen Pfades« (shodo-mon), wurde das »Tor des Reinen Landes« (jodo-mon) den Menschen gepredigt.

Ein Schüler und bedeutenderer Nachfolger war Schinran (1173–1262), der zuerst zur Tendai-Sekte gehörte, dann aber 1201 in Honens Kreis eintrat. Er begriff besser als die anderen Schüler Honens das Neue seiner Lehre, die er weiter vertiefte. 1224 trat er mit einer eigenen Schrift hervor, die zur Grundlage einer von ihm gegründeten neuen Sekte wurde, der »Wahren Sekte des Reinen Landes« (Jodo-schin-schu), daher auch kurz Schin-Sekte genannt. Schinran brach auch mit der Verpflichtung zum zölibatären Leben und heiratete. In zahlreichen Zweigen ist Schinrans Lehre weiter verbreitet worden.

Das Problem des Werkes und des Glaubens

Um einen näheren Einblick in das innere Leben des Amidismus zu gewinnen, wollen wir zwei Problemkreise unterscheiden, die hierfür bedeutsam sind: das Problem des Werkes und das Problem des Glaubens. Gegenüber dem Vielerlei aus eigener Kraft zu leistender Werke wird hier nun die Unzulänglichkeit der eigenen Kraft zu solchen Werken und damit die Unmöglichkeit, den Weg des Werkes erfolgreich zu gehen, mit allem Nachdruck betont. So heißt es z. B.: »Das Tor des heiligen Pfades (der Werke) mag man sich nur einfach aus dem Sinn schlagen, indem man sich gegenwärtig hält, dass diese Lehre für uns, die uns ein so großer Abstand von des Stifters Tagen trennt, schwer zu fassen, und der von ihr gewiesene Weg für unsere Kraft zu schwer zu gehen, uns nur zu leicht zu einem Irrweg wird.« Demgegenüber wird nun verkündet – und das ist eine Art von Evangelium –, der Weg des Reinen Landes ist die leichte Praktik, die jedermann vollziehen kann: »Das sogenannte Jodo-mon (Tor des Reinen Landes) ... weist uns an, diese Welt hier fahrenlassend, eilends in die Gefilde der höchsten Seligkeit geboren zu werden. Dass man aber in dieses Land geboren wird, das geschieht durch die eidliche Verheißung des Buddha Amida, dabei die Auswahl unter den Menschen nicht danach getroffen wird, ob sie gut oder böse sind. Nein, worauf da einzig gesehen wird, ist nur dies, ob einer Glauben hat an diese Verheißung Buddhas oder aber solchen Glaubens ermangelt.« Die Ausgangssituation, aus der man erlöst werden möchte, ist auch hier, wie überall im Buddhismus, der Kreislauf des steten Wiedergeborenwerdens: »Unter allem, was hocherfreulich, ist nichts erfreulicher, als dies, dass wir sollen loskommen von dem Samsara, von dem doch so schwer nur loszukommen ist, nachdem wir, wozu man doch so schwer nur kommt, einmal auf das Höchste unseren Sinn gerichtet haben; nachdem es uns vergönnt worden ist, Amidas vorzeitliches Gelübde zu treffen, das so schwer zu treffen ist, nachdem wir ein Dasein als Mensch erlangt haben, das so schwer nur zu erlangen ist.«

Gleichwohl soll nun keiner moralischen Laxheit das Wort geredet werden: »Was das Sündigen anlangt, so sehe man sich wohl vor, auch die geringste Übertretung zu begehen, und habe dabei doch den Glauben, dass selbst ein Mensch, der die zehn Sünden begangen und der fünf schweren Vergehen sich schuldig gemacht hat, zum Leben eingehen wird. Selbst diejenigen, die schwere Sünden auf sich geladen haben, sollen wiedergeboren werden, wieviel mehr nicht erst diejenigen, die nur leicht gesündigt haben.« Nicht die eigene Kraft, sondern, wie es in den Texten heißt, »die Kraft eines anderen« ist es, die die Erlösung bewirkt. So heißt es denn von dem Anrufen des Namens Buddhas: »Das Anrufen des Namens Buddhas ist weder ein gutes Werk, noch überhaupt eine Eigenleistung von seiten des Gläubigen. Eine Eigenleistung kann es nicht heißen, weil es kein Tun ist, das aus des Menschen eigener Entschließung entspringt, und ein gutes Werk kann es nicht genannt werden, da es zu seiner Vollbringung bei ihm nicht aus seiner eigenen Entschließung kommt. Sintemalen dabei einzig und allein die Kraft einer anderen Macht wirksam ist, ohne jede Betätigung der eigenen Kraft des Menschen.« Die Erlösung ist also keine moralische, sondern eine religiöse Angelegenheit, wobei es deshalb nicht auf moralische, sondern auf religiöse Qualitäten ankommt. Voraussetzung ist allein das Vorhandensein des Glaubens an die Verheißung Amida Buddhas. Das achtzehnte der achtundvierzig Worte der Verheißung, des sogenannten vorzeitlichen Gelöbnisses, lautet folgendermaßen: »Wenn ich (der Bodhisattva) es zur Erreichung der Buddhaschaft gebracht habe, nicht will ich die vollkommene Erleuchtung an mich nehmen, wenn die lebenden Wesen aller zehn Richtungen (der ganzen Welt), die getrosten Herzens an mich glauben, und den Wunsch haben, in mein Land geboren zu werden, wäre es etwa zehnmal, ihre Andacht auf mich richten werden, nicht daselbst geboren werden.« Dieses Gelöbnis ist die Heilstatsache, auf die sich der erlösende Glaube im Sinne des Vertrauens gründet. Von der Seite Buddhas ist es dann die Gnade, die der Gläubige erwartet: »Was uns unwerte Geschöpfe, so bar alles eigenen Vermögens, uns, deren Wissen so armselig und deren Tun so unzulänglich ist, gleichwohl instand setzt, auf das schnellste von dieser Welt loszukommen und unsere Seelen zu der reinen Wohnstatt zu fördern, das ist einzig und allein die Gnade, die in dem vorzeitlichen Gelöbnis liegt, dadurch uns Amida aushilft mit seiner Kraft.« Die religiöse Haltung, die vom Erlösungswilligen verlangt wird, ist der zuversichtliche Glaube an Buddhas Verheißung. Die inhaltliche Definition dieser Glaubenshaltung verlangt, dass der Mensch innerlich wahr ist und ohne Trug im Herzen, dass er also das ernste Verlangen hat, zum Leben einzugehen. Dieser Glaube ist also keine bloß rationale Kenntnisnahme von Lehren, sondern eine innerliche Haltung, die auch der einfache Mann aus dem Volke aufbringen kann.

Wären Werke die Voraussetzung der Heilserwartung, dann könnte man zweifeln, wann genug Werke getan sind für die Erlangung dieses Ziels, und die Heilsgewissheit bestünde nicht. Da es darauf aber gar nicht ankommt und nur das Vertrauen zu Buddhas Gnade Voraussetzung für das Heil ist, gibt es eine echte Heilsgewissheit, auch wenn die moralischen Leistungen nur gering sind: »Solche Zweifel (an dem ausreichenden Maß des eigenen Glaubens) sind nun zwar nicht durchaus verwerflich, und doch warum eigentlich ihnen Raum in uns geben, da doch des Buddhas Verheißung ein Schwur ist, dass eben selbst solche nicht von ihm verworfen werden sein sollen ... nun, so mag es um unser eigenes Vermögen noch so armselig bestellt sein, es braucht uns nichts auszumachen.«

Endlich ist auf eine interessante Parallele hinsichtlich der Wertung des Berufslebens im Amidismus und im Protestantismus hinzuweisen. »Nicht Mönch und Nonne nur gefallen Buddha, auch Schmied und Zimmermann gehen ein zum Leben« – diese Worte stehen unter einem Bilde, auf dem die Gnade Buddhas sowohl über Schmied und Zimmermann in ihren Werkstätten als auch über dem Mönch mit der Almosenschale leuchtet. Wir entwickelten oben (S. 180) bereits die Bodhisattva-Idee. Im Amida-Buddhismus ist das religiöse Motiv, das hinter dem Ideal, ein Bodhisattva zu werden, stehen kann, dass die erwiesene Gnade Buddhas an den Mitmenschen vergolten werden soll. In einem Vers ist dieser Gedanke ausgesprochen: »In Midas (= Amidas) Land, das Land voll Frieden, / Will gehn ich, um hernach hienieden, zurückgekehrt / Für Mensch und Götter – so sei's gelobt – zu sein Erretter.«

Buddha im Zen

Zur gleichen Zeit, in der in Japan die Amida-Reformation entstand, entwickelte sich hier eine neue große Bewegung, in der Buddha wieder eine andere Gestalt erhielt. Es ist der Zen-Buddhismus, dessen Begründer in China der Inder Bodhidharma (um 470–548? n. Chr.) war. Während der Amida-Buddhismus die Erlösung aus eigener Kraft ablehnt und die reine Gnade Amidas erwartet, geht es im Zen darum, in der Tiefe des eigenen Herzens durch Meditation die Erleuchtung (satori) zu erringen. Zen ist also eine Meditationssekte. Die Amida-Sekten wichen von der alten buddhistischen Tradition dadurch ab, dass sie Glaube und Gnade als ihre Grundprinzipien lehrten. Zen steht insofern in der Mitte zwischen dem Amidismus und dem Hinayana, als wie in den Amida-Sekten eine unmittelbare und unreflektierte Verbindung zum Heiligen gesucht wird und daher aller Dogmenzwang und aller Ritualismus abgelehnt werden. Andererseits aber ist die Art der Verbindung zum Heiligen nicht, wie in den Amida-Sekten, vertrauender Glaube, sondern, wie im Hinayana, Meditation und Erleuchtung. Während aber die Erleuchtung im Hinayana eine Reihe von Versenkungsstufen kennt, betont Zen die Plötzlichkeit des Satori-Erlebnisses und seine Unberechenbarkeit, ähnlich wie die Gnade unberechenbar ist. Deshalb ist Zen nicht durch Lehren und Schriften zu überliefern, sondern sein Erleben vollzieht sich »von Geist zu Geist«. Es handelt sich dabei um ein intuitives Einssein des eigenen Wesenskerns mit Buddha, der als eine immanente Wirklichkeit in und hinter aller Mannigfaltigkeit angesehen wird. Wir können hier auf Lehren und Praktiken des Zen nicht eingehen. Wir stellen nur fest, dass Buddha zu der aller Welt immanenten »Buddha-Natur« geworden ist. Wir zitieren zum Beleg einen Mahayana-Text. Es handelt sich um einen Chorgesang des Zen-Lehrers Hakuin (1685–1768): »Die Menschen sind in ihrem tiefsten Wesen Buddha, / Wie Wasser Eis ist. Und wie es kein Eis gibt / Ohne Wasser, so gibt es ohne Buddha / Nicht einen Menschen. / Wehe den Menschen, die in weiter Ferne suchen / Und, was nahe liegt, nicht wissen! / Sie gleichen denen, die mitten im Wasser stehen / Und doch nach Wasser schreien. / Als Sohne des Reichsten und Vornehmsten geboren, / Wandeln sie gleichwohl in Armut und Elend / Trostlos dahin. / Die Ursache des ewigen Kreislaufes im sechsfachen Reich / Ist der düstere Weg eigener Stumpfheit und Blödheit. / Doch immer dunkler und dunkler wird es um sie / Im Dunkel des Irrtums. Wann sollten sie je sich lösen / Von Leben und Tod? / O Wunder der vollkommenen Schau des Mahayana, / Das über alles Lob erhaben ist! / Alle Tugenden: Wohltun und Gebottreue, / Alle gute Tat: Lobpreisung Buddhas, / Reue und Übungen, / Alle münden sie hier! / Wem nur ein einmaliger Sitz (= Meditation) sich vollendet, / Dem verschwindet unermesslich aufgehäufte Sünde ... / Weit öffnet sich das Tor der Einheit / Von Ursache und Wirkung, / Und der einzige Weg tut sich auf, geradeaus hin, / Kein zweiter und dritter. / Wer ihn beschreitet, der nimmt an als Gestalt / Die Gestalt des Gestaltlosen, / Und weder sein Gehen noch Kommen / Sind ihm fremd ... / Was fehlt da noch, / Wo sich offenbart das Nirvana? / Hier ist nichts anderes als Lotos-Land, / Und dieser Leib hier ist nichts anderes / Als Buddha.«

Buddha bei Nichiren

Wir müssen noch eine dritte große Sekte neben Amida- und Zen-Sekte erwähnen und damit ein weiteres Bild Buddhas im Mahayana, nämlich die von Nichiren (1222–1282) gestiftete Bewegung. Dreißig Jahre nach der Reformbewegung Schinrans entstand wiederum eine Reformbewegung durch Nichiren. Er war der Sohn armer Leute und kam in ein Schingon-Kloster, dessen Abt sich des begabten Knaben annahm. Die Priesterweihe wurde ihm nach einigen Jahren erteilt. Er nahm bei seinem Auftreten als Prediger den Namen Nichiren (»Sonnen-Lotos«)

an. Nichiren ist ein eigentümlicher Typus eines Mystikers, der aus der geistigen Tradition des Buddhismus herausfällt. Fraglos ist auch seine Grundüberzeugung mystisch: Das Wesen Buddhas umfasst nach seiner Ansicht alle Erscheinungen. Nichiren sagt: »Die Seele, der Buddha und das wahre Sein – diese drei sind in unserer eigenen Seele enthalten, darüber hinaus gibt es keine Realität. Das ist die Erleuchtung, die Buddhaschaft.« Das ist eine eindeutig mystische Aussage. Diese Grundüberzeugung ist nun aber von Nichiren mit typisch prophetischer Intoleranz vertreten worden. Ein prophetisches Selbstbewusstsein erfüllte ihn und zwang ihn zur Verkündigung der von ihm erfassten Lehre, und er sah sich selbst als nächsten Schüler Buddhas an. Seine Studien zeigten ihm, dass die inzwischen entwickelten Lehren des Buddhismus von denen des historischen Buddha sich erheblich entfernt hatten, so dass ein Wirrwarr der Lehren und der Sekten entstanden sei und dass es nur eine Wahrheit geben könne. So bemühte sich Nichiren, diese eine Wahrheit zu finden, um auf diese Weise auch seinem Vaterlande Japan die Einheit wiederzugeben. Diese Wahrheit fand er in dem Mahayana-Text »Lotos des guten Gesetzes« (Saddharma pundarika). Darin spricht Buddha von dem Jünger, der betraut ist mit allen Rechten, das Sutra in der Zukunft überall zu verbreiten. Auch von Verfolgungen des beauftragten Jüngers und von der Hingabe von Leib und Leben an die Aufgaben der Verkündigung ist die Rede. Nichiren bezog alle diese Aussagen auf sich selbst. Diesen Text und die göttliche Wirklichkeit, die er nach seiner Ansicht repräsentiere, anzurufen, wird zur Lebensmitte der von ihm gestifteten Sekte. Das ist der prophetische Zug in Nichirens Lehre und Sekte.

Als Nichiren nach seinem Studium in seinen Heimatort zurückkehrte, hielt er vor der versammelten Einwohnerschaft eine Predigt, in der er alle buddhistischen Sekten, besonders aber die Amida-Sekte, verurteilte. Vor der Entrüstung, die seine Predigt auslöste, musste er nachts aus Tempel und Heimat fliehen und kam nach Kamakura, wo er aber zu keinem Tempel zugelassen wurde. Er baute sich eine kleine Einsiedelei in der Nähe und predigte aufs neue auf den Straßen. Durch Trommelschläge rief er die Zuhörer herbei und gewann viele Anhänger. 1260 reichte er bei der Schogunatsregierung eine Warnschrift ein »Über Reform der Religion und Beruhigung des Landes«. Das ist das Charakteristische in Nichirens Verkündigung, dass sie eine starke politische Tendenz aufwies. Seine These ist, dass das Wohl des Landes ausschließlich von der Beschaffenheit der Religion abhänge, die im Staate gepflegt werde. Daher galt es für Nichiren, zunächst die Irrlehren zu bekämpfen, notfalls auch mit Gewalt.

Nichiren weissagte den nahe bevorstehenden Einfall der Mongolen, der auch tatsächlich erfolgte, wodurch sein Ansehen sich steigerte. Aber ehe noch die Rechtfertigung Nichirens durch die Mongoleneinfälle erfolgte, wurde er von dem Regenten wegen Beunruhigung des Volkes verbannt, aber nach drei Jahren freigelassen. Wieder predigte er und reizte die Regierung abermals und wurde 1271 sogar zum Tode verurteilt – ein typisches Prophetenschicksal. Die Vollstreckung des Todesurteils aber wurde im letzten Augenblick aufgehoben und in Verbannung umgewandelt. 1274 wurde er begnadigt und zurückgerufen. Er zog in ein einsames Bergkloster, wo er 1282 starb.

Nichiren also lehrte einen Weg der Heiligkeit, nicht den Weg des Glaubens, wie die Amida-Sekte. Das Beten des wundertätigen Buchtitels war, was er verlangte, außer natürlich der Befolgung der Gebote höherer Moral. Der Mönch steht für Nichiren der Seligkeit näher als andere Menschen, weil er ein heiliges Leben führt. Die Gnadenerwartung aber lehnte er ausdrücklich ab. Sie führe in die Hölle. Eine einzige Anrufung Buddhas – im Sinne des Amida-Buddhismus – werde mit tausend Jahren Fegefeuer bestraft. Um den intoleranten Radikalismus dieses Reformators sichtbar zu machen, schließen wir mit einigen Worten Nichirens an seine Jünger, denen er selbst ein Beispiel an Mut und Glaubensfreudigkeit gab. Er ermahnte sie: »Vor immer vermehrten Feinden dürft ihr nicht zurückweichen, keinerlei Furcht haben, wenn auch der Kopf mit der Säge abgesägt wird, der Leib mit Lanzen durchstochen, die Füße mit Nägeln durchbohrt werden. Um die Lehre des Hokekyo (Saddharma pundarika Sutra) zu verbreiten, dürft ihr Körper und Leben nicht schonen. Immer sollt ihr den heiligen Titel (des Buches) äußern, selbst noch im Sterben.«

Nichiren war eine Prophetengestalt auf dem Boden einer mystischen Religion. Erfüllt von starkem Sündenbewusstsein und gleichzeitig vom Auftrag seiner Sendung. Der Nichirenismus lebt noch heute in Japan und ist bestrebt, den Staat zu regenerieren. Die Sokagakkai-Partei beruft sich in ihrem politischen Wirken auf Nichiren.

Damit beenden wir diesen Abschnitt, in dem die verschiedenen Bilder einer Hypostasierung Buddhas im Mahayana dargestellt werden sollten.

2 Christus als Kultgottheit

Wir haben nun den fundamentalen Wandel zu untersuchen, der sich vollzog vom historischen Jesus und seiner Reichsverkündigung zum Glauben an den Christus als eine überhistorische Kultgottheit. Wir meinen, dass hier bei aller Verschiedenheit im Inhalt ein analoges Phänomen zum Buddhismus vorliegt; denn wir hatten gesehen, dass auch dort der historische Buddha zu einer überhistorischen Kultgottheit im Mahayana wurde. Dabei müssen wir die verschiedenen Stadien und die mancherlei Einflüsse berücksichtigen, die zu dem späteren Christusglauben geführt haben.

Von der Verkündigung Jesu zum verkündeten Christus
Die historisch faßbare Geschichte Jesu endet mit seinem Tode. Der schon früh nach Jesu Tode entstandene und literarisch bezeugte Glaube an seine Auferstehung wurde in der ältesten christlichen Überlieferung mit dem Hinweis auf Augenzeugenberichte begründet. Paulus schreibt (1. Kor. 15, 5 ff.), Jesus sei dem Kephas, also dem Petrus, erschienen und danach den Zwölfen. Wie Paulus selbst die Gewissheit vom lebendigen Christus verstand, steht Galaterbrief 1.15 verzeichnet: »Als es aber Gott wohlgefiel ..., dass er seinen Sohn offenbarte in mir ...« Vom leeren Grab sagen Paulus und auch die älteste Tradition nichts. Textkritische Untersuchungen zeigen verschiedene Überlieferungen, die sich in den Texten spiegeln und die zeigen, dass ein schrittweiser Fortgang von den Berichten der Erscheinung Jesu zur Erzählung vom leeren Grab zu verzeichnen ist. Eine noch spätere Tradition wagte es, den Vorgang der Auferstehung selbst zu schildern, der in den kanonischen Evangelien nicht mehr beschrieben worden ist. Dieser Bericht findet sich in dem apokryphen Petrusevangelium. Nur eine Stelle bei Matthäus (28,2 ff.), in der von dem Engel berichtet wird, der den Stein vom Grabe abwälzt und sich darauf setzt, weist hin auf die ganz späte Schilderung der Auferstehung selbst. Erst in der Zeit zwischen Paulus, dessen Briefe bekanntlich älter sind als die Evangelien, und der Entstehung der synoptischen Evangelien ist die literarische Fixierung von Auferstehungsgeschichten eingetreten. Die griechische Gemeinde war mit griechischer Erbauungs- und Romanliteratur vertraut, so dass von dort Farben für diese Auferstehungsberichte genommen wurden und eine wachsende Materialisierung der Auferstehung beeinflusst wurde. Der historische Jesus wurde in der Urgemeinde alsbald mehr und mehr mythisiert. Carl Schneider weist in seiner »Geistesgeschichte des antiken Christentums« (1954) auf Beziehungen zu legendenhaften und mythisierenden Romanbiographien jener Zeit hin. In

jener Zeit, in der die orientalischen Mysterienreligionen im Vorderen Orient weit verbreitet waren, die von sterbenden und auferstehenden Gottheiten das Heil erwarteten und verkündeten, und in der man in jener mythischen Vorstellungswelt lebte, setzte eine Weltreligion des Christentums eine sterbende und auferstehende Heilsgottheit voraus. Ein judenchristlicher Messias im fernen Palästina hätte die hellenistische Welt weder verstanden noch akzeptiert. Auch wäre die Verkündigung Jesu ohne einen göttlichen Träger aussichtslos geblieben. Das Christentum konnte eine Weltreligion nur durch die Aufnahme Christi in den Kreis der sterbenden und auferstehenden Gottheiten werden.

Es ist also festzustellen, dass als primäres Stadium nach Jesu Tode die, wie immer begründete, Überzeugung vom Fortleben des Christus, also der Osterglaube, zu betrachten ist. Erst aus diesem Osterglauben entwickelten sich die zeiträumlichen Osterbegebenheiten (Grab und Auferstehung). Die Vorstellung einer Erhöhung aus der Todeswelt war in der Henoch-Tradition vorhanden; denn es heißt in den Texten, dass Henoch nicht starb, sondern von Gott »hinweggenommen« sei.

Paulus verstand diesen Glauben an die Auferstehung Jesu so, dass es sich hier nicht um einen Ausnahmefall handele, sondern darum, dass hier der Hereinbruch des Reiches Gottes beginne. Die Weltverwandlung hat schon begonnen, das Tor der neuen Welt ist durch die Auferstehung Jesu aufgetan, die Ewigkeit bricht herein; denn ein neuer Äon hat zu existieren angefangen, und jeder Jünger Jesu nimmt daran teil. Deshalb kann Paulus sagen: Christus sei »der Erstling unter denen, die entschlafen sind«. (1. Kor. 15,20)

Der ursprüngliche Osterglaube ist also der, dass angenommen wurde, dass der Anbruch des Reiches und die Wiederkunft Christi unmittelbar bevorständen. Die Lebenden trenne nur eine kurze Zeit von dieser Endkatastrophe. Tacitus weist in seinen Annalen (s. S. 20) darauf hin, dass durch die Hinrichtung Jesu zwar eine Schwächung des Christentums eingetreten, dass aber gleichwohl und erstaunlicherweise der Glaube wiederaufgelebt sei. Damit weist er auf die Schwierigkeit hin, wie Glaube an einen Messias möglich sei trotz seines Kreuzestods. Der Osterglaube überwand diese Schwierigkeit. Wir stehen hier in der grundlegenden Wandlung der Vorstellung von dem problematischen Trotz zum begründenden Weil: Nicht trotz Jesu Tod kann oder muss an das Heil geglaubt werden, sondern weil Jesus starb, ist dadurch das Heil begründet. Diese Vorstellung bahnt sich an, nämlich der Gedanke der Heilsbedeutung des Todes Jesu.

Der Glaube an das unmittelbar bevorstehende Ende dieser Welt wird durch das Vergehen der Zeit widerlegt. Man sollte meinen, dass die Urgemeinde, die eine Gemeinde der Wartenden war, zu einer Schar Enttäuschter geworden wäre. Das war nicht der Fall; denn der Osterglaube bestand nicht nur darin, dass er von der Auferstehung Jesu überzeugt war, sondern auch darin, dass mit Tod und Auferstehung bereits geschehen ist, was das Heil begründet, so dass also zwar das Ende der Welt und das Weltgericht in der Zukunft liegt, das individuelle Heil aber schon gegenwärtig ist. Die Menschen verstehen sich als Bürger zweier Welten: »So seid ihr nun nicht mehr Gäste und Fremdlinge, sondern Mitbürger der Heiligen und Gottes Hausgenossen.« (Eph. 2,19) So sind die Gläubigen einer ewigen Welt zugehörig auch unter den Verhältnissen des Weiterbestehens dieser vergänglichen Welt. Dieses Bewusstsein gewann Form in den Vorstellungen, die wieder die Umwelt anbot. Hier entstand der Christus-Mythos. Das hat vortrefflich Martin Dibelius in folgendem Satz ausgesprochen: »Der Christus-Mythos ist die Form, in der die neue Orientierung der Christusgläubigen im Sinne des Reiches Gottes sich den Sinn des Werkes Christi in der unverwandelten Welt symbolhaft verdeutlichte.«

Paulus deutet vom Osterglauben aus das ganze Leben Jesu, auf das er, wie 2. Kor. 11,16 zeigt, im Einzelnen kein Gewicht legt und das er nur als Faktum in seine theologische Konzeption einbaut, indem er den gnostischen Erlösungsmythos auf Jesu Leben anwendet. Dieser Mythos der Gnosis handelt von dem aus der ewigen Welt gekommenen Gottessohn, der nach Erfüllung seiner irdischen Heilsaufgabe wieder in die ewige Welt zurückkehrt. Der neutestamentliche Text, in dem man diesen Mythos wiederfinden kann, steht Phil. 2,6–14 und lautet so: »Er, der in göttlicher Gestalt war, hielt es nicht für einen Raub, Gott gleich zu sein, sondern entäußerte sich selbst und nahm Knechtsgestalt an, ward den Menschen gleich und der Erscheinung nach als Mensch erkannt. Er erniedrigte sich selbst und ward gehorsam bis zum Tode, ja zum Tode am Kreuz. Darum hat ihn auch Gott erhöht und hat ihm den Namen gegeben, der über alle Namen ist, dass in dem Namen Jesu sich beugen sollen aller derer Knie, die im Himmel und auf Erden und unter der Erde sind, und alle Zungen bekennen sollen, dass Jesus Christus der Herr ist, zur Ehre Gottes, des Vaters.«

Das Leben des historischen Jesus wird hier also eingebaut in einen kosmischen Zusammenhang: der irdische Jesus kam aus dem Himmel, lebte ein irdisches Leben zum Heil der Menschen und kehrte in die ewige Welt zurück. So werden Geschichte und Übergeschichte hier miteinander verbunden. Das geschah schon nach kurzem Abstand von den historischen Ereignissen des Lebens Jesu. Das braucht für uns nicht befremdlich zu sein; denn in jener Zeit lebten die Mythen von auferstehenden Gottheiten und Heroen und waren weit verbreitet. Die Mysterienreligionen bereiteten den Glauben an den Mysterienheiland Jesus vor. Bultmann weist darauf hin, dass der Grund für die Aufnahme des gnostischen Erlösungsmythos darin lag, dass damit die Möglichkeit geboten war, das in Person und Werk Jesu geschenkte Heil als ein in der Gegenwart anhebendes Geschehen verständlich zu machen.

In den Mysterienkulten lebte die Vorstellung, dass nur wer das Todeslos des Menschlichen selbst erlitt und diesen Tod durchbrach, selbst Heil bringen kann. So war es in den Attis- und Mithras-Mysterien. Deshalb bot die Umwelt die Formen und Vorstellungsweisen an, durch die bei Paulus und durch ihn vornehmlich in der Urgemeinde Leben und Werk Jesu als das einer Heiland- und Kultgottheit interpretiert wurde. Durch Paulus ist ganz wesentlich der Christus-Glaube ausgestaltet worden. Wir können hier nicht eine umfassende Darstellung der Theologie des Paulus entwickeln. Wir wollen vielmehr nur die wesentlichsten Grundmotive seiner Anschauung von Christus und seiner Bedeutung für die Erlösung darstellen.

In den hellenistischen Gemeinden fand Paulus den Glauben an den »kyrios«, den erhöhten »Herrn« und einen Kyrios-Kultus vor. Die Grundlage seiner eigenen religiösen Haltung war eben der Glaube an die gegenwärtige Wirklichkeit des verehrten Kyrios. In Bezug auf ihn entwickelte Paulus eine persönliche Christus-Frömmigkeit, die eigentlich eine Christus-Mystik war; denn es handelte sich hier darum, dass Paulus eine persönliche Wesensverbundenheit mit Christus bezeugte, wenn er sagte: »Nicht ich, sondern Christus lebt in mir.« (Gal. 2,20)

Der historische Jesus ist für Paulus, wie wir schon sagten, nicht wichtig. Das sittlich-religiöse Bild der historischen Persönlichkeit Jesu hatte für Paulus keine Bedeutung. Er kennt nur den präexistenten Christus und den gestorbenen und auferstandenen Christus: »Wir aber predigen den gekreuzigten Christus, den Juden ein Ärgernis und den Griechen eine Torheit.« (1. Kor. 1,23)

Welche Bedeutung hat nun der Tod Christi bei Paulus? Zwei Vorstellungsreihen bilden bei Paulus die Grundlage seiner Gedanken über die Bedeutung des Sterbens Jesu. Einerseits seine Anschauung vom Gegensatz von Fleisch und Geist, die wiederum die Grundlage ist der Vorstellungen des Paulus über den ersten psychischen Menschen und den zweiten Adam, den pneumatischen Menschen, der mit Christus identisch ist: »Der erste Mensch, Adam, ›wurde zu einem lebendigen Wesen‹, und der letzte Adam zum Geist, der lebendig macht.« (1. Kor. 15,45) Folgende Gedanken liegen hier zugrunde: Fleisch und Geist sind Gegensätze; denn Fleisch (sarx) ist das naturhafte Wesen des Menschen und bedeutet Abkehr von Gott und Feindschaft gegen Gott. (Röm. 8,7) Aus dieser prinzipiellen Feindschaft entspringt alle ethische Bosheit: »Das Fleisch begehrt auf gegen den Geist.« (Gal. 5,17) So sind Fleisch und Sünde unlöslich miteinander verbunden. Paulus spricht von der »sarx hamartias«, der »Sünde im Fleisch«. (Röm. 8,3) Der Begriff »Fleisch« umfasst bei Paulus den ganzen Menschen, auch seine Innenseite, seine Psyche; denn sie ist hier nur das natürliche Leben. Ein »Psychiker« wird daher vom »Pneumatiker« unterschieden, der den Geist (Pneuma) hat. Diese Spekulation bildet, wie gesagt, die Grundlage für die Gedanken des Paulus über den ersten Menschen, den psychischen Menschen, und den zweiten pneumatischen Adam, der Christus ist.

Der erste Adam war von niederem Wesen, sarx und psyche besaß er. Er war also lediglich ein »Lebewesen« (psyche zosa). Diesem ersten Adam tritt Christus in seiner pneumatischen Wesenheit als zweiter Adam entgegen. (2. Kor. 3,17) Von Adam ist nach Paulus der Strom der Sünde ausgegangen, vom zweiten Adam geht der Strom des Heils aus. Die erste Menschheit stellt einen körperhaften Zusammenhang dar und besitzt den Todesleib. Dieser alte Mensch aber muss ausgezogen werden. (Kol. 3,9) Der neue Mensch und die neue Menschheit bilden ebenfalls eine Einheit. Dieser neue Mensch ist der Kyrios Christos. Sein Leib ist die Ekklesia, also die Gemeinschaft der Gläubigen, die Glieder sind an dem Leib Christi: »Ihr aber seid der Leib Christi und jeder von euch ein Glied.« (1. Kor. 12,27)

Von hier aus ist die Deutung des Todes und der Auferstehung Jesu bei Paulus zu verstehen. Zwei Worte des Paulus machen deutlich, was hier als Vorstellung zugrunde liegt: »Wenn einer für alle gestorben ist, so sind sie alle gestorben« (2. Kor. 5,14), und ein zweites Wort: »Wie sie in Adam alle sterben, so werden sie in Christus alle lebendig gemacht werden.« (1. Kor. 15,22) In diesen Worten ist die eigentümliche Vorstellung eines urbildlichen Sterbens und Auferstehens Jesu gegeben; denn die beiden Tatsachen des Todes und der Auferstehung sind urbildliche Geschehnisse, womit gesagt ist, dass, was in ihnen geschah, sich immer wieder vollzieht.

Nach der Anschauung des Paulus ist der Tod Jesu für ihn Befreiung von dem Sündenfleisch, das auch er trug. Diese Befreiung ist für ihn endgültig; denn er ist damit in die höhere Sphäre erhoben: »Christus, von den Toten erweckt, hinfort nicht stirbt; der Tod kann hinfort über ihn nicht herrschen.« (Röm. 6,9) Diese Befreiung aus der Sphäre der Todeswelt ist von urbildlicher Bedeutung für alle, die Christus angehören. Sie sind mit ihm gestorben. In seinem Kreuzestode wurde das alte menschliche Wesen vernichtet und die Sünde zum Tode verurteilt (Röm. 6,3). Dies ist die nach Paulus seit Christi Tod und Auferstehung bestehende objektiv neue Situation für die Menschheit.

Diese Gedanken sind eng mit der Mysterienwelt und ihren Vorstellungen von den sterbenden und auferstehenden Gottheiten verbunden. Zum Nachvollzug dieser Idee einer grundsätzlichen Veränderung der Gesamtsituation in der Menschenwelt muss man bedenken, dass die Menschen jener Zeit ein kollektives Denken beherrschte, das es ermöglichte, den historischen Einzelfall des Todes und der angeblichen Auferstehung auf alle Menschen zu beziehen. Es besteht ein gemeinsames Schema, die Gottheit und ihr Schicksal zum Vorbild des Schicksals der Gläubigen, die sich der Kultgottheit durch Weihe oder Glauben anschließen, zu machen. Was sich einmal vollzog, wiederholt sich immer neu. Darum findet sich bei Paulus der Gedanke des Mitsterbens und des Mitauferstehens mit Christus: »So sind wir ja mit ihm (Christus) begraben durch die Taufe in den Tod, damit, wie Christus auferweckt ist von den Toten durch die Herrlichkeit des Vaters, auch wir in einem neuen Leben wandeln.« (Röm. 6,4) Durch diese Vorstellungen gewann der Tod eines wirklichen Menschen und nicht nur eines mythischen Kultheros, wie in den Mysterienreligionen, eine ungeheure Bedeutung: hier vollzog sich die Mythologisierung des Christentums.

Neben dieser Mysterienmythologie und dem gnostischen Erlösungsmythos zog Paulus zur Deutung des Todes Jesu eine weitere Gedankenreihe aus seiner eigenen religiösen Tradition heran, nämlich die israelitische Idee des Sühneopfers. Paulus schreibt (1. Kor. 6,20): »Ihr seid teuer erkauft.« Darin liegt der Gedanke des Loskaufes, wie er ausführlicher in dem nicht von Paulus stammenden 1. Petrusbrief (1,18) dargestellt ist: »Ihr wisst, dass ihr nicht mit vergänglichem Silber oder Gold erlöst seid von eurem nichtigen Wandel nach der Väter Weise, sondern mit dem teuren Blut Christi als eines unschuldigen und unbefleckten Lammes.« Und im Hebräerbrief (9,22) heißt es: »Ohne Blutvergießen geschieht keine Vergebung.« Auch in den Zusammenhang der Passah-Feier hat Paulus den Tod Christi gestellt (1. Kor. 5,7): »Denn auch wir haben ein Passahlamm, das ist Christus, der geopfert ist.«

Für die Entstehung des Christentums als Weltreligion hat Paulus fraglos entscheidende Bedeutung. Es konzentriert sich bei Paulus alles auf den Christus-Glauben als Glauben an Christus. Glaube ist für Paulus geradezu die innere religiöse Lebensform: »So halten wir nun dafür, dass der Mensch gerecht wird ohne des Gesetzes Werke, allein durch den Glauben.« (Röm. 3,28)

Objekt des Glaubens ist primär bei Jesus Gott im Sinne des Sich-Verlassens auf ihn. Auf dem Glauben beruht die

Gerechtigkeit des Menschen vor Gott. Für Paulus aber wird das Objekt des Glaubens Christus, wodurch sich das Glaubensobjekt für ihn verdoppelt: Gott und Christus. Glaube ist das Organ, mit dem der Christ die gegenwärtige Wirklichkeit des »Herrn«, des Kyrios, erfasst.

Die Gemeinde, bzw. die Gemeinschaft der Christus-Gläubigen, ist für Paulus nicht mehr eine Summe einzelner gläubiger Menschen, sondern eine mystische Einheit: Der Geist Gottes durchwaltet diese Gemeinschaft und macht sie zum »Leib Christi«: »Ihr aber seid der Leib Christi und jeder von euch ein Glied.« (1. Kor. 12,27) »Denn wie der Leib einer ist und doch viele Glieder hat, alle Glieder des Leibes aber, obwohl sie viele sind, doch ein Leib sind: so auch Christus. Denn wir sind durch einen Geist alle zu einem Leib getauft.« (1.Kor. 12,12 f.) In diese von Paulus als Organismus gedeutete Gemeinschaft tritt man ein durch die Sakramente: Taufe und Abendmahl, das nach 1. Korintherbrief 10,16 als »Gemeinschaft mit dem Leib und Blut des Christus« verstanden wird.

Hier ist, was Wesen und Bedeutung Christi betrifft, etwas Entscheidendes geschehen: Der historische Jesus bezog seine Sendung auf das israelitische Volk. Er hat auch an keine Missionierung seiner Verkündigung gedacht. Als er Matthäus 10 die zwölf Jünger aussandte, gebot er ihnen: »Geht nicht den Weg zu den Heiden und zieht in keine Stadt der Samariter, sondern geht hin zu den verlorenen Schafen aus dem Hause Israel.« (Matth. 10,5 f.) Offenbar war Jesus auch der Meinung, dass das Reich Gottes eher anbrechen werde, als sie mit den Städten Israels zu Ende kommen würden. (Matth. 10,23) Jesus war also ein israelitischer Reformer prophetischen Stils, in dessen Wesen und Wirken freilich seine Jünger schon überirdische Kräfte spürten. So war die ursprüngliche urchristliche Gemeinde eine Sekte im Rahmen der israelitischen »Kirche«. In der Apostelgeschichte 21,20 heißt es, dass diese Judenchristen »Eiferer für das Gesetz« gewesen seien. So wird auch Apostelgeschichte 2,46 von der Gemeinde der Jünger Jesu nach seinem Tode gesagt: »Sie waren täglich einmütig beieinander im Tempel.« Um aus dem Status einer israelitischen Sekte zu einer übervölkischen Universalität zu gelangen, bedurfte es der Entnationalisierung der urchristlichen Verkündigung, also einer nationalen Entschränkung. Das geschah durch Paulus; denn er predigte den überhistorischen und übernationalen Kyrios Christos, nicht den historischen Jesus und dessen Botschaft vom Anbruch des Reiches Gottes. Paulus vollzog, wie wir sahen, die Entfaltung des in den hellenistischen Gemeinden bereits vorgefundenen Glaubens an den Christus mit Hilfe rabbinischer und hellenistischer Spekulation. So entwickelte sich auch bekanntlich schon in der Urgemeinde ein Gegensatz zwischen dem Judenchristentum und seinen Vertretern einerseits und dem Heidenchristentum andererseits bzw. zwischen Petrus und Paulus. Der Gegensatz zwischen Petrus bzw. den »Säulen« (Gal. 2,9) der palästinensischen Urgemeinde und Paulus bestand wesentlich darin, dass jener am Gesetz festhielt und verlangte, dass getaufte Heiden gleichfalls zur Erfüllung des Gesetzes verpflichtet seien, was Paulus bestritt, der seinen Standpunkt auf dem so genannten Apostelkonzil in Jerusalem durchsetzte. (Gal. 2)

Christus, Herr der christlichen Kirche

Wir müssen die Entwicklung des Christus-Glaubens noch eine Strecke weiter verfolgen; denn aus den Urgemeinden wurde die christliche Kirche. Die Frage, in welchem Verhältnis Jesus zu dieser späteren christlichen Kirche zu denken ist, kann nur so beantwortet werden, dass Jesus sicher keine Gründung einer Dauerinstitution wie der Kirche beabsichtigt hat; denn Jesus lebte bekanntlich im Glauben an das nahe bevorstehende Ende der Welt. Schon aus diesem Grunde konnte er keine auf Dauer berechnete Kirche gründen wollen. Das berühmte Wort Jesu an Petrus nach dessen Christus-Bekenntnis Matthäus

16,18: »Du bist Petrus, und auf diesen Felsen will ich meine ›Gemeinde‹ (ekklesia = Gemeinde) gründen, und die Pforten der Hölle (des Hades) werden sie nicht überwältigen« hat bereits A. v. Harnack in seiner Akademie-Schrift »Der Spruch über Petrus Matth. 16,12 ff.« (1918) dahin interpretiert, dass in diesem Wort ursprünglich nicht die Kirche bzw. Gemeinde, sondern Petrus selbst angesprochen wird, dem vorausgesagt wird, er werde nicht in den Hades kommen, d. h. er werde nicht sterben. Da nun aber Petrus doch starb, änderte man die Weissagung dahin um, dass die Kirche nicht sterben werde, was eine ungewöhnliche Aussageform ist. Wir können hier nicht im Einzelnen darstellen, wie die soziologische Entwicklung der Urgemeinde zur Kirche sich vollzog. Ich verweise auf mein Buch »Soziologie der großen Religionen« (1966, S. 222 ff.).

3 Vergleich zwischen buddhistischer und christlicher Entwicklung zur Kulturreligion um ihre vergöttlichten Stifter

Die Erhöhung eines historischen Religionsstifters zur Kultgottheit

In beiden Religionen waren die Stifter Menschen dieser irdischen Welt und Geschichte, und beide wurden in die numinose Sphäre von Kultgottheiten erhoben. Im Buddhismus geschah das relativ spät in der Strukturform des Mahayana. Hier entstand, wie wir gesehen haben, der Glaube an zahlreiche Buddhas und Bodhisattvas, von denen einer das himmlische Urbild des historischen Buddha sein soll. Buddha wird hier in der sogenannten trikaya-Lehre, der Lehre von den »drei Körpern«, in einen kosmischen Zusammenhang gestellt (vgl. S. 183 f.)

Im Christentum geschah die Deifizierung des historischen Jesus relativ früh. Schon in der Urgemeinde lebte der Glaube an die Auferstehung Jesu und seine Aufnahme in den Himmel sowie der Glaube an seine Wiederkehr zum Endgericht. Auch hier ist also die Hypostasierung einer geschichtlichen Persönlichkeit geschehen, und die Erzählungen ihres irdischen Lebens, wie sie in den Evangelien des Neuen Testaments uns vorliegen, sind, wie wir oben dargestellt haben, bereits von dieser nachösterlichen Gewissheit aus geschrieben.

Wir beobachten weiter, dass die Lebensbeschreibungen beider Meister mit legendarischen Elementen verquickt worden sind, und zwar sind es Legenden vornehmlich um Geburt und Tod, bei Jesus auch um die Auferstehung. Im Christentum wie im Buddhismus ist erkennbar, dass diese Legenden nicht ältestes Traditionsgut waren, sondern erst dem späteren Bedürfnis der Gemeinden entsprachen.

Beide Persönlichkeiten standen zu ihrer religiösen Tradition, aus der sie kamen, in einem ähnlichen Verhältnis, nämlich in einem kritischen. Buddha übernahm wesentliche Elemente der brahmanischen Tradition, wie z. B. die Samsara-Idee, aber er lehnte zahlreiche Lehren der Brahmanen ab, wie z. B. die Lehre vom Atman, dem konstanten Selbst in allen Wesen, und vor allem die brahmanische Ritualistik. Buddha hat den Lehr- und Autoritätsanspruch der Brahmanen entschieden verworfen, wie Jesus den der Pharisäer und Schriftgelehrten bestritten hat. So erfüllt das Leben beider Meister eine gewisse Spannung gegenüber den Hütern der religiösen Tradition, allerdings in der Form, dass bei Buddha dieser Gegensatz keinen tödlichen Charakter hat, sondern von Buddhas Seite her nur eine mehr spöttische Ablehnung bedeutet. Für Jesus dagegen ist diese Gegnerschaft zu den Pharisäern und Schriftgelehrten bekanntlich die Ursache seines Prozesses und seiner Hinrichtung.

Gemeinsam ist auch beiden Religionen der Wandel von der Strukturform der Sekte, die beide Gemeinschaften zunächst waren, zur Strukturform der Weltreligion, und zwar unter analogen Wandlungen, vornehmlich der vom bloßen menschlichen Religionsstifter zum vergöttlichten Kultheros. Dabei zeigen sich jedoch charakteristische Verschiedenheiten: Der Urbuddhismus war eine geistige und aristokratische Asketenreligion. Die Urgemeinde war ein Mönchs- bzw. später auch ein Nonnenorden. So konnten zu Buddhas Jüngerkreis nur Menschen gehören, die den Heilspfad, den Buddha zeigte, auch wirklich beschritten, also nicht solche, die nur nominell und äußerlich Mitglieder der Ordensgemeinschaft waren, wie es später in den Massenreligionen der Fall war.

Jesus dagegen gründete keinen exklusiven Orden. Wir haben hier vielmehr zunächst einen Kreis von Jüngern, der sich um Jesus scharte in einer offenen Gemeinschaft, der jeder Institutionscharakter fehlte. Auch hier waren die Jünger Menschen, die mit Ernst in der »Nachfolge« Jesu standen, zumal hier, im Unterschied zur Nachfolge Buddhas, jene Nachfolge der Verfolgung ausgesetzt war, wie es Jesus vorausgesagt hatte: »Vor diesem allen (Weltende) werden sie Hand an euch legen und euch verfolgen, und werden euch überantworten den Synagogen und Gefängnissen und euch vor Könige und Statthalter führen um meines Namens willen.« (Luk. 21,12) Nach Jesu Tode sammelte sich die Gemeinde in Jerusalem zu einer jüdischen Sekte. (Apg. 24,5) Paulus und seine Mitapostel lösten die nationalen Bindungen und schufen durch die Übertragung hellenistischer Erlösungsmythen auf die geschichtliche Gestalt Jesu die Voraussetzung für das Werden der christlichen Weltreligion und Kirche.

Verwandte religiöse Motive finden sich in dem späteren Mahayana-Buddhismus: einerseits eine Paradiesesvorstellung, die mit überaus irdischen Farben ausgemalt ist, und die im Buddhismus – darin liegt der Unterschied – nur eine vorläufige Seligkeitssphäre darstellt und nicht, wie es in der christlichen Mythologie angesehen wird, als endgültiger Aufenthaltsort der Erlösten. Im Buddhismus steht allenthalben das Nirvana als endgültiges Heilsziel hinter den mehr vordergründigen Heilszielen paradiesischen Charakters.

Ein weiteres Moment ist das Verhältnis von Glaube und Werk, wie es vornehmlich im Amida-Buddhismus Japans uns begegnet. Hier stoßen wir auf eine katholisch-protestantische Spannung auf dem Boden dieser Mahayana-Sekte.

Der übergeschichtliche Buddha Amitabha steht zu seiner irdischen Erscheinungsform, dem historischen Buddha, in keinem anderen Verhältnis als dem der Manifestation. Das irdische Leben des historischen Buddha spielt also im Mahayana-Buddhismus keine Rolle. Im Christentum war es Paulus, der, wie wir oben (S. 201) zeigten, den historischen Jesus und seine irdischen Lebensumstände nicht näher kennt und nur den auferstandenen Christus verkündigt. Aber die Interpretation ist die, dass das geschichtlich irdische Leben Jesu, von dem immerhin zahlreiche geschichtlich einwandfreie Begebenheiten bekannt sind, als Menschwerdung Gottes angesehen wird, so dass ein Jüngerbekenntnis lauten konnte: »Das Wort (= ewige göttliche Wesenheit) ward Fleisch und wohnte unter uns, und wir sahen seine Herrlichkeit, eine Herrlichkeit als des eingeborenen Sohnes vom Vater, voller Gnade und Wahrheit.« (Joh. 1,14) Während im späteren Buddhismus das geschichtliche Leben des Buddha ohne Bedeutung ist, wird im Christentum nach Jesu Tode dieses Leben des historischen Jesus mit der Wirklichkeit des übergeschichtlich existenten Christus identifiziert als seine irdische Erscheinungsform. Aber nicht nur diese Beziehung besteht zwischen dem irdischen Jesus und dem überirdischen Christus, sondern das irdische Todesschicksal und die angebliche Auferstehung Jesu werden als für die erlösungsbedürftige, im Unheil befindliche Menschheit als Werk der Erlösung betrachtet.

Wie das sogenannte »vorzeitliche Gelübde« des Buddha Amitabha, auf das sich die Heilsgewissheit der Amida-Gläubigen gründet, unhistorisch ist, so sind auch die verheißenden Äußerungen des auferstandenen Christus unhistorisch. Das Matthäusevangelium endet mit dem Worte Jesu: »Mir ist gegeben alle Gewalt im Himmel und auf Erden. Darum gehet hin und machet zu Jüngern alle Völker: Taufet sie auf den Namen des Vaters und des Sohnes und des heiligen Geistes und lehret sie halten alles, was ich euch befohlen habe. Und siehe, ich bin bei euch alle Tage bis an der Welt Ende.« (Matth. 28,18 f.) Dieser Missions- und Taufbefehl steht im Widerspruch zu dem Wort Jesu (Matth. 10,6): »Geht nicht den Weg zu den Heiden« und zu der von Jesus geübten Praxis, nicht zu taufen (Joh. 4,2). Nicht nur wegen dieser Widersprüche ist der Missionsbefehl unhistorisch, sondern noch aus zwei weiteren Gründen: Einerseits stammt er von dem Auferstandenen, der geschichtlich nicht fassbar ist, und außerdem verwendet er eine liturgische Formel, in der die trinitarische Gottesidee vorausgesetzt ist. Jesus hat diese Formel, die als Taufliturgie in der späteren Kirche Verwendung fand, nicht gebraucht und hat sich selbst nicht im Gottesbekenntnis neben Gott und dem heiligen Geist eingeordnet.

Wandel einer Sekte zur Weltreligion

Wir haben noch eine letzte Verschiedenheit in der Entwicklung beider Religionen festzustellen: Der Buddhismus wandelt sich von einer reinen Asketen- und Mönchsreligion zu einer universalen Laienreligion, jedenfalls in den von uns dargestellten Sekten des Amida-Buddhismus. Das Christentum erlebte eine umgekehrte Entwicklung: Ursprünglich war es im Kreise Jesu und in der Urgemeinde eine Laienreligion ohne weltflüchtige Züge. Dann erst entstand eine Differenzierung der Wege. Wir beobachteten eine Verweltlichung und eine Entstehung der Massenkirche, und dass dann eine Gegenbewegung des Mönchtums die Verweltlichung im Kreise der Mönche und der Mystiker zu überwinden trachtet. Eine weitere Gegenbewegung war der reformatorische Protest, der wieder auf die Erneuerung der urchristlichen Laienfrömmigkeit im Gegensatz zur priesterlichen Bevormundung durch die mittelalterliche Kirche gerichtet war.

X
Konsequenzen aus dem Vergleich

Nachdem wir auf religionswissenschaftlicher Grundlage das Verhältnis der beiden großen Meister, Buddha und Christus, und ihrer Religionen zueinander dargestellt haben, wollen wir versuchen, in diesem letzten Abschnitt Konsequenzen aus dem dargelegten Sachverhalt zu ziehen. Hier wird es sich ganz wesentlich um persönliche Aussagen und Urteile handeln.

Nachdem wir aufgrund unserer Untersuchung von Buddhismus und Christentum und der Erscheinung Buddhas und Christi jeweils für beide Religionsbereiche Grundwerte erörtert und dargestellt haben, die sich als Konsequenzen aus der Betrachtung ergeben, sollen nun aus dem Vergleich selbst Konsequenzen gezogen werden für das religiöse Leben des modernen Menschen in seiner heutigen Situation.

Ohne auf Einzelheiten einzugehen, stellen wir fest, dass diese Situation wesentlich die einer Wohlstandsgesellschaft ist mit einer materialistischen Wertordnung. Fraglos sind die Menschen dieser Welt übersättigt mit vergänglichen Gütern und leben vielfach ein Leben ohne Ziel, eben weil sie ein Leben ohne höhere und höchste Werte praktizieren. Wir meinen deshalb, dass es die Aufgabe auch einer Untersuchung, wie wir sie hier angestellt haben, ist, Werte im Leben und für das Leben erkennbar zu machen, Werte, die eine Befriedigung in sich selbst haben und unvergänglich sind, wie es in der Bergpredigt (Matth. 6,19 f.) heißt: »Ihr sollt euch nicht Schätze sammeln auf Erden, wo sie die Motten und der Rost fressen und wo die Diebe einbrechen und stehlen. Sammelt euch aber Schätze im Himmel, wo sie weder Motten noch Rost fressen und wo die Diebe nicht einbrechen und stehlen.« Wir wollen die Konsequenzen, die wir aus dem Vergleich zu ziehen gedenken, in zwei Abschnitte gliedern: einerseits in Konsequenzen aus dem Bilde der Meister und andererseits in Konsequenzen aus den Lehren der Meister.

Konsequenzen aus dem Vergleich der Bilder beider Meister

Aus der vergleichenden Betrachtung des Bildes beider Meister gewinnen wir die Erkenntnis von der vorbildlichen Bedeutung beider Stifterpersönlichkeiten. Sowohl Buddha wie Jesus erhielten ihre Legitimation nicht durch eine Tradition und auch nicht durch eine institutionelle Beamtung, sondern durch ihre Würde und immanente Autorität. Beide hatten mit Widerständen zu tun: Buddha wurde von den Brahmanen nach seiner Vollmacht gefragt, da ihm in ihren Augen die Legitimation zu fehlen schien. Auch in der Geschichte von den fünf Mönchen wird von Ablehnung berichtet, die dann in Verehrung umschlägt. Hohepriester und Älteste des Volkes Israel sprachen zu Jesus, als er in den Tempel kam: »Aus welcher Vollmacht (exousia) tust du das, und wer hat dir die Vollmacht gegeben?« (Matth. 21,23) Buddha wie Jesus setzen sich ihren Gegnern gegenüber durch ihre Ausstrahlung durch. Von dem tiefen Eindruck, den beide Meister auf ihre Jünger gemacht haben, zeugen die Texte. Von Buddha heißt es: »Dies ist die erste in der Welt entstehende Person, die da entsteht zum Heil vieler Menschen, zum Glück vieler Menschen, aus Mitleid mit der Welt, zum Wohl, zum Heil, zum Glück der Götter und Menschen.« Und von Jesus sagt das Wort des Johannesevangeliums (1,14): »Und wir sahen seine Herrlichkeit.« Auch die zahlreichen Legenden bezeugen diesen tiefen Eindruck, der über die Jahrtausende hin wirkt. Hier wird sichtbar, dass es Lebenswerte gibt, die in den Meistern verwirklicht wurden, die gegenüber dem ebenso rasch entstehenden wie vergehenden Ruhm des Tages von bleibend wirkender Kraft sind. Buddha und Christus sollte man als wirkende Leitbilder in sein Leben hineinnehmen. Beide Meister wandten sich aufgrund ihrer ihnen innewohnenden Autorität gegen institutionelle Macht.

Das Erlebnis des Numinosen, das von beiden Stifterpersönlichkeiten ausging, drückte sich aus in der beiderseits vorhandenen Idee der Inkarnation, die ihre Erscheinung in den Jüngern hervorrief. Wir hörten, dass im Mahayana-Buddhismus der historische Buddha angesehen wurde als eine Manifestation des Urbuddha, und von Jesus heißt es (Joh. 1,14): »Das Wort ward Fleisch und wohnte unter uns.« Wir haben oben auf die Unterschiede aufmerksam gemacht. Während in Asien das Erlebnis der Inkarnation, also der Glaube an eine Menschwerdung göttlicher Personen, häufig bezeugt ist, bildet nach christlicher Auffassung die Menschwerdung Gottes in Jesus die Ausnahme. Das hängt mit den Strukturformen der beiden Religionen zusammen, der mystischen und der prophetischen. Aber beiderseits stehen wir vor dem Phänomen, dass in menschlichen Persönlichkeiten von Menschen mit einem Sinn für das Heilige Manifestationen des Ewigen gesehen wurden und werden, wie denn beiderseits die Ikonographie sowohl Buddha wie auch Jesus mit einem Heiligenschein, einer Gloriole, abzubilden pflegt.

Geschichtlichkeit und Übergeschichtlichkeit werden beiderseits in Bezug auf Buddha und Christus gleichzeitig bezeugt. In dogmatischer Formulierung heißt es von Jesus »wahrer Mensch und wahrer Gott«, und von Buddha wird z. B. in dem großen Bauwerk Borobudur auf Java oder in den Jataka-Erzählungen vielgestaltiges irdisch-menschliches Dasein berichtet. Dann aber sagen schon die Hinayana-Texte: »Weil er in der ganzen Welt die ganze Welt erkannt hat, so wie sie ist, ist er von der ganzen Welt völlig befreit, der Unvergleichliche in allen Welten … Der höchste Friede ist ihm eigen, der das mit Flecken nicht behaftete Nirvana erreicht hat … Er, der Erlöste, ist der Erste unter den Erlösung Bringenden; der Hinübergelangte ist unter denen, die den Strom kreuzten, der Vorzüglichste.« Noch deutlicher wird die Übergeschichtlichkeit der Buddha-Wirklichkeit im Mahayana ausgedrückt, wo die Buddha-Gestalten und die Bodhisattvas nach der Trikaya-Lehre den Zusammenhang des historischen Buddha mit der numinosen Überwelt zum Ausdruck bringen. Danach hat, wie oben dargestellt wurde, der historische Buddha wesenhaften Anteil an der übergeschichtlichen Wirklichkeit des absoluten Buddha, des Urbuddha.

Der Vergleich beider Meister zeigt, dass in beiden Persönlichkeiten eine wie immer vorgestellte ewige Wirklichkeit sich für Jünger auftut. Daraus sollte als Haltung hervorgehen, wie es in Ostasien, aber auch in Indien tatsächlich praktiziert wird, eine Überwindung des Entweder-Oder-Denkens durch ein Sowohl-als-auch-Denken. Wir haben oben (S. 111 ff.) von dem Vergleich berichtet, den Paul Tillich hinsichtlich der beiderseitigen Vorstellungen vom Reich Gottes und dem Nirvana durchgeführt hat. Er kam zu der Erkenntnis, dass beide Sichtweisen des Ewigen sich nicht ausschließen, sondern dass beide verschiedene Aspekte sind, die nebeneinander möglich sind, weil sie beide aus echter Erfahrung des Heiligen stammen. Das ist es, was aus dem Vergleich sich ergeben sollte. Die christliche Orthodoxie vertritt natürlich den Standpunkt des Entweder-Oder aufgrund des von ihr erhobenen Absolutheitsanspruches der Einmaligkeit und der Unvergleichlichkeit der christlichen Verkündigung. Wir sind demgegenüber vielmehr der Meinung, dass der Absolutheitsanspruch, dem wir in der Welt der Religionen vielmals begegnen, aus dem Erlebnis der intensiven persönlichen Gebundenheit im eigenen Religionsbereich entspringt, dass aber dieser Absolutheitsanspruch keine objektive Erkenntniswahrheit darstellt, sondern ein Erlebnisurteil ist. Das Erlebnis persönlicher Ge- und Verbundenheit mit der eigenen Religionswelt ist durchaus legitim, nur muss das Absolutheitsbewusstsein auf die persönliche Beziehung zur numinosen Wirklichkeit beschränkt bleiben, was indessen die Anerkennung fremder religiöser Möglichkeiten im Sinne inhaltlicher Toleranz nicht ausschließt.

Wir sprachen oben (S. 79 ff.) vom Meisterwort und seiner Dynamis. Wir ziehen daraus hier die Konsequenz, dass in der Welt menschlichen Geistes jene anscheinend so flüchtigen Bildungen des Wortes gleichwohl Dynamis, ewige Wirkkraft, in sich tragen können, die sie befähigt, über die Jahrtausende hin zu wirken und Menschen den Weg in eine ewige Welt zu öffnen. Beide Meister haben das vollbracht. Im Neuen Testament (Joh. 6,63) heißt es: »Die Worte, die ich zu euch geredet habe, die sind Geist und sind Leben.« Unter den Abschiedsworten des historischen Buddha findet sich das Wort an Ananda: »Ananda, es könnte euch vielleicht der Gedanke kommen: ›Der Lehrer, der uns das Wort verkündete, ist dahingegangen, wir können uns nun auf keinen Lehrer mehr berufen.‹ So dürft ihr die Sache nicht ansehen, Ananda. Die Lehre und die Regel, die ich euch gepredigt und vorgezeichnet habe, die sind euer Lehrer nach meinem Ende.«

Konsequenzen aus dem Vergleich der Lehren der Meister

Wir beobachteten im Bereich des Buddhismus beide Möglichkeiten, göttliche Existenz vorzustellen: das schweigende, impersonale Numinose einerseits und den persönlichen, redenden Gott. Im traditionellen prophetischen Christentum begegnet uns nur der persönliche, redende Gott. Wir dürfen aber darauf hinweisen, dass in der christlichen Mystik beide Weisen der Gottesvorstellung vorkommen. Meister Eckhart macht deutlich einen Unterschied zwischen Gottheit (deitas) und Gott (deus). Die Gottheit ist nach Eckhart das »esse absolutum«, das numinose Eine, von dem Eckhart sagt: »Gott ist dasselbe Eine, das ich bin.« Die neutrale und impersonale Gottheit steht über dem trinitarischen Gott: »Nie hat die Gottheit dies oder das gewirkt, sondern Gott erst schafft alle Dinge. Wo Gott Schöpfer ist, in dem ist er mannigfaltig und erkennt alle Mannigfaltigkeit. Wo er aber Eines ist, da ist er alles Wirkens frei und ledig, erkennt aber in solchem Einssein auch weiter nichts, als was er überwirklich in sich selber ist.« Wie in der Lehre des indischen Mystikers Shankara (7.–8. Jh. n. Chr.) aus dem neutralen Brahman der persönliche Gott Ishvara hervorgeht zugleich mit dem Atman, der Seele, so auch bei Eckhart. Nur mit und an der Seele und an der Kreatur ist Gott Person: »Erst als ich ausfloss (aus dem ewigem Grunde der Gottheit), da sprachen alle Kreaturen Gott aus.« Von der Seite des Menschen aus gesehen, stellt sich dieser Gegensatz von Gottheit und Gott in folgender Weise dar: Eckhart spricht von dem »Fünklein der Seele, an das Zeit und Raum nicht rühren«. Dieser Funke in der Seele sucht vorzudringen in die Tiefe der Gottheit: »Er begnügt sich nicht mit Vater, Sohn und Heiligem Geist, nicht mit den drei Personen, sofern jede in ihrem Eigensein besteht. Ich sage fürwahr, dass dieses Licht (der Funke) sich auch nicht begnügt mit der befruchtenden Eingebärung göttlicher Natur. Ja, ich behaupte noch mehr, und es klingt noch wunderlicher: Es begnügt sich auch nicht mit dem einheitlichen stillstehenden göttlichen Sein, das weder gibt noch annimmt. Sondern: Es will wissen, woher das Sein kommt, es will in ... die stille Einöde, in die nie ein Unterschied hineinlugt, weder Vater noch Sohn noch Heiliger Geist. In diesem Innersten, das niemandes Heim ist, da begnügt sich das Licht ... Denn dieser Grund ist eine einheitliche Stille, die in sich unbeweglich ist; und doch werden von dieser Unbeweglichkeit alle Teile bewegt, empfangen Leben alle, die übersinnlich leben, eingezogen in sich selbst.«

Die eigentümliche Verbindung der Idee des neutralen Einen und des personalen Gottes finden wir auch bei Jakob Böhme: »Wenn ich betrachte was Gott ist, so sage ich: Er ist das Eine gegenüber der Natur, wie ein ewiges Nichts. Er hat weder Grund, Anfang noch Stätte und besitzt nichts als nur sich selber. Er ist der Wille des Urgrundes, er ist in sich selber nur Eines.« Hier schlägt also das göttliche impersonale Eine um in den persönlichen Willen Gottes. Wir stellen fest, dass auch im Christentum mystischer Prägung die Verbindung von impersonaler Gottheit und persönlichem Gott wie im Bereich der Mahayana-Mystik möglich ist.

Wir kommen noch einmal auf den im Neuen Testament redenden Gott zurück. Er hat schon im Alten Testament durch die Propheten zu den Menschen geredet, und er wandte sich in Jesu Wirksamkeit wiederum redend an die Menschen.

Wenngleich das schweigende absolute Ruhesein im Buddhismus sich nicht mit Worten den Menschen mitteilt, wird gleichwohl in den Texten z. B. im Dhammapadam von der höchsten Seligkeit des Eingehens in das ruhende Sein gesprochen: »Wer in sich trägt die höchste Seligkeit, was soll dem selbst des Himmels Herrlichkeit?« Aber wortmäßige Offenbarung gibt es auch im Mahayana-Buddhismus wie im Christentum. Auch hier kann man sagen, dass beides nebeneinander bestehen kann: das absolute schweigende Ruhesein und der redende Gott. Radhakrishnan hat die Vereinbarkeit der impersonalen Gottheit mit dem personalen Gott in folgenden Sätzen einleuchtend erklärt: »Die überpersönliche und die persönliche Auffassung des Wirklichen (= Gott) stellen den absoluten und den relativen Weg dar, die eine Wirklichkeit auszudrücken. Wenn wir den Nachdruck auf das Wesen der Wirklichkeit legen, reden wir von dem absoluten Brahman (also von der neutralen Gottheit in Eckharts Ausdrucksweise); wenn wir ihr Verhältnis zu uns betonen wollen, vom persönlichen Bhagavan (dem erhabenen, persönlichen Gott).« Das erinnert uns daran, dass auch Martin Luther von der geheimnisvoll hintergründigen Gottheit und hinsichtlich des göttlichen Heilswillens von dem »deus pro nobis«, dem »Gott für uns«, sprach.

Wir kommen zu einer weiteren Konsequenz. Der Inhalt der Verkündigung Jesu ist im Apostolischen Glaubensbekenntnis nicht enthalten. Es wird nur gesagt, dass Jesus geboren sei, dass er gelitten habe, gekreuzigt, gestorben, begraben und auferstanden sei. Das sind die äußeren Stationen seines Lebens. Worauf es aber entscheidend ankommt, ist die Gottes- und Nächstenliebe, die Jesus verkündet und geübt hat. Die Nachfolge entsprechend dieser Quintessenz der Lehre Christi ist allen Gläubigen aller Religionen möglich und hat auch in allen großen Religionen Zustimmung gefunden. Wie die ethischen Grundsätze Jesu von allen großen Religionen anerkannt sind, so lassen sich auch Prinzipien der Sittlichkeit im Bereich des Buddhismus christlicherseits anerkennen. Wir wählen einige Texte aus dem Dhammapadam, der reifsten Ausprägung buddhistischer Lebensauffassung: »Das Wort allein, wie wenig kann es sagen, / Ist es von heiliger Gesinnung nicht getragen. / Erhebe deinen Geist gleich wie auf einen Thron, / Und blicke göttlich frei auf Niedertracht und Hohn. / Tritt nieder alle Leidenschaft und sei zu stolz zum Hassen, / Lass dich vom Trug der Erde nicht blenden und nicht fassen. / Zum Wesen dringe durch, das alle Dinge hält, / Und ewig dann geborgen ruhst du im Kern der Welt.«

Über die Welteinstellung handelt folgender Vers: »Wenn die Biene Honig sammelt, bleibt der Blume Duft und Pracht. / So kann auch die Welt besitzen, wer sie sich nicht zu eigen macht.«

Von der Seligkeit der friedvollen Buddha-Gemeinschaft sprechen folgende Verse: »O wie so glücklich leben wir / Ganz ohne Hass, wo Hass doch rings umher. / Wir hassen einzig dies Gehässigsein / In einer Welt, die so liebeleer. / O wie so glücklich leben wir, / Heil uns, dass wir die Kraft gefunden. / Wie siecht die Welt verblendet hin, / Wir aber stehn in fröhlichem Gesunden. / O wie so glücklich leben wir, / Wir atmen frei von diesem nimmersatten Raffen, / Und wenn die Gier der Welt sich selber frisst, / Wir haben nichts damit zu schaffen. / O wie so glücklich leben wir, / Ganz arm und ohne jedes Gut; / Und doch strömt göttlich' Heiterkeit / Beseligend durch unser Blut.«

Von der heiteren Ruhe des Jüngers Buddhas handelt folgender Text: »Der Mönch, der in der Lehre des Buddha heitere Ruhe gefunden hat, wird voll Freude zur ruhigen Stätte des Nirvana gelangen, zur Wonne des Aufhörens aller Daseinserscheinungen.«

Unter dem Einfluss des Buddhismus ist in jüngerer Zeit eine neue Entdeckung der Meditation als Frömmigkeitsübung auch im Bereich des Christentums entstanden. Ernst Benz schreibt darüber: »Gerade die Psychologie des Unbewussten nahm staunend zur Kenntnis, dass die östlichen Religionen, vor allem der Buddhismus, eine Kultur der Meditation und einer methodischen Prägung des Geistes auf einem Gebiet entfaltet haben, das den europäischen Denkern bis jetzt weitgehend verschlossen geblieben war. So kam es zu einem neuen Versuch, die Methode östlicher Meditation im Rahmen der europäischen Psychologie und Psychiatrie therapeutisch zu verwenden.«

Wir kommen zum Ende und können das Verhältnis von Buddha und Christus, dem wir diese Untersuchung widmeten, nicht besser zum Ausdruck bringen, als es Hans Waldenfels in seinem jüngst erschienenen Buche »Absolutes Nichts« (1976) getan hat. Er schreibt: »Seit der Erleuchtung des Buddha ist für den Buddhismus die Erleuchtung das Maß aller Dinge. Der Buddhist ist ein Mensch, der zur Selbstverwirklichung in seinem Leben strebt und dabei weiß, dass er sie nicht ohne radikale Loslösung gewinnen kann. Die wahre Erleuchtung aber ruft ihn zurück in ein Engagement des Mitleidens und der Barmherzigkeit.

Seit dem Kreuzestode Christi ist für den Christen die Liebe das maßlose Maß seines Verhaltens. Der Christ ist ein Mensch, der zur Selbstverwirklichung strebt, indem er sich in radikalem Einsatz durch die andern verzehrt. Die wahre Liebe weiß sich getrieben von der Erleuchtung durch den Geist Christi.

Erleuchtung, die Liebe ausstrahlt, und Liebe, die erleuchtet ist und ergreifend, bedingen einander. Hier aber fragt es sich: Begegnen sich in der neuen Kommunikation der Tiefe, wo in Armut, Tod und absolutem Nichts erst das wahre Selbst aufersteht, nicht doch das Lächeln des erleuchteten Buddha und das leidgeprüfte Antlitz des gekreuzigten Jesus?«

Nachwort des Herausgebers

1 Die Attraktivität des Buddhismus

Buddha boomt. In den USA wie in Europa. Mit Beginn der 1990er Jahre sind wir in eine neue Phase westlicher Buddhismusbegeisterung eingetreten: Viele sehen im Buddhismus, insbesondere im Buddhismus tibetischer Prägung, *die* Alternative zum Christentum. Während die frühen deutschen Theravada-Buddhisten zu Beginn des 20. Jahrhunderts im Buddhismus einen dogmenlosen, rationalen Gegenentwurf zum Kirchenchristentum sahen und in den 50/60er Jahren der Zen-Buddhismus faszinierte, wurde der Westen in den 80er Jahren mit exilierten tibetischen Lamas bekannt, die versuchten, den tibetischen Religionstraditionen in Europa und Amerika eine neue Heimat zu geben. Gerade der tibetische Buddhismus mit seinen Zeremonien, Farben, Düften und Klängen scheint viele Abendländer anzusprechen, die nach religiöser Erfahrung suchen. Der Verlust der religiös-spirituellen Dimensionen im Christentum hatte offensichtlich ein Vakuum erzeugt, das durch buddhistische Spiritualität und Weisheit gefüllt wurde.

Die Attraktivität des Buddhismus hängt nicht zuletzt damit zusammen, dass Buddha sich mit Grundfragen des Daseins beschäftigt und Antworten gegeben hat, die für viele außerordentlich faszinierend sind – zumal in einer rationalistischen, von Wissenschaft, Technik und Kommerz bestimmten Welt. Wo kommen wir her? Wo gehen wir hin? Was ist der Sinn des ganzen Geschehens, in das wir scheinbar unentrinnbar verwoben sind? Viele sind beeindruckt von der offenbar sehr weitgehenden Kompatibilität der modernen Naturwissenschaft mit den Lehren Buddhas und der Tatsache, dass der klassische Theravada-Buddhismus ohne einen persönlichen Gott auskommt – zumindest gibt es hier keinen Gott, der denen anderer monotheistischer Religionen vergleichbar wäre. Das Karma-Gesetz von Tat und Tatenfolge, von Ursache und Wirkung, übt auf (natur-)wissenschaftlich sozialisierte Abendländer erhebliche Attraktion aus. Verlockend mögen auch Macht-Erfahrungen sein, die man mit Hilfe von Mantras und Visualisierungen erzeugt.[5] Eine der unbestreitbaren Stärken des Buddhismus ist seine Friedensorientierung. Mögen auch buddhistische Länder Kriege geführt und den Buddhismus dabei instrumentalisiert haben[6], so bleibt die Tatsache bestehen, dass in Buddhas Lehre der ahimsa-Gedanke des »Nicht-Verletzens« eine zentrale Rolle spielt[7]. Die Begegnung mit dem Buddhismus hat dazu geführt, dass Christen eine lange Zeit vor allem in den Klöstern praktizierte Frömmigkeitsform wiederbelebt haben: die Meditation. Heute ist sie aus der christlichen Spiritualität, selbst der protestantischen, in der sie durchaus auch beheimatet war, nicht mehr wegzudenken. Ein weiteres Motiv der Buddhismus-Attraktivität ist das Interesse vieler Abendländer an fremden, exotischen Kulturen. »Licht aus Asien« hieß das 1978 erschienene Buch von Harvey Cox, das »Verheißung und Versuchung östlicher Religiosität« (so der Untertitel) dar-

---

5 So Reinhart Hummel, Der Dalai Lama, Eugen Drewermann und die Buddhismusbegeisterung. In: Materialdienst 57 (1994), Heft 5, S. 129 ff., hier S. 134.

6 Hier sind die Forschungen von Trevor Ling einschlägig: z. B. Buddhism, imperialism and war, London 1979. Vgl. weiterhin Arbeiten von Richard Friedli, Zivilisierung von Gewalt? Fanatische Strukturen und buddhistische Affektkontrolle. In: Johannes Lähnemann (Hg.): Interreligiöse Erziehung 2000 (Pädagogische Beiträge zur Kulturbegegnung, Bd. 16), Hamburg 1998, S. 149–157.

7 Monika und Udo Tworuschka, Denkerinnen und Denker der Weltreligionen im 20. Jahrhundert, Gütersloh 1994.

stellte. Immer schon erlagen Abendländer der Tendenz, den Osten zu idealisieren, ihn geradezu in ein Märchenland zu verwandeln, von dem das Licht des Heils erwartet wird (ex oriente lux). Früher war es das Wunderland Indien, heute das »geheimnisvolle Tibet«.

Viele Zeitgenossen haben die Vorzüge des Buddhismus für die Bewältigung ihrer alltäglichen Lebensprobleme entdeckt. In unserer lauten und hektischen, von Computern und Telekommunikation geprägten Welt, droht unserer Seele die Gefahr, sich zu verlieren. In einer solchen Situation ist der Buddhismus als »Kultur der Stille« sehr hilfreich; denn er lehrt, im Hier und Jetzt zu leben, nicht immer nur nach vorne, nach dem Morgen, in die Zukunft zu schauen. Ein Zauberwort des Buddhismus lautet »Achtsamkeit« (sati): das Bewusstwerden und Aufmerksam sein für das, was man gerade tut.

2 Gustav Mensching: Buddha und Christus

Die wenige Tage vor seinem Tode erschienene Untersuchung des Bonner Religionswissenschaftlers Gustav Mensching (1901–78), die hier in einer gekürzten Ausgabe vorgelegt wird, zählt zu den Klassikern des religionsgeschichtlichen Vergleiches. Da diese anregende Schrift schon länger vergriffen und zumindest auf dem deutschsprachigen Buchmarkt durch kein vergleichbares Werk ersetzt worden ist, haben sich Herausgeber und Verlag entschlossen, sie zum 100. Geburtstag des Gelehrten wieder zu veröffentlichen.

2.1 Einige kritische Beobachtungen zum Text

Dass die religionswissenschaftliche und theologische Forschung seit dem Erscheinen von Menschings Werk weitergegangen ist, muss nicht besonders hervorgehoben werden. Einige Aussagen Menschings sollen im Folgenden *kritisch* beleuchtet werden.

Menschings Untersuchung »Buddha und Christus« verarbeitet u. a. ältere eigene Untersuchungen, z. B. den frühen Vortrag »Die Bedeutung des Leidens im Buddhismus und Christentum«[8] sowie die gleichnamige, 40 Seiten lange Studie »Buddha und Christus«[9]. Was die außerchristlichen Quellen über Jesus betrifft, so sind nicht nur die römischen Historiker Suetonius und Tacitus zu erwähnen, sondern auch Plinius, der Jüngere (61 – ca. 120) sowie der Historiker Thallus, der die Kreuzigung Jesu erwähnt. Um die Echtheit der bei den jüdischen Quellen erwähnten Josephus-Stelle (Ant 18,63f.), das sog. »Testimonium Flavianum«, ist bereits seit dem 16. Jahrhundert kontrovers gestritten worden. Die Frage, ob es sich bei diesem Text um eine authentische Quelle oder um eine christliche Interpolation handelt, wurde durch drei Hypothesen zu beantworten gesucht: Die »Echtheitshypothese« wird nur noch von wenigen vertreten. Als ebenfalls wenig überzeugend gilt die »Interpolationshypothese«. In der neueren Forschung wird eine »Überarbeitungshypothese« favorisiert, die davon ausgeht, dass Josephus kein negatives Bild von Jesus vertreten, sondern über ihn »neutral und sachlich berichtet«[10]. Offensichtlich gibt es »keine einzige rabbinische ›Jesus-Stelle‹ aus tannaitischer Zeit (bis ca. 220 n. Chr.)[11]. Der Jesusname mag erst in dem jahrhundertelangen Entstehungsprozess des Talmud »sekundär in bestehende Zusammenhänge eingefügt worden sein, und zwar

8 Heft 1 der von Mensching herausgegebenen Reihe »Aus der Welt der Religion. Forschungen und Berichte unter Mitwirkung von Rudolf Otto und Friedrich Niebergall«, Gießen 1924. Die zweite Auflage von 1930 ist eine völlige Neubearbeitung.

9 Bonn 1952.

10 Gerd Theissen/Annette Merz, Der historische Jesus. Ein Lehrbuch. 2., durchgesehene Aufl. Göttingen 1997, S. 82.

11 Jesus von Nazareth in der talmudischen Überlieferung (= Erträge der Forschung 82), Darmstadt 2. Aufl. 1992 (1978); Ders. Jüdische Auseinandersetzung mit dem Christentum in der Antike (Erträge der Forschung 177), Darmstadt 1982.

als Reaktion auf christliche Provokationen, weshalb die Stellen keinen unabhängigen historischen Wert besitzen«[12]. Eine weitere außerchristliche Quelle, die aber wohl auf synoptische Traditionen zurückgeht, ist der Brief des syrischen Stoikers Mara Bar Sarapion (sog. Sarapionbrief), der den »weisen König der Juden« erwähnt.

Neben den synoptischen Quellen, die über Jesus Auskunft geben, unterscheidet man »gnosisnahe Quellen« (Johannes-, Thomasevangelium) sowie gnostische »Dialogevangelien«, die eine Fortentwicklung frühchristlicher Spruchsammlungen zu sein scheinen. Darüber hinaus sind »Evangelienfragmente mit synoptischen und johanneischen Elementen«[13] relevant sowie judenchristliche Evangelien.

Die grundsätzlichen Konturen von Menschings Jesusbild sind bereits in früheren Werken zu finden.[14] Im Wesentlichen hängt seine Darstellung des historischen Jesus von den Arbeiten liberaler Theologen ab: Jesus wird gedeutet als endzeitlicher Wanderprophet, der – in der Tradition jüdischer Prophetie stehend – das bald hereinbrechende Reich Gottes ankündigt[15]. Den Armen, Kranken, Schuldiggewordenen, Verachteten, Zöllnern, den gesellschaftlich Deklassierten wendet sich Jesus mit seiner Botschaft zu. Menschings Jesus ist ein geisterfüllter Prophet, während Buddha zum Prototypen der Mystik wird,

---

12 Theissen/Merz, a.a.O., S. 82 f.

13 Ebd., S. 56 ff.

14 Sigurd Hjelde, Die Religionswissenschaft und das Christentum, Leiden 1993.

15 Auch die Mittelpunktsstellung der eschatologischen Reich-Gottes-Idee in der Verkündigung Jesu, die die deutsche Forschung beherrscht, gerät in der neuesten Jesusforschung unter Kritik. Die Gottesherrschaft wird z. B. als spirituelle Erfahrung von Gottes Gegenwart verstanden. Nicht das Ende der Welt werde durch dieses Symbol angesagt, sondern – so Marcus J. Borg (Conflict, Holiness and Politics in the Teachings of Jesus, New York 1984) – das Ende der Welt unserer täglichen Erfahrung. Es handele sich um ein Symbol, das auf die Erfahrung Gottes hinweise, um eine Erfahrung, die im Hier und Jetzt gemacht werden könne.

die der prophetischen Frömmigkeitsform diametral entgegengestellt wird[16]. Entsprechend der von Heiler entwickelten Prophetie-Mystik-Typologie überpointiert Mensching bewusst das Prophetische am Wesen Jesu gegenüber anderen Zügen, die dieser durchaus auch noch besitzt: So wird man Jesus nicht nur als Charismatiker und Prophet, sondern auch als Heiler, Dichter (Gleichnisse) und Lehrer deuten können, der seine Ethik meist in weisheitlichen Mahnsprüchen und Sätzen formuliert. Das Frühjudentum war eine Hochzeit für Weisheit, die sogar zu einer eigenständigen Seite Gottes stilisiert wird. Jesu Aussagen zu Ehe, Sabbat und Reinheit sind ebenso weisheitlich geprägt wie einige der von ihm verwendeten Naturbilder[17]. Gerade diese weisheitlichen Wesenszüge in Jesus lassen ihn mit Buddha wieder stärker zusammenrücken. In der modernen US-amerikanischen Forschung stellt insbesondere Marcus Borg[18] Jesus als einen geisterfüllten Weisheitslehrer dar. Bei den christlichen Quellen des Neuen Testaments spielt Paulus vielleicht eine größere Rolle, als Mensching sie ihm zugesteht. Zwar nimmt der Völkerapostel nur selten Bezug auf die Jesusüberlieferung. Doch hebt er im Kontext des Abendmahls hervor, dass er Historisches überliefert (»Ich habe vom Herrn empfangen« – »Ich habe euch überliefert«: 1 Kor 11, 23–25). Vielleicht verfügte Paulus über eine feste Sammlung von Jesusworten, die, wenn nicht identisch, so doch sehr eng verwandt mit der Spruchquelle Q gewe-

---

16 Bei John D. Crossan (Der historische Jesus, München 1994) ist Jesus der revolutionäre Jude vom Lande, ein Zimmermann, der zur analphabetischen, niederen, ungebildeten Bevölkerungsschicht gehört, nicht aber zu den untersten Schichten der Sklaven und Mittellosen. In der Sicht des jüdischen Judaisten Geza Vermes (Jesus der Jude. Ein Historiker liest die Evangelien, Neukirchen-Vluyn 1993) ist Jesus ein charismatischer jüdischer Wundertäter aus Galiläa, kein Pharisäer, kein Rabbi, aber ein Exorzist für Besessene, Krankenheiler und Sündenvergeber in der Tradition jüdischer Propheten.

17 Theissen/Merz, a.a.O., S. 332ff.

18 Jesus. Der neue Mensch, Freiburg i. Br. 1993.

sen sein mag. Die moderne Christologieforschung seit den 1960er Jahren hat die von Mensching im Anschluss an die religionsgeschichtliche Forschung (Wilhelm Bousset, Kyrios Christos, 1913) bis zu Rudolf Bultmann (Theologie des Neues Testaments, 1953) vertretenen »Übertragungstheorien« destruiert, die auf die vorchristliche Geschichte christologischer Hoheitstitel, von denen einige sekundär auf Jesus übertragen worden seien, aufmerksam gemacht haben. In der heutigen neutestamentlichen Wissenschaft ist es üblich geworden, viel stärker jüdische Analogien heranzuziehen. Die Thesen von der Verehrung Jesu im hellenistischen Urchristentum nach Analogie heidnischer Götter, z. B. der Kyriosgottheiten (Osiris, Isis, Sarapis), denen in den Mysterienkulten gehuldigt wurde, sowie der gnostische Urmenschmythos vom gefallenen und wieder zu erlösenden Urmenschen haben heutzutage ihre Erklärungsplausibilität verloren. Der Mythos vom gnostischen Erlöser ist gar als eine Erfindung der Wissenschaft entlarvt worden. Er findet sich erst bei den Manichäern, ist also nachchristlich[19].

Das von Mensching gezeichnete Bild, wonach die von Paulus vertretene Abendmahlstheologie aus der hellenistischen Mysterienfeier abzuleiten ist, hat ihre zeitbedingte Gültigkeit verloren. Außerhalb des Urchristentums gibt es keine echten Parallelen für den Gedanken einer realen göttlichen Präsenz im Sakrament. Wenn auch das Abendmahl »seiner tragenden Konzeption nach am engsten mit dem Mysterienmahl verwandt« ist, so ist es »ein schöpferischer Neuentwurf, der sich dem konkreten historischen Ereignis des letzten Mahles Jesu verdankt«[20]. Der christologische Hoheitstitel »Sohn Gottes« ist nach der Untersuchung von Martin Hengel[21] wohl nicht von hellenisti-

---

19 Carsten Colpe, Die religionsgeschichtliche Schule, 1961.

20 Theissen/Merz, a.a.O., S. 365 f. mit Bezug auf H.-J. Klauck, Herrenmahl und hellenistischer Kult, Münster 2. Aufl. 1986.

21 Der Sohn Gottes: Die Entstehung der Christologie und die jüdisch-

schen Sohn-Gottheiten abzuleiten, sondern aus der messianischen Erwartung des Judentums. Die meisten Exegeten nehmen an, dass die Urchristen die Hoheit Jesu nach Ostern in jüdischer Terminologie ausdrückten. Viel spricht dafür, dass Jesus den Titel »Menschensohn« für sich verwendet hat[22]. Der Begriff »Menschensohn« kam in alltagssprachlicher Bedeutung vor: als Mensch allgemein bzw. irgendein Mensch. Darüber hinaus existierte er als visionssprachlicher Ausdruck in den beiden apokalyptischen Aktualisierungen des Danieltextes (Kapitel 7): im äthiopischen Henochbuch und im 4. Esrabuch. In der Jesusüberlieferung kann man drei Gruppen von Menschensohnworten unterscheiden, nämlich Worte: vom gegenwärtig wirkenden, zukünftigen und leidenden Menschensohn. »Jesus sprach sowohl vom gegenwärtigen wie vom zukünftigen Menschensohn. Er verband den alltagssprachlichen Ausdruck ›Menschensohn‹ mit der visionssprachlichen Tradition von einem ›menschensohnähnlichen‹ Himmelswesen. Durch diese Verbindung wurde der Alltagsausdruck aufgewertet, der visionssprachliche Vergleich mit einem Menschensohn aber durch die direkte Bezeichnung ›Menschensohn‹ ersetzt. Kein Engel, kein himmlisches Wesen, keiner, der nur *wie* ein Mensch war, sondern ein konkreter Mensch wird diese Rolle im hereinbrechenden Reich Gottes übernehmen: Jesus selbst. Er ist zugleich gegenwärtiger und zukünftiger ›Mensch‹. (...) Ein Alltagsausdruck, der den Menschen schlechthin oder irgendeinen Menschen meinte, wurde durch Jesus ›messianisch‹ aufgewertet. Nur deshalb konnte er zur charakteristischen Selbstbezeichnung Jesu werden«[23].

Nicht kritiklos zu übergehen ist die von Mensching zum Teil verwendete christlich-theologische Terminolo-

---

hellenistische Religionsgeschichte, 2. durchges. und erg. Aufl. 1977 (1975).

22 Der Stand der Forschung wird präsentiert von Theissen/Merz, a.a.O., S. 470 ff.

23 Ebd., S. 479 f.

gie[24]. Begriffe wie »jüdische ›Kirche‹«, »Spätjudentum«, »Gesetzesreligion« und – im Kontext des Buddhismus – »Selbsterlösung« sind fragwürdig geworden[25]. Es handelt sich bei ihnen um keine präzisen religionswissenschaftlichen Begriffe, sondern um theologische Wertungen. In der Vergangenheit haben oft theologische Autoren, die sich mit dem Judentum deshalb befassten, weil sie über das Christentum und seine Ursprünge schrieben, ein Zerrbild des Judentums zwischen den beiden Testamenten entworfen. Als sog. »Spätjudentum« (richtiger heißt es »Frühjudentum«) wird es durchweg negativ charakterisiert, gilt als Musterbeispiel einer vom Ritualismus geknechteten »Gesetzesreligion«, bei der Leistung und Buchstabengehorsam im Mittelpunkt standen. Inzwischen weiß man, dass die Übersetzung von Tora mit »Gesetz« zu eng ist und nur einen Teilbereich des Bedeutungsspektrums erfasst. Tora ist gnadenhafte »Weisung«, Weisheit, Wort und Weg. Juden wollen sich nicht eigenmächtig und selbstüberheblich vor Gott gerecht erklären. Es geht nicht um Leistung und Verdienstesammeln. Die Einzelbestimmungen der Tora werden als Gnade verstanden.

2.2 Buddhismus

Anstelle der keineswegs nur in Menschings Darstellung enthaltenen traditionellen Datierung Buddhas (560 – 480 v. u. Z.) geht die heutige Forschung von ca. 450 bis 370 v. u. Z. aus[26]. Es reicht nicht mehr aus, allein den Pali-Kanon als zentrale Quelle für die Biographie Buddhas zu-

24 Vgl. Karlheinz Müller, Das Judentum in der religionsgeschichtlichen Arbeit am Neuen Testament: eine kritische Rückschau auf die Entwicklung einer Methodik bis zu den Qumranfunden, Frankfurt/Main u. a. 1983.

25 Udo Tworuschka, Methodische Zugänge zu den Weltreligionen. Einführung für Unterricht und Studium, Frankfurt/Main-München 1982, S. 136ff. (Die Problematik der Verwendung theologischer Begriffe).

26 Vgl. Thomas Oberlies, Heilige Schriften des Buddhismus. In: Udo Tworuschka (Hg.), Heilige Schriften, Darmstadt 2000, S. 167ff., hier S. 169.

grunde zu legen. Zusätzlich zum Pali-Kanon der südlichen Theravada-Schule, die bei Mensching im Zentrum steht, müssen berücksichtigt werden: die »Reste eines frühen Sanskrit-Kanons in Zentralasien, der nicht nur einer Schule zuzuordnen ist, auch die dortige Entdeckung von alten, in die ersten Jahrhunderte n. Chr. zurückgehenden Texten in indischen Prakrit-Sprachen, vor allem der Sprache der nordwestindischen Landschaft Gandhara, die zeitlich teilweise noch vor den Sanskrit-Texten einzuordnen sind«[27]. Zur Revision eines allein am Pali-Kanon orientierten Buddha-Bildes zwingt auch die Erforschung an zentralasiatischen Texten, welche die ältesten indisch-buddhistischen Manuskripte überliefern und zum Teil mehr als 1000 Jahre älter sind als die ältesten Pali-Handschriften. Vor allem die tibetischen Übersetzungen halten sich sehr eng an den Sanskrittext.

Dass nur die christliche Tradition vom Buddhismus beeinflusst worden sein könne, wie Mensching voraussetzt, und nicht umgekehrt, ist zu bezweifeln. Im zentralasiatischen Raum kam es zu einer Begegnung von Zoroastrismus, Manichäismus, nestorianischem Christentum und Mahayana-Buddhismus. Christliche Einflüsse zeigen sich möglicherweise in der buddhistischen Konzeption von »Buddha als Vater«[28] bzw. im Einfluss des Gleichnisses vom Verlorenen Sohn auf das Lotos-Sutra. Mahayanabuddhistische Vorstellungen sind eventuell durch iranisch-hellenistische und gnostische Ideen beeinflusst worden.

Mensching verwendet (nicht nur mit Blick auf den

---

27 Hans-Joachim Klimkeit, Der Buddha. Leben und Lehre, Stuttgart u. a. 1990, S. 25 f.

28 Vgl. Hans-Joachim Klimkeit, Buddha als Vater. In Hans Waldenfelds/Thomas Immoos (Hg.), Fernöstliche Weisheit und christlicher Glaube (Festschrift für Heinrich Dumoulin), Mainz 1985, S. 235–59. Im heutigen Theravadabuddhismus Sri Lankas ist – auch in rituellen Kontexten (Gebet) – die Rede von »Buddha als Vater« sehr verbreitet. Man bezieht sich auf Buddha auch als »Mutter«. Die Beziehung zwischen den heutigen Mönchen Sri Lankas und Buddha wird mit der Sohn-Metapher ausgedrückt (buddha-putta = »Sohn Buddhas«).

Buddhismus) den in der apologetischen Theologie verwendeten Begriff »Selbsterlösung«. Der Religionshistoriker kennt jedoch keine einzige Religion, die den Erwerb des Heils in die Verfügungsgewalt des Menschen allein verlegt. In irgendeiner Form werden das vorbereitende Heilswissen, die Kenntnis des Heilsweges sowie die Realisation des Heils von den Religionen als *Geschenk* verstanden. »Der beliebte christliche Vorwurf ›Selbsterlösung‹ lässt sich nur aufrecht erhalten, wenn ein ganz bestimmter, vielfach untergeordneter Zug herausgegriffen und dem christlichen Heilsweg als ganzem gegenübergestellt wird«.[29] Traditionell gilt der Ur-Buddhismus vielen Theologen und Religionswissenschaftlern als Musterbeispiel einer Selbsterlösungsreligion. Auch von der Ethik dieser Religion wird behauptet, sie stehe im Dienst der Selbsterlösung. Trotz der unübersehbaren Betonung der menschlichen Eigenleistung auf dem Heilsweg enthält auch die Religion Buddhas *gnadenhafte* Elemente. Das »Aufbrechen der heilbringenden Bodhi« ist nach Ansicht Rudolf Ottos auch für Buddhisten ein Erlebnis des fascinans, »ein geheimnisvolles Ereignis, das der Mensch nicht in der Hand hat«[30], und das Nathan Söderblom einmal als »Gnadengeschenk ohne Schenker« bezeichnete. Der Buddhist »erfährt die ihm zugesagte Heilsgewinnung als eine Art ›Gnade‹, wobei das Wort ›Gnade‹ ebenso wie das Wort ›Glaube‹ oder Hoffnung in einem weiten Sinne gefasst werden muss. Die endgültige Heilsgewinnung fällt dem Buddhisten als Frucht eines Wachstumsprozesses zu, der von vielen Bedingungen abhängt, die sich nicht im Bereich seiner eigenen Entscheidungen und Bemühungen befinden. Deshalb erfährt er das Heil als ein Geschenk, das ihn zu Dank verpflichtet und froh stimmt«.[31]

---

29 Karl Hoheisel, Das antike Judentum in christlicher Sicht, Wiesbaden 1978, S. 132.

30 Rudolf Otto, Das Heilige, 31.–35. Auflage 1963, S. 51.

31 Heinrich Dumoulin, Begegnung mit dem Buddhismus, Freiburg i. Br. 1978, S. 96.

Menschings Vergleich von metta und christlicher Liebe fällt einseitig zugunsten der agape aus. Dass der buddhistischen Tugendübung metta »jeder praktische Lebensbezug« (vgl. S. 169) fehle, ist eine Ansicht, die insbesondere durch Albert Schweitzers Fehldeutung der buddhistischen Ethik nachhaltig gefördert worden ist. Für Schweitzer war Buddhas Ethik »mehr Verstandes-Mitleid als unmittelbares, den Drang zum Helfen in sich tragendes Herzens-Mitleid. (...) Weil das Tun für sie nicht in Betracht kommt, kann sich die Ethik bei Buddha nur als Gedanken-Ethik entwickeln«[32]. Buddhistische Strömungen der Gegenwart, wie sie etwa in Gestalt des »engagierten Buddhismus« auftreten, demonstrieren unübersehbar die gesellschaftsbezogen-politisch-ökologischen Dimensionen der metta[33].

Problematisch ist Menschings Gegenüberstellung von Erkenntnis (im Buddhismus) und Glaube (im Christentum). Auch wenn die Erkenntnis im Buddhismus den höheren Stellenwert im Heilsprozess besitzt, so ist der Glaube, auf den in den – wie Mensching sie an anderer Stelle treffend nennt – »Glaubensreligionen« alles ankommt, keineswegs bedeutungslos im Buddhismus. »Glauben« als Vertrauenshaltung findet sich sogar im Theravada-Buddhismus. Der Pali-Begriff Saddha («Vertrauen, Glaube«) bezieht sich nicht auf einen Gott, son-

---

32 Albert Schweitzer, Die Weltanschauung der indischen Denker. Mystik und Ethik, München 1965, S. 80 f.

33 Wege zu einer gerechten Gesellschaft. Beiträge engagierter Buddhisten zu einer internationalen Debatte (Weltmission heute Nr. 23), Hamburg 1996. Mensching hat in der Originalausgabe von »Buddha und Christus« in dem vom Herausgeber stark gekürzten Kapitel 10 auf »Werte im buddhistischen Modernismus« hingewiesen und darauf aufmerksam gemacht, dass sich im zeitgenössischen Buddhismus die »Tendenz (findet), das traditionelle Menschenbild den Erfordernissen der Gegenwart anzupassen«. Er stellt fest, »dass allenthalben statt der frühen Weltverneinung des alten Buddhismus eine positive Weltgestalt angestrebt wird«, wobei er vor allem »das soziale Verpflichtungsbewusstsein der Menschen« hervorhebt.

dern auf den Gouverneurssohn Siddharta Gautama. Buddhisten sind überzeugt vom »dreifachen Kleinod«: Buddha, Dhamma (Lehre) und Sangha (Gemeinschaft). Die Bedeutung von Saddha wird in den buddhistischen Schulen unterschiedlich beurteilt. Es gibt »keine buddhistische Praxis ohne Vertrauen«[34] – weder im Theravada, noch in den Schulen des Mahayana. Doch Saddha ist nicht die höchste Erkenntnisform, nicht Heilsursache, sondern die »Saat« alles Heilvollen. Das Heil selbst gründet in einer »Erkenntnis«, die das bloße Vertrauen als niedere religiöse Erfahrungsform ablöst.

Auf S. 167 behauptet Mensching: »Buddhas Heilsweg ist dem Anspruch nach universal. Dennoch ist er es praktisch nicht; denn es ist der Heilsweg nicht nur an die Askese, sondern entscheidend an das Leben als Mönch (nicht als Nonne) gebunden.« Und einige Seiten später (179 f.): »Das Hinayana war und ist eine aristokratische Religion der Selbsterlösung und, wie wir hörten, nur für Mönche (nicht für Nonnen) zum Erlösungsziel führend.« Diese Aussagen können nicht unwidersprochen bleiben. Denn es war doch gerade die von Buddha auch für Frauen für möglich gehaltene Erreichbarkeit der Erleuchtung, die den Meister schließlich einwilligen ließ, einen Nonnenorden zu gründen. Buddha bejahte eindeutig die Erlösungsfähigkeit der Frau, die er religiös auf dieselbe Stufe mit dem Mann stellte.[35]

Die Aussage, dass der Buddhismus »nicht als Hinayana, sondern als Mahayana (...) Weltgeltung erlangt« habe, ist angesichts der Tatsache, dass es gerade die Hinayana-Schulen waren, die missionarisch sehr zur Verbreitung des Buddhismus beigetragen haben, zu bezweifeln. Vor allem in Ländern wie Sri Lanka, Thailand und Birma haben

---

34 Michael Schmiedel: Zugang über Kopf und Herz. Die Rolle des Vertrauens in den buddhistischen Traditionen. In: Lotusblätter 1/1999, S. 32–34, hier S. 34.

35 Renate Pitzer-Reyl, Die Frau im frühen Buddhismus, Berlin 1984, S. 19.

kräftige reformbuddhistische Impulse Bedeutung erlangt. Zwar sind diese nicht ohne die Begegnung mit dem Westen zustande gekommen, doch berufen sich die Modernisten auf Kernsätze des hinayanistischen Pali-Kanons.

Der Hinayana-Buddhismus ist keineswegs völlig kultlos, wie Menschings Idealbild glauben machen möchte. Es gibt nicht nur das Ritual der »dreifachen Zufluchtnahme«, nicht nur die Betrachtungen vor Buddhabildern oder -symbolen, sondern auch das Rezitieren, das Singen heiliger Texte, der Sutren, auf Pali. Der Hinayana-Buddhismus kennt heilige Zeiten ebenso wie heilige Orte[36], heilige Gegenstände, heilige Handlungen (z. B. Mönchsweihe, Speisung der Mönche). Ohne Frage aber nimmt das Kultische einen gegenüber dem Mahayana-Buddhismus geringen Raum ein.

2.3 *Das dialogische Anliegen von »Buddha und Christus«*

Menschings Studie steht in einer Reihe mit seinen anderen vergleichenden Untersuchungen, u. a.: »Die Idee der Sünde« (1931), »Zur Metaphysik des Ich« (1934), »Gut und Böse im Glauben der Völker« (1941, 2. Aufl. 1950), »Toleranz und Wahrheit in der Religion« (1955, Neuauflage 1996), »Das Wunder im Glauben und Aberglauben der Völker« (1957). Menschings letztes Werk »Buddha und Christus« demonstriert nicht nur die Methoden vergleichender Religionsforschung, sondern führt auch eine Auseinandersetzung mit der Theologie. Mensching ist davon überzeugt, dass der *religionsgeschichtliche* Vergleich in der Lage ist, die oft üblichen theologischen »Be- und Verurteilungen von Fremdreligionen« abzulösen, um ein religionsgeschichtlich »objektiveres« Bild der Religionen zu ermöglichen. Menschings Eintreten für den intentional vorurteilslosen Vergleich hat etwas Befreiendes, lässt

---

36 Hans-Jürgen Greschat, [Heilige Orte im] Buddhismus. In: Udo Tworuschka (Hg.), Heilige Stätten, Darmstadt 1994, S. 133 ff.

er doch die religiöse Empirie, die religionsgeschichtlichen Fakten zu ihrem Recht kommen. Selbstverständlich weiß Mensching, dass Religionsforscher im strengen Sinne niemals objektiv sein können, sondern von ihren religiösen oder auch nicht-religiösen Ausgangspositionen her argumentieren. Aber eine Religionswissenschaft, die sich nicht religiös bzw. konfessionell vereinnahmen lässt, sollte zumindest versuchen, »tendenzfrei« zu arbeiten. Im Unterschied zu theologischer Forschung geht sie nicht vom Standpunkt »religiöse(r) Gewissheiten« aus. Die folgende Aussage ist insofern bemerkenswert, als sie – entgegen den zu Menschings Zeit weithin üblichen Objektivitätsstandards – das Selbstverständnis der Gläubigen nicht ausklammert, sondern berücksichtigt. Mensching würdigt Buddha und Christus zunächst als historische Persönlichkeiten. Doch »was sie dem Glauben über das geschichtlich und wissenschaftlich Erfassbare hinaus noch sind, vermag Religionswissenschaft zwar zur Kenntnis zunehmen *und muss das auch* (Kursivierung U.T.), aber es kann nicht auf seine Berechtigung geprüft werden, also auf seine Wahrheit. Religionswissenschaft stellt nicht die Wahrheitsfrage (…), sondern nur die Wesensfrage«.

Menschings Studie bleibt nicht bei distanzierter, neutraler Religionsforschung stehen. An mehreren Stellen gibt der Autor zu erkennen, dass er als »freier Christ« argumentiert. Damit stellt sich Mensching in eine Tradition des Protestantismus, die gegen Bekenntniszwang, gegen dogmatisch fixierte Glaubensbekenntnisse votiert und für »lebendige religiöse Erfahrung«, für ein »offenes Christentum«[37] eintritt. Liberales Christentum, liberale Frömmigkeit stehen in der Tradition der Aufklärung (u. a. Herder, Schleiermacher, Lessing). Eine Einengung der Offenbarung auf Jesus Christus und die Bibel ist freiem bzw.

---

37 Vgl. Hans-Hinrich Jenssen (Hg.), Offenes Christentum. Ein Lesebuch, Aachen 1998.

freisinnigem Protestantismus fremd. Auf dieser liberaltheologischen Grundlage setzt sich Mensching für »echte Auseinandersetzung« ein. Sein Buch ist ein Plädoyer für religiöse Weite, Toleranz und Freiheit. Weil Gottes Offenbarung nicht auf eine Religion oder gar Konfession eingeengt werden darf, vielmehr alle Religionen »Begegnung mit dem Heiligen und antwortendes Handeln des vom Heiligen bestimmten Menschen« sind, können Christen sich unbefangen den spirituellen Erfahrungen, Inhalten und Werten einer anderen Religion öffnen. Erst durch die re-lecture von »Buddha und Christus« habe ich bemerkt, dass Menschings Sichtweise nicht frei von christlichen, speziell protestantischen Sichtweisen und Deutemustern ist. Gemeint ist nicht die bereits angesprochene offene Einstellung Menschings als freien Christen. Es geht darum, dass Menschings Kategorisierungen, seine Terminologie und Werturteile christlich-lutherisch geprägt sind. Anders als bei den meisten seiner Untersuchungen gibt Mensching in »Buddha und Christus« christlichen Positionen den Vorzug. Hatte sich Mensching im Laufe der Zeit – zumindest von der Theorie her – gegen religionsgeschichtliche Werturteile ausgesprochen und das auf seinen Lehrer Rudolf Otto zurückgehenden Programm der »Religionsmessung« aufgegeben[38], so scheint es, dass er am Ende seines Lebens die beiden für ihn wichtigsten Religionsstifter doch nicht einfach unbeteiligt miteinander vergleichen konnte. Bereits die Struktur des Buches macht deutlich, dass Mensching das Christentum in eine strategisch günstigere Position bringt: Zunächst wird immer Buddha dargestellt. Diese (historisch bedingte) Reihenfolge gibt Mensching immer wieder Gelegenheit, die Persönlichkeit und Lehre Jesu vorteilhaft Buddha gegenüberzustellen. Buddha und Christus sind für Men-

38 Vgl. Udo Tworuschka, Religionsbewertung als Problem und Aufgabe. Die Haltung Gustav Menschings zur Religionsmessung. In: ZRGG 1975, S. 122–140.

sching Repräsentanten zweier diametral entgegengesetzten Frömmigkeitsformen[39]. In anderen Werken Menschings bleibt es bei der religionswissenschaftlich mehr oder weniger neutralen Kontrastdiagnose der beiden Religionstypen Prophetie und Mystik. In seinem letzten Werk ist es anders. Hier geht es um »echte Auseinandersetzung«, die auch Positionsbestimmungen vornimmt. Bestimmte sprachliche Wendungen lassen die Vorteile der Religion Jesu immer wieder spürbar werden: »Bei Jesus dagegen ...«, »Jesus aber sagt im Johannesevangelium« – so oder ähnlich lauten die stereotypen Wendungen, die zeigen, dass Mensching das Prophetische dem Mystischen überordnet.

Mensching plädiert für die reflektierte Übernahme zentraler buddhistischer und christlicher Werte in das persönliche Leben: »Der Vergleich beider Meister zeigt, dass in beiden Persönlichkeiten eine wie immer vorgestellte ewige Wirklichkeit sich für Jünger auftut«. Diese numinose Wirklichkeit realisiert sich in der Religionsgeschichte auf personal-dialogische (Gott) und impersonale (Gottheit) Weise, die nach Mensching »nebeneinander bestehen« können, sich also nicht ausschließen müssen. Allen denjenigen, die Schwierigkeiten haben, bestimmte theologische und christologische Deutungen und Dogmen zu akzeptieren, aber von der Gestalt Jesu fasziniert sind, eröffnet Mensching Möglichkeiten, den Mann aus Galiläa in ihr Leben hineinzunehmen, sich von seinem Wollen und Wirken inspirieren zu lassen. Entgegen einer in der evangelischen Theologie verbreitet gewesenen Ansicht, dass es auf das historische Geschehen nicht ankomme, weil es für den christlichen Glauben belanglos sei, ist für Mensching der historische Jesus bedeutsam. Bekanntlich hat Martin Kähler die These vertre-

39 Friedrich Heiler, Das Gebet. Eine religionsgeschichtliche und religionspsychologische Untersuchung. Unver. Nachdruck nach der 5. Auflage, München/Basel 1969, S. 248 ff.

ten, dass die Grundlage des christlichen Glaubens das biblische Christuszeugnis sei[40]. Die heutige neutestamentliche Forschung interessiert sich wieder stark für den historischen Jesus als Glaubensgrundlage, den sie über die spätere Tradition stellt. Dies führt aber zu dem Problem, dass Jesu Leben, sein Wollen und Wirken mit dem Bekenntnis der Kirchen kollidiert.

Um eine Taschenbuchausgabe zu ermöglichen, ist die Originalausgabe von 1978 in einigen Kapiteln zum Teil stark gekürzt worden, z. B. in Kapitel II, VI und vor allem X. Die Ausführungen des 1. Abschnittes von Kapitel X zur religiösen Weltlage waren so zeitgebunden, dass sie zwei Jahrzehnte später hätten neu konzipiert bzw. in weiten Teilen neu geschrieben und bis in die Gegenwart fortgeführt werden müssten. Auch der 2. Abschnitt (»Entfremdung gegenüber dem kirchlichen Christentum«) enthält inzwischen überholte Ausführungen zur religiösen »Gegenwartslage«. Ebenfalls gekürzt wurde die Taschenbuchausgabe um Menschings Thesen zur Toleranz. Der Herausgeber hat 1996 eine Neuausgabe von Menschings Toleranz-Klassiker »Toleranz und Wahrheit in der Religion« vorgelegt, auf die hier ausdrücklich verwiesen sei. Den Kürzungen zum Opfer fallen mussten auch die Abschnitte 4 und 5 (»Werte im Buddhismus« / »Werte im eigentlichen Christentum«). Menschings Thesen zum »freien Christentum«, das nicht nur er für das »eigentliche« hält, sollen an anderer Stelle in gebündelter Form präsentiert werden. Der Herausgeber hat stillschweigend Druckfehler in der Originalausgabe beseitigt und fehlerhafte Zitationen und Quellenangaben korrigiert. Die Bibeltexte sind durchweg nach der Lutherübersetzung von 1984 zitiert worden. Am Schluss des Bandes findet sich ein neues, knapp gehaltenes Literaturverzeichnis. Wer mehr über den Religionswissenschaftler Gustav Men-

---

40 Der sogenannte historische Jesus und der geschichtliche biblische Christus, 1892, neu hg. von Ernst Wolf, München 1953.

sching erfahren möchte, kann die homepage des Herausgebers (www.uni-jena.de/theologie und das dortige *Gustav-Mensching-Archiv* besuchen.

Udo Tworuschka

Anhang

Literatur zu Buddha und Buddhismus

Martin Baumann, Deutsche Buddhisten. Geschichte und Gemeinschaften, Marburg 2. Aufl. 1995

Heinz Bechert u. a., Der Buddhismus I. Der indische Buddhismus und seine Verzweigungen, Stuttgart 2000

Heinz Bechert/Richard Gombrich (Hg.), Der Buddhismus. Geschichte und Gegenwart, Neuausgabe München 1989

Hans Bräker, Der Weg nach Asien, Olten 1978

Edward Conze, Der Buddhismus. Wesen und Entwicklung, Stuttgart 8.Aufl. 1986

Heinrich Dumoulin, Begegnung mit dem Buddhismus, überarb. Neuausgabe Freiburg 1991

Das Lexikon des Buddhismus, Bern u. a. 1992

Das Lexikon des Zen, Bern u. a. 1992

Erich Frauwallner, Die Philosophie des Buddhismus, Berlin 4. Aufl. 1994

Richard Gombrich, Der Theravada-Buddhismus, Stuttgart 1997

Hans-Jürgen Greschat, Die Religion der Buddhisten, München 1980

Ders., Heilige Stätten im Buddhismus, in: Udo Tworuschka (Hg.), Heilige Stätten, Darmstadt 1994, 133ff.

Ders./Martin Kraatz, Buddhismus (Religionen Bd. II), Göttingen 1985

Handbuch der Religionen. Kirchen und andere Glaubensgemeinschaften in Deutschland. Loseblattwerk mit jährlich 2–3 Ergänzungslieferungen, hg. von Michael Klöcker und Udo Tworuschka, Landsberg/München 1997ff.

Hans-Joachim Klimkeit, Die Begegnung von Christentum, Gnosis und Buddhismus an der Seidenstraße, Opladen 1986

Ders.: Der Buddha – Leben und Lehre, Stuttgart u. a. 1990

Robert Allen Mitchell, Buddha, München 1992
Thomas Oberlies, Heilige Schriften im Buddhismus. In: Udo Tworuschka (Hg.): Heilige Schriften. Eine Einführung, Darmstadt 2000, S. 167–196
Nyanatiloka, Buddhistisches Wörterbuch, 5. Aufl. Stammbach 1999
Herrmann Oldenberg, Reden des Buddha. Lehre, Verse, Erzählungen,mit einer Einf. hg. von H. Bechert, Freiburg 2000
Dieter Schlingloff, Die Religion des Buddhismus, 2 Bde., Berlin 1962/63
Ulrich Schneider, Der Buddhismus: eine Einführung, Darmstadt 1997
Hans-Wolfgang Schumann, Buddhismus. Stifter, Schulen und Systeme, München 1998

Literatur zu Jesus und Christentum

Peter Antes, Christentum – eine Einführung, Stuttgart u. a. 1985
Jürgen Becker, Jesus von Nazareth, Berlin/New York 1996
John D. Crossan, Der historische Jesus, München 1994
Roman Heiligenthal, Der verfälschte Jesus. Eine Kritik moderner Jesusbilder, Darmstadt 1997
Hans Küng, Das Christentum. Wesen und Geschichte, München/Zürich 1994
Johann Maier, Zwischen den Testamenten. Geschichte und Religion in der Zeit des zweiten Tempels, Würzburg 1990
Kurt Nowak, Das Christentum, München 1997
Jürgen Roloff, Jesus, München 2000
Günter Stemberger, Pharisäer, Sadduzäer, Essener, Stuttgart 1990
Gerd Theißen/Annette Merz, Der historische Jesus, Göttingen Neuauflage 1999
J.C. VanderKam, Einführung in die Qumranforschung, Göttingen 1998
Geza Vermes, Jesus der Jude. Ein Historiker liest die Evangelien, Neukirchen-Vluyn 1993

Literatur zum interreligiösen, insbesondere christlich-buddhistischen Dialog:

Auswahlbibliographie zum interreligiösen Dialog (1988–1990) in: Jahrbuch für Interreligiöse Begegnung, hg. von R. Kirste u. a., Bd. 1, Hamburg-Rissen 1990, 318ff. Fortgeführt in: RIG (= Religionen im Gespräch), Bde. 2–6 (2000). Preisgünstig zu beziehen über: INTR.A (=Interreligiöse Arbeitsstelle), Postfach 1201, 58766 Nachrodt.

Brück, Michael von/Lai, Whalen, Buddhismus und Christentum, München 1997

Küng, Hans/van Ess, Josef/von Stietencron, Heinrich/Bechert, Heinz: Christentum und Weltreligionen, München/Hamburg 1984 u. ö.

Mensching, Gustav, Der offene Tempel, Stuttgart 1974

Schmidt-Leukel, Perry, »Den Löwen brüllen hören«. Zur Hermeneutik eines christlichen Verständnisses der buddhistischen Heilsbotschaft, Paderborn 1992

Waldenfels, Hans, Faszination des Buddhismus. Zum christlich-buddhistischen Dialog, Mainz 1982

Register